Frank Politz

MATZWITZ

Geheim-Regierungsobjekt Ostsee

Militär-Politthriller

Für Yuna und Theo

© THK-Verlag UG (haftungsbeschränkt)
Erfurter Straße 29, 99310 Arnstadt
www.thk-verlag.de
info@thk-verlag.de
Alle Rechte vorbehalten

Druck: wirmachendruck.de

Umschlagsgestaltung: Kevin Hallmann
Satz und Layout: Ralf-Dieter May

Printed in Germany
1. Auflage (April 2022)

ISBN 978-3-945068-60-1

INHALT

Handelnde Personen   8

Kapitel 1-70   11

Danksagung   323

Abkürzungen und Begriffe   325

Im Buch erwähnte Musiktitel 327

HANDELNDE PERSONEN

Herbert Fuchs	Generalmajor, Kommandeur des Regierungs-Sonderkomkomplexes
Brigitte Fuchs	Ehefrau von Herbert Fuchs
Michael „Mike" Bertholdt	Oberst, designierter Nachfolger von Fuchs
Robert Gerbald	Vize-Kommandeur in Matzwitz/ Todendorf
Nadja Kohlitz	Psychologin in Matzwitz/ Todendorf
Sophie Kohlitz	Teilbereichsleiterin in Matzwitz/ Todendorf
Maurice „Mo" Beuk	Teilbereichsleiter in Matzwitz/ Todendorf
Dr. Christian Burchard	Oberstarzt in Matzwitz/Todendorf
Doreen Huthmerlett	Rechercheurin beim MAGAZIN
Jennifer bzw. „Jenny"	Kollegin Huthmerletts beim MAGAZIN
Ben	Praktikant beim MAGAZIN
Ulf Fischer	Redakteur beim MAGAZIN
Bettina von Draburg	Bundesgesundheits- und -sozialministerin
Niklas Köhler	Personenschützer von Draburgs (Bw)
Nicole Schweers	Personenschützerin von Draburgs (BKA)
Matthias Bäuer	Bundeswirtschaftsminister
Markus-Maria Roth	Personenschützer Bäuers (BKA)
Karim Afarid	Personenschützer Bäuers (Bw)

Margarethe Groß-Guthmann	Bundesverteidigungsministerin
Kanzlerin	Bundeskanzlerin
Peter-Gerd Felsmüller	Bundespräsident
Julius „Cäsar" Roeder	Ministerpräsident des Freistaates Bayern
Ole Schultz	Bundesfinanzminister
Bernd Graumann	Chef-Rocker der „Rattlesnakes"
Marcel	Mitglieds-Anwärter der „Rattlesnakes"
Kai	Vize-Boss der „Rattlesnakes"
Udo	Finanzverwalter der „Rattlesnakes"
Klaus	Sicherheitsbeauftragter der „Rattlesnakes
Karl-Heinz „Kalli" Jensen	Chef-Rocker der „Cobras"
Dr. Wilfried Hartmann	Pensionär, einst im Bundesrechnungshof
Hannes	Anführer der Spezialtruppe bei Bäuer
Timur	Sanitäter und Mitglied des Trupps
Marc	Mitglied der Spezialtruppe bei Bäuer
David	Mitglied der Spezialtruppe bei Bäuer
Lukas	Sanitäter und Mitglied des Trupps
Alkan	Mitglied der Spezialtruppe bei Bäuer
Grigori	Junger Moldawier und Bärenkämpfer

„Ich schwöre, bis zum Ende meiner Tage keinerlei Informationen über die hiesigen Anlagen und Geschehnisse preiszugeben. Dafür stehe ich mit meinem Leben ein und unterwerfe mich uneingeschränkter Kontrolle. Falls sich jemals der Verdacht oder auch nur Hinweis auf Verrat ergibt, akzeptiere ich meinen Tod."

Schwur von Matzwitz

(Ortsteil der Gemeinde Panker/Kreis Plön/Schleswig-Holstein)

Erstmalig abgenommen am 23. März 1979. Seither unverändert in Anwendung.

Abzunehmen von jeder Nutzerin und jedem Nutzer, allen Personal-Angehörigen und sonstigen Mitwissenden des Regierungs-Sonderkomplexes (USG-Dienstvorschrift 1/1)

Kapitel 1

„Was ist das doch schön hier", murmelte der Mann vor sich hin. Er saß auf einer verwitterten Holzbank an einem Feldrand, rauchte und kraulte Terra, die angeleint zu seinen Füßen lag. „Ja, ruh' dich 'n bisschen aus", sagte er zu dem schwarzhaarigen Vierbeiner, ein Mix aus Labrador und Jagdhund. Beide waren nicht mehr die Jüngsten. Und der Marsch hierher über den landwirtschaftlichen Feldweg mit seinen Betonplatten, der hatte sie schon leicht angestrengt. Doch der ergraute ältere Herr kam gern an diese Stelle, etwas über einen Kilometer außerhalb seines Dorfes. Hier konnte Herbert Fuchs sie meist gut verdrängen, die abgrundtiefe Verlogenheit, die er schon so lange decken musste.

Fuchs war ein kantig-knorriger Typ. Auch optisch. So zerknittert, wie sein Gesicht aussah, hätte er problemlos in jeder Geisterbahn anheuern können. Wer nicht wusste, wer er wirklich war, der glaubte tatsächlich, der Mann ist ein bodenständiger, manchmal tumb-einsilbiger Kleinbauer. Dazu passte gut, dass er Tiere mochte. Davon hielt er sich jede Menge, gemeinsam mit seiner Frau Brigitte. Auf ihrem etwas in die Jahre gekommenen Hof lebten Pferde und Hühner, Enten und Gänse, Hunde und Katzen. Vor allem jedoch hatten es ihm Blumen angetan. Stundenlang konnte er sich in und mit seinen Beeten beschäftigen. „Na ja, sonst macht die Arbeit ja keiner", brummelte er mitunter. Aber das meinte er bloß scherzhaft. Und Herbert Fuchs hatte Prinzipien. Ehrlichkeit, Toleranz und Zuverlässigkeit waren ihm sehr wichtig. Ein norddeutsches Land-Ei mit Grundsätzen der alten Schule.

Nur von denen ist er bereits so einige Male stark abgewichen. Und je älter er wurde, desto mehr grämte ihn das. „Ich hab' ein Stück meiner Seele verkauft", warf er sich manchmal vor. Hin und wieder setzte er auch verbittert hinzu: „Dafür bin ich nicht Offizier geworden." Aber was er getan hat, war nun mal zwingend nötig gewesen. Aus dienstlichen Gründen. Weil es unter keinen Umständen offenbar werden durfte, das große Staats-Geheimnis seines kleinen Dorfes. Falls das aber alles jemals rauskommt, ging es ihm durch den Kopf, dann hat Deutschland einen Politskandal ohne Beispiel. Doch darüber grübelte Herbert Fuchs, Generalmajor kurz vor der Pensionierung, nicht mehr allzu lange nach. „Wir haben gottlob ein tolles Kontroll- und Sicherheitssystem. Und vor allem gibt's den Schwur von Matzwitz", sagte er sich. Der 63-Jährige drückte seine Zigarette aus. Gleich darauf ließ sich der hochrangige Offizier in Bauern-Zivil gedanklich schnell wieder einfangen vom Zauber der grandiosen Landschaft.

Die zeigte sich jetzt, im Mai, von ihrer besten Seite. Auch und gerade hier, nahe der Hohwachter Bucht. Unweit von Gut Panker, einer sehr gepflegten Hof-Anlage mit stilvollem Herrenhaus, genoss Fuchs die Pracht der Natur. Seine Augen besoffen sich förmlich an dem Ausblick, der sich ihnen in dieser leicht hügeligen Gegend bot. Da war gleich vor seiner Holzbank das satte Frühlingsgrün der Knicks, der in Teilen Schleswig-Holsteins so typischen Erdwälle mit ihren Büschen und Bäumen. Und unmittelbar dahinter, auf dem zur Küste hin sanft abfallenden Feld, das knallige Gelb der Raps-Pflanzen mit ihrem süß-herben Duft. Er schaute etwas weiter in die Ferne zum hohen weißen Silo-Bau von Waterneversdorf. Links und rechts davon der große und der kleine Binnensee, umgeben von Salzwiesen: Lebensraum unzähliger Enten und Gänse. Am Horizont schließlich die im strahlenden Sonnenlicht silbrig glitzernden Wellen der Ostsee. Und über allem ein schier endlos anmutender Himmel wie auf einer Urlaubs-Postkarte: hellblau mit vereinzelten Wolkentupfern.

Früher hatte Fuchs sich manchmal darüber gewundert, wie stark ihn das alles immer wieder in den Bann schlägt. Zumal er doch gar kein Norddeutscher war. Er stammte aus dem tiefsten Süden, aus

Bayern. An die Küste gekommen war er, weil er damals eigentlich zur Bundesmarine wollte. Kiel hatte ihm vorgeschwebt, seinerzeit Heimathafen für die Zerstörer der sogenannten Fletcher-Klasse. Da wollte er unbedingt rauf und mitfahren. Obwohl es auch schon in jenen Tagen uralte Pötte gewesen sind. Noch in Zeiten des II. Weltkrieges auf amerikanischen Werften gebaut, übergab die US-Navy die Zerstörer dann Jahre später als Leihgabe an die Bundesmarine. Fuchs allerdings war nie an Bord eines dieser Schiffe. Die Personal-Planer steckten ihn nämlich zum Heer. Dabei ist es purer Zufall gewesen, dass er weiter in Schleswig-Holstein blieb. Er landete in der Kleinstadt Lütjenburg, in der inzwischen aufgelösten Schill-Kaserne. Beim dortigen Flugabwehr-Lehrregiment 6 begann seine Soldaten-Laufbahn. Er fand auch bald Gefallen daran, verpflichtete sich als Offiziers-Anwärter. Fuchs war auffallend intelligent und talentiert, wurde von seinen Vorgesetzten stets bestens beurteilt, absolvierte sämtliche Lehrgänge mit Bravour und machte eine steile Karriere. Egal, wo man ihn jeweils stationierte, ob im In- oder im Ausland: Immer erwies er sich als herausragender Offizier. Dass das keineswegs allein nur auf seinen Fähigkeiten und Leistungen beruhte, musste keiner wissen. Und schon gar nicht, dass er gewissermaßen ein Zögling des MAD war. Der Militärische Abschirmdienst, mithin also der Geheimdienst der Bundeswehr, war für ihn eine Art Karriere-Booster. Er hatte dafür gesorgt, dass Fuchs nun fast genau wieder da war, wo er einst angefangen hatte als Offizier: in Lütjenburg. Genauer ganz in der Nähe der Kleinstadt, in dem sonderbaren Dörfchen Matzwitz. Der Vorteil seines Dienstpostens dort: Er war weit vorzeitig General geworden, konnte vor allem richtig reich in den Ruhestand gehen. Der Nachteil: Sollte er jemals auch nur ein Sterbenswörtchen darüber erzählen, was er in Matzwitz gesehen und erlebt hat, wäre er tot.

Kapitel 2

Matzwitz – klingt irgendwie niedlich. Als ob ein kleines Kind sich diesen putzigen Namen ausgedacht hätte. Wie er wirklich mal zustande kam, ist unklar. Selbst in Wikipedia steht nichts Konkretes dazu. Überhaupt verrät die sonst so allwissende Online-Enzyklopädie nicht viel über Matzwitz. Keine 20 Zeilen finden sich da. Darunter die Koordinaten zur Lage des Ortes, die Postleitzahl 24321 und die Telefon-Vorwahl 04381. Zahl der Einwohner: Fehlanzeige. Auch sonst bloß wenige Sätze wie „Matzwitz ist ein im Norden Wagriens gelegenes holsteinisches Dorf." In trockenem Behördendeutsch ist außerdem zu lesen: „Der Anschluss an das öffentliche Straßenverkehrsnetz wird durch die Kreisstraße K 26 hergestellt, die etwa einen halben Kilometer südwestlich der Ortschaft von der Landesstraße L 165 abzweigt." Nur ein einziges Bild ist dem Text beigestellt. Es zeigt eine leicht ansteigende Wiese und dahinter, auf einer Anhöhe, einen verwinkelten Bungalow. Ferner sind bloß ein paar Bäume zu sehen und im Hintergrund die Dächer zweier anderer Gebäude. Pure ländliche Idylle vermittelt das Foto. Und zur Geographie lässt Wikipedia wissen: „Matzwitz ist ein Ortsteil der im nordöstlichen Teil des Kreises Plön gelegenen Gemeinde Panker. Die Ortschaft befindet sich etwa sechseinhalb Kilometer nordnordwestlich von Lütjenburg, in dem die Amtsverwaltung der Gemeinde Panker ihren Sitz hat, und liegt auf einer Höhe von 17 m ü. NHN (Normalhöhennull/Meeresspiegel)." Einfacher formuliert: Eine liebreizend-ruhige Gegend, in der sich Fuchs und Hase sprichwörtlich "Gute Nacht" sagen. Doch so absolut friedfertig ist es da nun auch wieder nicht.

In der Vergangenheit hatte die Region um Matzwitz zweimal sogar bundesweit Schlagzeilen gemacht. 1978 war's, als der hoch-

adelige Chef von Gut Panker, ein leibhaftiger Prinz, an einem frühen April-Morgen gekidnappt wurde. Zwei Brüder aus der Schweiz und ein Italiener hatten ihn in ihre Gewalt gebracht. Aber das Täter-Trio war recht töricht. Zudem gab es eine aufmerksame Zeugin und schnell reagierende Beamten. Deswegen war die Entführung nach gerade mal eineinhalb Stunden schon wieder vorbei. Der damalige Ministerpräsident Schleswig-Holsteins, der CDU-Mann Gerhard Stoltenberg, ließ es sich denn auch nicht nehmen, den „hervorragenden Fahndungserfolg" seiner Landespolizei zu loben. Der andere Fall, der weithin Aufsehen erregte und für viel Erschütterung sorgte, geschah im Dezember 2007. In einem Wohnhaus nicht weit entfernt vom Gut Panker, in Darry, einer Gemeinde kurz vor Lütjenburg, wurden die Leichen von fünf Kindern entdeckt. Jungen im Alter von drei bis neun Jahren, getötet von ihrer psychisch kranken Mutter. Eine grausige Familien-Tragödie, über die seinerzeit noch lange geredet wurde. Aber sie hatte nichts mit Matzwitz zu tun.

Kapitel 3

So steht darüber auch auf der Wikipedia-Seite zu dem kleinen Ort nichts zu lesen. Ebenso wenig ist vermerkt, dass in der Mini-Gemeinde seltsamerweise vieles fehlt, was sonst ein Dorf so ausmacht: keine Kirche, kein Friedhof, keine Kneipe, kein Sportverein, kein Kaufladen, ja nicht mal eine Feuerwehr. Und schon gar nicht erwähnt wird das gewaltige System mehrstöckiger unterirdischer Bauten mit den gut getarnten Ein- und Ausgängen. Es zieht sich hin von Matzwitz bis zum benachbarten Bundeswehr-Schießplatz Todendorf.

Kurz zischte ein scharfes Pfeifen durch die Luft. Nur Sekundenbruchteile später klatschte die geflochtene dünne Lederschnur auf den Rücken eines jungen Mannes. Sofort platzte ein langer Streifen Haut auf, Blut spritzte hervor und ein markerschütternder Schrei erfüllte den Raum. „Mach' nur, es hört dich eh keiner", murmelte eine Frau. „Wir sind hier tief unter der Erde." Ein starkes Zittern durchfuhr sie. Doch es war nicht etwa Abscheu, was sie fühlte. Ganz im Gegenteil, es war ihr sehr angenehm und extrem stimulierend. Sie merkte, dass ihre Erregung schnell wuchs. „Mehr! Mehr! Mehr!", rief jede Faser ihres Körpers, so wie immer bei ihren Aktionen in diesem total gekachelten Keller. An allen vier Wänden sowie am Boden und selbst an der Decke nur helle Fliesen; wie in einem Schlachthaus.

Wieder schwang sie ihre Peitsche. Ein richtig fieses Instrument. Denn vorn an der Schnur war auch noch eine etwa kirschgroße stachelige Bleikugel eingearbeitet. Diesmal riss bei dem Mann eine seiner Hüften auf, sogar ein bisschen Fleisch flog weg. Abermals brüllte der junge Kerl wie irre. Seine Augen traten hervor, und er rang nach Luft wie ein Ertrinkender. „Ja, gut so", stöhnte ein paar Meter hinter ihm die Frau in ihrem dunkelroten knallengen Dress. Sie hatte ihn bei einer Reise nach Südamerika, wo sie niemand erkannte, für sich maßschneidern lassen. Allerfeinstes Peccary-Leder. Von einer dortigen Wildschweinart stammend. Sehr teuer. Aber bei ihrer Herkunft war Geld noch nie ein Problem. Adelig, aus dem Rheinland. Sie lebte immer schon in Luxus. Dies und Macht auszuüben, gepaart mit brutalster Gewalt, das brachte sie sexuell um ihren Verstand – so wie jetzt. Erneut knallte die Peitsche.

„Du elendes Mistvieh", fluchte Christian Burchard erbost. Die Frau konnte ihn nicht hören, er war allein in einem Nebenraum. Durch eine verspiegelte Scheibe betrachtete der hochgewachsene Mittvierziger das perverse Schauspiel. Er musste das tun, sicherheitshalber. Denn Burchard war hier Oberstarzt. Aber an Tagen wie diesem hasste er seinen Job. Doch ihm blieb keine Wahl, auch er unterlag dem Schwur von Matzwitz. „Das ist doch völlig krank", sagte er sich und blickte wieder durch die Scheibe. Der Militär-Mediziner hatte aufzupassen, dass das Opfer nicht schlappmachte, bevor die Frau fertig war, und danach sollte er sich um den armen Mann kümmern.

Wie der hieß und woher er kam, wusste niemand. Und es wollte auch keiner so genau wissen. Meistens handelte es sich um junge männliche Flüchtlinge, die ihre Heimat allein verlassen hatten. Matzwitzer Kontaktleute nahmen sie bereits fern im Ausland ins Visier, oft noch während sie unterwegs waren. Der Trick, mit dem man sie anlockte, war ebenso simpel wie erfolgreich. Man versprach ihnen stets ein besseres Leben für eine vermeintlich kleine Gegenleistung. Die näheren Details wolle man da hinten auf dem Parkplatz im Auto besprechen. Doch kaum im Wagen, wurden sie fix betäubt und verschleppt. Das fiel auch nie jemandem auf. Weil es nicht allzu oft geschah. Zudem, weil in der Regel auch nicht lange gesucht wurde nach solchen Opfern. Die Polizei im jeweiligen Land machte sich meist keine große Mühe, solche vermissten Flüchtlinge aufzuspüren.

Das war bei diesem jetzt genauso. Zwei Männer hatten ihn vorhin in den Keller gebracht; nackt bis auf einen Slip und mit einer Augenbinde, gefesselt an Armen und Beinen. In kleinen Tippel-Schritten führten sie ihn in dem Raum zur Kopfwand. Wortlos legten sie dem jungen Kerl stählerne Manschetten mit langen Ketten um die Fußknöchel und Handgelenke. Dann zogen sie die Ketten stramm durch vier Ringe an der Wand, so dass er breitbeinig und mit hochgestreckten Armen dastand. Das heißt, nach drei Schlägen taumelte er nur mehr. Die Kacheln an den Wänden und der Boden unter ihm waren blutverschmiert. Sein Rücken sah grässlich entstellt aus, die Schmerzen mussten höllisch sein. Doch sein Martyrium war noch nicht vorüber.

Zum vierten Mal verrichtete die Peitsche ihr grausames Werk. Aus der Kehle des Flüchtlings kam jedoch kein Schrei mehr. Bloß ein lautes Gurgeln war zu hören; schrecklicher noch, als wenn er gebrüllt hätte. „Stopp! Schluss jetzt!", rief Christian Burchard. Er war aus dem Nebenraum hinübergeeilt. „Ich entscheide, wann es vorbei ist", blaffte die Frau mit resolut-herrischer Stimme. Wieder in hörbar rheinischem Dialekt. Dabei hielt sie in ihrer einen Hand immer noch die Peitsche, mit der anderen rieb sie sich im Schritt. Burchard erkannte eine abartige Mischung aus völliger Ekstase und rücksichtslosem Wahnsinn. Die Frau wusste allerdings auch selber, dass ihre sexuelle Veranlagung alles andere als normal war.

Ich bin eine knallharte Sadistin, gestand sie sich inzwischen ein. Und das ohne große Reue oder Empathie für ihre Opfer. Anfangs hatte sie erst noch versucht, gegen ihr Begehren anzugehen. „Es sind doch bloß Phantasien", sagte sie sich. Aber das half nicht lange. Immer kräftiger wurde dieser innere Drang. Mehr und mehr beherrschte er sie. Behandeln lassen wollte sich die eher kleine, leicht dickliche Frau aber nie. Das ließ ihr ausgeprägtes Ego nicht zu. Sie suchte und fand via Internet Möglichkeiten, ihre Form von Sex auszuleben. Anfangs noch verhalten, doch schon bald zunehmend drastischer. Und abermals schwirrte dieses kurze scharfe Pfeifen durch die Luft.

Christian Burchard hörte es gerade noch rechtzeitig und sprang zur Seite. Dieser Hieb war quasi wie ein Höhepunkt. In ihm steckte noch mehr Kraft als in den vier anderen Schlägen zuvor. Die Wucht war so heftig, dass sich der Mann in seinen Ketten ruckartig aufbäumte. Er biss sich selbst die Zungenspitze ab, bevor er zusammensackte. Burchard war sofort bei ihm. Keine Lebenszeichen. „Stirb mir nicht weg", stieß der Arzt hervor. Schnell löste er die Ketten. Kaum lag der entstellte Körper vor ihm, begann er mit der Reanimation. „Komm, komm, komm", drängelte der Mediziner. Und er schaffte es. Nur etwas später hatte Burchard den jungen Mann stabilisiert. Dessen Zukunft war schon geregelt. Er würde umgehend anerkannt werden als schwer misshandelter Kriegsflüchtling und schnell unbefristetes Aufenthaltsrecht kriegen. Das hatte man vorher bereits alles in die Wege geleitet; beim BAMF, beim Bundesamt für Migration und Flüchtlinge. Der Behörde blieb freilich verborgen, welches schlimme Schicksal der bedauernswerte Kerl wirklich hinter sich hatte.

Die Frau mit der Peitsche sah ungerührt zu, wie Burchard dem jungen Mann das Leben rettete. Sie ging seitlich etwas neben ihm sogar in die Hocke, um besser beobachten zu können, was der Oberstarzt tat. Leise stöhnend rieb sie sich dabei mit einer Hand wieder im Schritt. Dazu irrer Glanz in ihren Augen. Der erlosch aber schnell, als ihr Opfer von zwei Sanitätern, die Burchard herbeigerufen hatte, weggebracht wurde. Die Frau erhob sich, mit einem eklig-satten Lächeln im Gesicht. Bettina von Draburg, Mitglied der UCD, der Union Christlicher Demokraten, und Bundesministerin für Gesundheit und Soziales, war befriedigt – im wahrsten Wortsinn. Die Düsseldorferin verließ den Keller. Gleich danach verhallte auch das Klackern der spitzen Absätze ihrer geschnürten Lederstiefel in den Weiten der unterirdischen Gänge.

Kapitel 4

Dieser spezielle Keller ist bloß einer von knapp 270 unterirdischen Räumen. Sie sind unterschiedlich groß und hoch, verteilen sich über mehrere Etagen und reichen hinab bis auf eine Tiefe von 85 Metern. Ein gutes Drittel der Räume dient dem Betrieb des gewaltigen Objekts. Starke Generatoren sind darin installiert und massenhaft Elektrik; für die Be- und Entlüftung ebenso wie für die zahlreichen Brandschutztüren und Sprinkleranlagen. Zudem für das hypermoderne Rechner-System sowie die mächtigen Server, für die Technik der Klinik und jene der Großküche. Und nicht zuletzt auch für die Tag und Nacht laufenden Pumpen, die sich ums Grundwasser kümmern. Doch wofür sie auch alle jeweils genutzt werden: Die Räume reihen sich nicht dicht an dicht aneinander. Sie bilden vielmehr Untertage-Inseln. Leise sirrende Aufzüge verbinden die verschiedenen Ebenen, zudem ganz klassisch auch Treppen. In Quer- und Längsrichtung verlaufen teils Hunderte Meter lange Transportbänder, solche wie auf Flughäfen. Nur draufstellen und ab geht's, ohne dass man selbst einen Schritt machen muss.

Die Ausdehnung des ganzen Komplexes ist enorm. Der Länge nach misst er knapp dreieinhalb Kilometer, in seiner Breite gut einen Kilometer. Alles unter der Erde. Die jeweiligen Ein- und Ausgänge sind bestens gesichert und raffiniert versteckt. Unter anderem im Gülle-Speicher von Harald, einem der angeblichen Landwirte in Matzwitz. Oder auch direkt unter dem einzigen Reitplatz, mitten im Dorf. Er lässt sich wie von Zauberhand mittels starker Hydraulik absenken. Eine abwärts führende Rampe kommt dann zum Vorscheinen. Das größte Tor in die Anlage hinein, durchlässig sogar für Lastwagen. Innen drin übrigens erinnert überhaupt nichts an den bedrohlichen Charme von Riesen-Bunkern aus Zeiten des

Kalten Krieges. Kein nackter Beton, kein kaltes Neonlicht, kein Gewimmel an sichtbaren Rohrleitungen und auch keine dicken Stahltüren. Jedenfalls nicht in den über 170 Zimmern und Salons, Räumen und Hallen, die dem exklusiven Kreis der Nutzer vorbehalten sind. Ob Bodenbeläge, Wandverkleidungen, Beleuchtung, Möbel, Unterhaltungs-Elektronik oder was auch immer: Nur das Neueste vom Neuen und Beste vom Besten gibt's. Indirekt installierte Spezial-Lampen zum Beispiel verbreiten warmes Tageslicht. Fein dosierbare Duftspender verströmen angenehm riechende Landluft. Überdies suggerieren viele in den Wänden eingelassene Fenster einen wie echt wirkenden Ausblick nach draußen – dank 3-D-Projektionstechnik stets passend zur Jahreszeit. Einer der drei tollsten Knaller jedoch ist ein Konzert-Saal mit brillanter Akustik. Er geht zurück auf den einstigen Auftraggeber der ganzen Anlage, der ihn auch häufig selbst genutzt hat. Noch imposanter ist der unterirdische Snow-Dome, wenn auch bloß mit einer gerade mal 300 Meter langen Ski-Abfahrtspiste. Und in der größten der tief liegenden Mega-Hallen erstreckt sich ein echter Golfplatz, allerdings mit lediglich neun Löchern. Eine Klasse für sich ist außerdem der Service. Quasi ein Finger-Schnippen genügt, und fast alles wird prompt an den Mann oder die Frau gebracht. Sogar harte Drogen.

Kapitel 5

„Scheiße, Scheiße, Scheiße", fluchte Matthias Bäuer. In der Öffentlichkeit würde der Brillenträger so nie reden. Erst recht nicht vor Mikrofonen und Kameras. Aber er war zu Hause. Allein in seinem Büro. Und er verfiel schnell in Fäkalsprache, wenn er unter Druck stand. Sein Kokain ging zur Neige. Bäuer hatte zwar rechtzeitig nachbestellt, aber sein Dealer hatte nicht geliefert. „Dieses verfluchte Arschloch", schimpfte er. Dabei war die Sache doch bestens verschleiert, so wie immer. Darauf achtete der 41-jährige Oberpfälzer stets peinlichst genau. Schließlich wollte er in Berlin noch möglichst lange im Kabinett bleiben. Abermals griff der Bundeswirtschaftsminister zu seinem Prepaid-Handy. Ein Apparat ohne extra Vertrags-Abschluss, mit anonymisierter SIM-Karte aus Tschechien sowie deaktiviertem GPS. Und die WLAN-Connection schaltete Bäuer stets sofort wieder ab, wenn er fertig war. Er rief mit diesem Handy auch nie an. Es diente ihm ausschließlich für kurze Text-Nachrichten. Selbst die codierte er. Alles vorsichtshalber. So hätte der Apparat zwar trotzdem noch lokalisiert werden können, aber nur schwer. Mithören dagegen ging nicht. Es wurde ja nicht geredet. Und einer bestimmten Person zuordnen, ließ sich dieses Handy gar nicht. Wieder schrieb Matthias Bäuer eine knappe Nachricht. „Jetzt meld' dich endlich, du elender Wichser", zischte er ungeduldig. Doch das tat der Mann nicht. Er kannte seinen Kunden übrigens nicht. Er und Bäuer waren sich nie begegnet. Wenn der Bundesminister ihm einen Text zuschickte, dann immer nur als X 12 B. Von Anfang an nutzte er diesen Code. Ob es nun um die eigentliche Sache ging, Kokain, oder um die jeweilige Menge, den Preis oder den Liefertermin – alles wurde jeweils bloß in Form von Buchstaben und Zahlen erwähnt. Das galt ebenso für die Orte der

Bezahlung und der Stoff-Übergabe. Bei deren Auswahl war Bäuer seinerzeit gleichfalls sorgsam und mit Bedacht vorgegangen. Damit er ständig wechseln konnte und somit selbst nicht auffiel, hatte er drei sogenannte tote Briefkästen eingerichtet. Ein harmloser Abfalleimer zählte dazu, ein Astloch in einem Baum am unteren Ende seines Privat-Grundstücks sowie ein hölzernes Klettergerüst am Rande eines Kinderspielplatzes. Der hochrangige Politiker wurde immer fahriger und aggressiver. „Ich flip' echt gleich aus", stöhnte er verärgert. Er brauchte dringend neuen Stoff. Das bisschen, das noch da war, würde nicht mehr allzu lange reichen. Und dann? Nach Matzwitz käme er frühestens am Wochenende. Heute war aber erst Montag. „Ich muss den jetzt rankriegen", sagte sich Bäuer und probierte es wieder. Vergeblich. Der Dealer war „aus dem Geschäft", wie es in dieser Szene lapidar hieß.

Dafür gesorgt hatten die „Rattlesnakes". Sie waren in Regensburg, Bäuers Heimatstadt, die vorherrschenden Rocker. Seinen Namen hatte sich dieser Motorradclub (MC) nicht einfach nur so ausgewählt. Er hielt sich in seinem Clubhaus tatsächlich eine Klapperschlange. Quasi das Markenzeichen dieser Rocker. Eine Klapperschlange in stilisierter Form bildete das so genannte Center-Patch, den zentralen Aufnäher auf dem Rücken ihrer Jacken und Lederwesten. Eine weitere Besonderheit waren die Maschinen des „Rattlesnakes MC". Keine Harleys. Inzwischen viel zu gewöhnlich, fanden sie. Daher hatten sie sich auf einen anderen Motorrad-Typ festgelegt: die Triumph Rocket III. Aber nur Modelle aus der ersten Generation. Wahnsinns-Maschinen. Etwa sieben Zentner schwer. Dreizylinder-Motor. 12 Ventile. 2.300-Kubik. 140 PS und irre 200 Newtonmeter Drehmoment. Pure Kraftpakete auf zwei Rädern.

Sie waren übrigens nicht von Beginn an böse Jungs auf Bikes. Doch sie hatten zügig entdeckt, dass sich leicht und gut Geld damit verdienen lässt, Angst und Schrecken zu verbreiten. Mit Schutzgeld-Erpressung fing es an, und im Rotlicht-Milieu ging bald ebenfalls nichts mehr ohne sie. Hauptstandbein jedoch wurde der

Handel mit Drogen aller Art, vornehmlich Kokain. Die „Rattlesnakes" konnten schnell richtig böse werden, wenn ihnen dabei jemand in die Quere kam. Sie wussten zwar, dass irgendwer in Regensburg und Umgebung ihr äußerst einträgliches Koks-Monopol unterwanderte. Aber lange war ihnen unklar, um wen es sich dabei handelte. Bis die Rocker einen Tipp erhielten, von einer ihrer Bezugsquellen in Italien. Bei der hatte sich zufälligerweise auch Bäuers Dealer öfter mit Kokain eingedeckt. So kamen ihm die „Rattlesnakes" auf die Spur. Und da sie keineswegs blöd waren, wenn 's ums Geschäftliche ging, machten sie auch nicht gleich eine Markt-Bereinigung. Zunächst überwachten sie den Mann. So wollten sie erfahren, wer seine Kunden sind und die übernehmen. Wochenlang behielten sie den Dealer im Auge. Die muskelbepackten und tätowierten Biker staunten nicht schlecht, als ihnen dabei das ausgeklügelte System der toten Briefkästen auffiel. Völlig baff allerdings waren sie, als sie ein paar Tage später sahen, wer sich da aus einem der Drogen-Verstecke bediente. Ohne dass er es in jenem Moment auch nur ahnte, kam damit auf den Bundeswirtschaftsminister ein weiteres, sehr großes Problem zu.

Dabei stand es um Matthias Bäuer ohnehin schon nicht gut. Der häufig etwas schmierig und eitel wirkende Oberpfälzer hatte das durchaus berechtigte Gefühl, bei der Kanzlerin auf der Abschussliste zu stehen. Es war nämlich recht fraglich, ob er nach der nächsten Kabinetts-Umbildung noch weiter mit zur Regierung gehören würde. Denn politisch hatte Bäuer einen sehr schweren Fehler gemacht. Außerdem rangierte er seit Monaten in allen Umfragen weit abgeschlagen ganz hinten. Nicht zuletzt auch wegen der Geschichte um seinen nicht ganz waschechten ausländischen Doktor-Titel. Zu allem Übel hatten Boulevard-Blätter bis in kleinste Details über seine beiden kaputten Ehen berichtet. Der immer modisch-chic auftretende Bäuer, so arrogant und skrupellos er auch sein konnte, er war eigentlich nichts anderes als eine arme Wurst. Er badete auch gerade in Selbstmitleid, weil es ihm an Stoff mangelte, und wünschte sehnlichst, er könnte jetzt am Strand von Todendorf gepflegt eine Nase voll nehmen.

Kapitel 6

Todendorf, unmittelbar neben Matzwitz, ist seit Jahrzehnten Schießplatz der Bundeswehr. Besonderheit dabei: Er liegt direkt an der Ostsee. Es kann weit auf's Meer hinaus gefeuert werden. Ideal für Übungen zur Luftabwehr. Aus der Taufe gehoben hatten das militärische Trainingsgelände einst die Briten. Sie waren nach Ende des II. Weltkrieges Besatzungsmacht im Norden. Ursprünglich wollten sie damals circa zehn Kilometer entfernt, in Hohwacht, einen Flugabwehr-Schießplatz einrichten. Das hatte sich angeboten, weil es dort schon vormalige Stellungen der Wehrmacht gab. Doch daraus wurde nichts. Die Bürger leisteten Widerstand. Sie befürchteten, das Vorhaben könnte ihnen das Tourismus-Geschäft verderben. Daraufhin entschied sich die britische Militärführung, ihr Projekt etwas weiter westlich in die Tat umzusetzen – eben in Todendorf. Genauer: Auf dem Grund und Boden des Gutes Todendorf. Abermals rührte sich Protest dagegen, stärker als zuvor. Dennoch vergeblich. Im März 1952 erging ein Beschlagnahme-Bescheid, und die Briten begannen im selben Jahr mit dem Bau von zwei Lagern sowie zwei Schießbahnen.

Ende Januar 1953 kam sogar noch ein weiterer Beschlagnahme-Bescheid, diesmal von der amerikanischen Besatzungsmacht. Gleich neben den Briten entstanden ein weiteres Lager und noch eine Schießbahn. In den Folgejahren haben die Soldaten Ihrer Majestät und jene der US-Army das neue Militär-Areal auch sehr intensiv genutzt. 1956 zum Beispiel wurde in Todendorf an sage und schreibe 260 Tagen geschossen. Zu Spitzenzeiten gab es in den einzelnen Lagern auf dem Gelände Unterbringungs-Möglichkeiten für insgesamt rund 2.000 Soldaten. Das alles sehr zur Freude einiger deutscher Kneipiers. Nahe des dortigen Kasernentores eröff-

neten sie schnell mehrere Gaststätten und machten prächtige Umsätze. 1958 dann zogen sich erst die Briten und 1962 auch die Amerikaner zurück. Die Bundeswehr übernahm das Kommando. Damit einher ging auch eine neue Bezeichnung: „Truppenübungsplatz und Flugabwehrschießplatz Todendorf".

Kapitel 7

Einen entsprechenden Eindruck macht er auch immer noch. An Land ist das komplette Areal umzäunt mit messerscharfem sogenannten NATO-Draht. Vielerorts stehen gleich hinter dem Zaun große Warnschilder mit der Aufschrift „Vorsicht! Schusswaffen-Gebrauch!". Das Gelände wird streng überwacht von Doppelposten-Streifen, außerdem durch teils sichtbare, teils versteckte Kameras, die auch Wärmebilder liefern. Private Drohnen haben absolutes Überflugverbot. Handys sind auf dem gesamten Platz total untersagt. Zudem wird in einem Radius von gut 40 Kilometern Tag und Nacht alles im Auge behalten, was sich dort tut und bewegt. Und zwar hauptsächlich mittels modernster Technik, die jener der amerikanischen Lauscher und Schnüffler von der NSA in nichts nachsteht. Zusätzlich machen Einheiten der EloKa, der elektronischen Kampftruppe, an so einigen Tagen viele Funk-Frequenzen einfach platt. Zum Leidwesen so manch unbedarfter Bewohner der Region, doch auch zum Ärger zahlreicher Urlauber. Folge sind nämlich sehr schlechte bis völlig ausfallende Handy-Netze. Hintergrund dazu: Der Schutz nicht bloß des unterirdischen Komplexes in Matzwitz, sondern eben auch des Platzes von Todendorf. Denn er gehört mit zum Gesamt-Objekt, ist sozusagen der Übertage-Teil des Regierungs-Sonderkomplexes.

Und auch da gibt es schier unglaublich anmutende Einrichtungen für den elitären Kreis der zeitweiligen Gäste aus Deutschlands Spitzenpolitik. Dinge, die unter Tage nicht möglich sind. Erwähnt sei zum Beispiel das getarnte Kolosseum. In einer extra ausgehobenen Bodensenke steht es, verschlossen durch ein bepflanztes Riesen-Schiebedach. Es ist längst nicht so groß wie das in Rom. Vom Stil her jedoch sieht es verblüffend ähnlich aus. Gladiatoren allerdings treten in dem Kolosseum nicht gegeneinander an. Es gibt nur Kämpfe zwischen Mann und Tier – Löwe, Tiger oder Puma. Doch die lassen sich nur sehr mühsam besorgen. Weit öfter greift man daher auf das größte europäische Raubtier zurück, den Braunbären. Einzige Waffe dabei ist stets bloß ein Messer. Dennoch finden sich für solche Kämpfe bei Bedarf immer wieder und ganz leicht junge Männer. Rekrutiert werden sie in der Regel in armen, ländlichen Gegenden Osteuropas. Man sagt ihnen zwar nie, wo sie kämpfen sollen, wohl aber, dass sie es mit einer Raubkatze oder einem Bären zu tun kriegen. Natürlich willigen sie nur selten gleich ein. Doch die Aussicht auf 500.000 Euro, sofern das Aufeinandertreffen überlebt wird, hat alle Bedenken bisher noch stets verschwinden lassen.

Bundesweit einzigartig im offiziell strikten Sperrgebiet am langen Strand des Schießplatzes ist auch eine dortige Wellness-Anlage. Ihr Clou besteht aus zwei Komponenten. Einer Art Riesen-Käseglocke, eine transparente Plastik-Kuppel von 100 Metern Durchmesser. Insbesondere für Sommer-Feeling im Herbst und Winter wird sie gern aufgeblasen. Die Luft darin und unter ihr der bekannt feine Strand-Sand lassen sich mittels unsichtbar montierter Heiz-Technik angenehm aufwärmen. Der absolute Hammer jedoch ist der zweite Anlagenteil, direkt an die Kuppel angrenzend: ein aus dem Grund der flachen Ostsee vor Todendorf hochfahrbares Bassin, groß wie ein Fußballfeld und selbstverständlich ebenfalls beheizbar. Auch bei bitterkaltem Wetter sind in dem gewaltigen Becken Wasser-Temperaturen wie in der Karibik möglich. Und egal ob schwarzes, rotes, gelbes oder grünes Parteibuch: Bundes-Ministerinnen und -Minister aus all diesen Lagern haben das schon genossen. Auch Matthias Bäuer, der Wirtschaftsminister. Und keineswegs bloß einmal. Der Bayer mag es einfach, sich ganz ungeniert unter der Kuppel am Strand eine Linie Kokain reinzuziehen. Nicht, dass auch sie gerne kokst, aber die Kanzlerin schätzt diese einzigartige Anlage genauso. Wenn sie da ist, sind Bilder zu sehen, für die sich wohl jeder Paparazzo einen Arm abhacken würde: Die deutsche Regierungschefin im knappen Bikini! Aufgewachsen im Osten, mit FKK somit näher vertraut als Wessis, geht sie hin und wieder sogar völlig nackt ins Wasser!

Fotos davon wird es freilich nie geben. Schon wegen der strengen Absicherung in Todendorf, aber auch wegen der vielen Soldatinnen und Soldaten auf dem Schießplatz; nach außen hin tarnungshalber alle zur Luftwaffe gehörend. Sie tragen jedoch nicht ihre wahren Dienstränge und Truppengattungs-Abzeichen. Es sind samt und sonders einzeln ausgesuchte Berufssoldaten aus diversen Spezial-Verbänden. Erfahrene Elite-Kräfte. Ebenso die Zivil-Angestellten. Ihre beiden Hauptaufgaben: Allzeitiges Tarnen und Täuschen auf allerhöchstem Niveau. Das geht unter anderem bis dahin, dass in gewissen Abständen tatsächlich Schießübungen laufen. Dann ist weithin das Hämmern von Maschinen-Kanonen zu hören. Bei YouTube gibt es sogar Videos davon. Doch alles ist wohlgemerkt bloß simuliert. Die andere, noch wesentlich wichtigere Hauptaufgabe: Sicherung sowie frühzeitige Aufklärung und Abwehr jeder noch so kleinen Bedrohung, die die strikte Geheimhaltung der Regierungs-Sonderanlage gefährden könnte. Dafür erhalten sie extrem hohe Zulagen. Mit dem zusätzlichen Geld kommt jeder in der Truppe auf einen mehr als traumhaften Sold. Jeden Monat wieder. Jedoch bloß, wenn zuvor der Schwur von Matzwitz geleistet wurde. Insgesamt zählt der Verband in Todendorf an die 600 Soldatinnen und Soldaten. Mithin bloß Bataillons-Stärke. Ihr Kommandeur und auch Chef von Matzwitz ist trotzdem ein Zwei-Sterne-General: Herbert Fuchs.

Kapitel 8

Er klopfte zweimal an die Küchentür, dann trat er ein. „Guten Morgen", grüßte Mike Bertholdt. „Hier sagt man einfach bloß 'Moin', das reicht", erwiderte Herbert Fuchs freundlich. „Und nicht 'Moin-Moin'. Sonst weiß man gleich, dass du 'n Zugereister und 'n Schwätzer bist", fügte er hinzu. „Komm', Mike, setz' dich", forderte er ihn auf. Fuchs hatte, wie jeden Morgen, gerade noch in den „Kieler Nachrichten" gelesen. Aufmacher der Zeitung war der Massenprotest am Vorabend auf dem Wilhelmplatz in Kiel. Mehr als 8.000 Menschen hatten dort gegen die Politik der Bundesregierung demonstriert und ihrem Unmut darüber lautstark Luft verschafft. Wo soll das noch hinführen, hatte Fuchs für sich im Stillen gedacht. Derartige Demos liefen mittlerweile nämlich immer öfter. Nicht nur im Norden. Mit Besorgnis sah er, dass zudem die Rechten mehr und mehr Oberwasser bekamen. Doch nun legte er die Zeitung beiseite, um sich Bertholdt zuzuwenden. Der schob sich an den drei Hunden vorbei, die ihn neugierig beschnüffelten, und nahm Platz auf einem der Stühle am Küchentisch. Brigitte, Herberts Frau und Oberbefehlshaberin, wie er manchmal scherzte, stand am Herd. Irgendwas brutzelte in einer ihrer Pfannen. Was, konnte Bertholdt nicht sehen. Aber es roch sehr appetitanregend. „Na, mien Jung, utslaapen?", fragte sie ihren Gast. Von dem kam aber bloß „Wie bitte?". Brigitte lächelte. „Ich wollte nur wissen, ob Sie ausgeschlafen haben", erklärte die leicht rundliche Endfünfzigerin. Diesmal nicht auf Platt, sondern in Hochdeutsch. „Ach so", grinste der smarte Offizier mit seinem immer noch jungenhaften Charme. „Nee", antwortete er, „hier krähen ja schon um halb fünf die Hähne".

Mike – eigentlich Michael – Bertholdt war Oberst im ZIB, im

Zentrum für Informationsarbeit der Bundeswehr. In Strausberg, östlich von Berlin, ist das angesiedelt. Von seiner Erscheinung sowie vom Charakter her hätte er einem Hollywood-Streifen entsprungen sein können. Das hatte vor Jahren mal einer seiner ehemaligen Vorgesetzten ironischerweise auch genauso auf den Punkt gebracht. Bertholdt war Hauptmann und beim Soldaten-Betreuungssender „Radio Andernach" in Rheinland-Pfalz stationiert. „Du bist hier bei uns echt fehl am Platze", witzelte damals der Programmchef, ein Major. „So wie du aussiehst, gehörst du vor die Kamera. Du hättest locker die Hauptrolle in 'Ein Offizier und Gentleman' spielen können." Womit er einen Film aus den frühen 80ern mit Frauen-Schwarm Richard Gere meinte. Lange her. Sehr lange. Mike hatte seitdem, wie üblich bei Offizieren, manch andere Verwendung hinter sich gebracht. Zwischendurch absolvierte er ein paar Einsätze im Ausland. Und er hat auch toten Kameraden, zwei Hubschrauber-Piloten, die letzte Ehre erwiesen – im afrikanischen Mali. Nur eines von einigen unschönen Erlebnissen aus all den Jahren seiner bisherigen Dienstzeit. Die brachten ihn bisweilen zum Nachdenken. Nicht über seinen Beruf als Offizier, das nicht. Sehr wohl allerdings über die Umstände und Rahmenbedingungen. Darüber, wie Politik und Öffentlichkeit Soldaten sahen und mit ihnen umgingen. Oder auch über den Slogan der Bundeswehr „Wir.Dienen.Deutschland". Was bedeutete der auch und gerade für ihn? Derartige Fragen beschäftigten den Oberst öfter. Die Ergebnisse seiner Grübeleien behielt er allerdings für sich. Als Offizier hatte er schließlich auch Vorbildfunktion für seine Untergebenen. Das war ihm stets wichtig! Sich korrekt um seine Leute zu kümmern, damit sie ihm vertrauten. Seine Leitmarken dabei lauteten Geradlinigkeit, Respekt, Transparenz und Fairness.

„Bitte sehr!", sagte Brigitte Fuchs. „Lassen Sie's sich schmecken!". Mike guckte auf den Teller, den sie vor ihm hinstellte. Jetzt sah er, was da eben noch in der Pfanne gebrutzelt hatte und so verlockend duftete. Sofort lief ihm das Wasser im Munde zusammen: Rührei mit frischem Schnittlauch und kross gebratenen Schinkenstreifen. Dazu zwei geröstete Scheiben Toast mit etwas Butter und ein Pott Kaffee. „Herrlich! Danke schön!", antwortete der Oberst, noch ganz leger in T-Shirt und Schlafhose am Tisch sitzend. Man hatte ihn ausgeguckt als Nachfolger von Fuchs, der bald in Pension wollte. Grob wusste Mike schon, was für ein spezieller Posten da auf ihn zukam. Er sollte ihm bald auch seinen ersten goldenen Generals-Stern bringen. Fuchs und Bertholdt kannten sich bereits recht gut. Sie hatten vorher schon öfter miteinander telefoniert, sich auch zwei Mal getroffen. In der Führungsakademie der Bundeswehr in Hamburg sowie in Dresden, in der dortigen Offiziersschule des Heeres. Beide fanden auf Anhieb einen guten Draht zueinander. So hatte Bertholdt denn auch bei Fuchs übernachtet; in einem der einfach möblierten Gästezimmer seines angeblichen Bauernhofes. Am Abend vorher war er eingetroffen. Aus Niedersachsen kommend, aus dem nördlichen Vorland zum Harz. Da lag Schladen, wo er wohnte. Allein. Seine Ehe war bereits vor einiger Zeit in die Brüche gegangen. Wie bei so manchen Berufssoldaten wegen der vielen Versetzungen. Kinder hatten sie nicht.

Rund 350 Kilometer hatte er zurückgelegt, mit seinem Privat-Auto. Ein metallic-schwarzer Volvo C 70, Modell 2.4 T. Die Coupé-Variante, nicht das Cabrio. Fünf-Zylinder-Turbo, 193 PS, Baujahr 2001. Das damals schon vom Werk aus installierte CD/ Cassetten-Radio mit dem kräftigen Verstärker und Equalizer – einfach Bombe! Denn er mochte besonders heutzutage fast vergessene Rock-Klassiker. „What you're proposing" von Status Quo zum Beispiel, Iggy Pops „Real Wild Child" oder Gary Glitters „Rock'n Roll Part 1 & 2", auch „Urgent" von Foreigner oder „Moneytalks" von AC/DC. Und wenn es ihn überkam, meist auf langen Fahrten, dann drehte er die Lautstärke auf volle Pulle, den Bassregler auf knalligfett und ließ es in seinem Volvo ordentlich krachen. Inklusive eigener Gesangseinlagen. Hörte ja eh keiner. Aber nicht nur das erfreute Mike an seinem Wagen, sondern noch ein paar Dinge mehr: Geiler Motor, prima Karosserie, tolle Form – wirklich gelungen, fand er. Seiner Ansicht eines der besten und schönsten Autos, das die Schweden je gebaut haben. Damit log er sich jedoch selber was in die Tasche. Denn er wusste aus eigener Erfahrung sehr gut: Defekte Drosselklappen, spinnende ABS-Steuergeräte oder auch kaputte Lenkgetriebe konnten bei Modellen dieses Typs und Baujahrs ganz schön ins Geld gehen.

Mit einer bunten Papier-Serviette wischte sich Bertholdt den Mund ab. Keine fünf Minuten hatte er gebraucht, um sein leckeres Rührei zu verputzen. Nun trank er noch einen letzten Schluck Kaffee. „Dann können wir ja gleich hochgehen in mein Arbeitszimmer, Mike, und erste Einzelheiten regeln," meinte Fuchs, der seine Morgen-Kippe rauchte. „Ist doch erst zwanzig vor sieben", erwiderte Berthold. „Lass mich noch meinen Frühsport machen." Herbert Fuchs stimmte zu: „Okay, aber sieh zu, dass wir dann um acht anfangen. Sei bitte pünktlich und zieh deinen Dienstanzug an!". Mike wunderte sich etwas, sagte aber nichts. Als sie zuletzt vorige Woche miteinander telefonierten, hatte Fuchs doch erzählt, in Matzwitz werde nur zivil getragen. Aber gut. Er hatte seinen Dienstanzug ja mit dabei. Bertholdt verschwand aus der Küche, stieg die Treppe hinauf in sein Zimmer und zog sich rasch um zum Laufen.

Kapitel 9

Im Norden kann das Wetter mitunter recht unterschiedlich sein. Das war mal gerade wieder so. Der Morgenhimmel in der Gegend über Matzwitz und Todendorf versprach einen sonnigen Mai-Frühlingstag. Luftlinie etwas über 100 Kilometer weiter südlich sah es anders aus. Hamburg im Regen. „Oooh, nö", stöhnte Doreen Huthmerlett. „Aber das ist auch wirklich typisch für diese Stadt", seufzte sie, als sie aus einem Fenster ihrer Wohnung nach draußen sah. 84 Quadratmeter plus Balkon in der dritten Etage eines nüchternen Neubaus in Hamburg-Wandsbek. Ein ganzes Stück weg von der City, trotzdem ziemlich teuer in punkto Miete. Doch zu zweit ging's. Außerdem wollten beide endlich in ihre ersten gemeinsamen vier Wände. Sie schafften es, sich gegen die anderen Wohnungs-Interessenten durchzusetzen. Und vor ein paar Monaten war Doreen Huthmerlett dann dort eingezogen. Zusammen mit ihrem älteren Freund, an der Uni der Hansestadt angestellt als Paläontologe. „Ist das was mit Medizin?", wollten die meisten ihrer Freundinnen wissen, nachdem sie ihnen erstmals von ihm erzählt hatte. Sie hatte daraufhin den Kopf geschüttelt und erklärt: „Der forscht über Dinosaurier." Ihre Mädels waren verblüfft. „Echt jetzt?". „Ja, das ist sein Beruf", versicherte die 27-Jährige. „Wisst ihr, er hat wirklich seinen Kindheitstraum wahr gemacht. Wir waren nämlich mal bei seiner Mutter im Keller. Da hat er 'ne ziemlich große alte Holzkiste hervorgekramt. Bis oben voll mit seinen Plastik-Dinos von früher, als er noch klein war. Dann hat er mir erzählt, wie er mit denen damals gespielt hat. Und seine Augen haben dabei so glücklich gestrahlt, als ob er wieder ein Junge wär'." „Oh, wie süß!" hatten daraufhin ihre Freundinnen gekichert.

Der Job von Doreen Huthmerlett allerdings war auch nicht gerade alltäglich. Und sie musste nun auch zusehen, dass sie loskam zur Arbeit. Im Flur – farblich ganz in Lingotto gehalten, einem feinen Roséton – warf sie noch einen letzten Blick in den großen Spiegel, der dort hing. Gleich darauf griff sie sich aus der Garderobe einen Regenschirm. Sie ging zur Wohnung hinaus, schloss hinter sich ab, und machte sich auf den Weg zur U-Bahn. Ihr Ziel: Ein futuristisches Hochhaus mit viel Glas und 15 Geschossen inmitten der Hafen-City. Dort residierte DAS MAGAZIN, immer noch die bundesweite Info-Zeitschrift Nummer 1. Jahrzehntelang schon währte ihr großes Renommee, seit den frühen 60ern. Da hatte DAS MAGAZIN eine Militär-Story veröffentlicht, die gar nicht mal allzu starken Enthüllungs-Charakter aufwies. Gleichwohl sorgte sie für einen der bis dahin turbulentesten Polit-Skandale der deutschen Nachkriegs-Geschichte. Der damalige Bundeskanzler Konrad Adenauer sprach gar von einem „Abgrund an Landesverrat" – und trug so mit dazu bei, neben einigen anderen Akteuren, dass sich das Ansehen der Zeitschrift noch weiter festigte. Sie wurde zu einem herausragenden Leuchtturm in der deutschen Medienlandschaft.

Und da eben verdiente Huthmerlett ihre Brötchen. Sie schrieb aber keine Artikel, sie sorgte für deren Rohstoff. Als Rechercheurin suchte Doreen nach Informationen, verknüpfte sie und wertete selbige manchmal auch aus; je nachdem, wie der Auftrag lautete, der vorher jeweils aus einer der diversen MAGAZIN-Redaktionen kam. Neulich war sie zum Beispiel damit beschäftigt, die Vergangenheit führender Figuren aus dem BDP zu erhellen. Dabei handelte es sich überwiegend um Männer, die einst in Neo-Nazi-Kreisen verkehrten, was sie jetzt aber verharmlosten oder abstritten. Denn im Bund Deutscher Patrioten, eben dem BDP, hatten sie inzwischen als angeblich bürgerlich-konservative Demokraten Karriere gemacht. Diese Partei war und ist in Teilen extremistisch, vor allem in ihren ostdeutschen Landesverbänden. Insbesondere dort, aber auch im Westen konnte sie sich schnell etablieren. Bei der

Bundestagswahl 2013 gelang es ihr dann, ins Parlament einzuziehen und gleich stärkste Oppositionskraft zu werden. Seither trieb sie die insgesamt schwach anmutende Regierung oftmals vor sich her. Die wiederum fand auch kein Mittel dagegen und wurde zusehends unbeliebter. So heizte sich die politische Reiz-Stimmung im Land immer stärker auf. Sich mit solchen Themen zu befassen, hatte Doreen Huthmerlett ursprünglich gar nicht vorgehabt. Beruflich wollte die junge blonde Frau einst Juristin werden. Doch ein schlimmer Sport-Unfall, Kickboxen war ihre Leidenschaft, machte ihr einen Strich durch die Rechnung. Durch einen unglücklichen Schlag einer Gegnerin wurde sie äußerst schwer verletzt. Über zwei Jahre brauchte sie, um zurück ins Leben zu finden. Ihr zuvor bereits angefangenes Studium der Rechtswissenschaften mochte sie danach nicht mehr fortsetzen. Doch Glück im Unglück: Sie bekam Hilfe, von einem altetablierten Hamburger Rechtsanwalt. Vor ihrem Unfall hatte sie sich in dessen Kanzlei als studentische Hilfskraft etwas hinzuverdient zum Bafög. Dabei hinterließ sie einen prima Eindruck. Sie arbeitete schnell, geschickt und vor allem sehr genau. Der betagte Advokat hatte von ihrem Schicksals-Schlag gehört und wollte ihr nach der Genesung unter die Arme greifen. Er kannte den Haus-Juristen beim MAGAZIN allerbest. Schließlich war er sein Sohn. So kam es, dass Huthmerlett bei der Zeitschrift landete, in der Recherche-Abteilung. Aber so richtig glücklich war sie da nicht.

„Vielleicht ist sie ja heute krank oder hat einen Tag frei", murmelte Doreen auf dem Weg zu ihrem Schreibtisch. Vergeblich. Die Leiterin der Abteilung war da. Huthmerlett und ihre Chefin verstanden sich überhaupt nicht. Zwischen beiden tobte ein Kleinkrieg. Erst gestern hatten sie sich wieder in der Wolle gehabt. Doch als ob gar nichts gewesen wäre, rief die Frau ihr jetzt zuckersüßfreundlich quer durch den ganzen Raum zu: „Ach, Frau Huthmerlett! Guten Morgen! Schön, dass Sie schon da sind. Bitte kommen Sie doch gleich mal zu mir." Das konnte eigentlich nichts Gutes bedeuten. Doreen ging zu ihr hin und nahm Platz. Ihre Chefin kam auch gleich zur Sache. Sie überreichte ihr einen Auftrag, gemeinsam gestellt vom Redaktions-Ressort Deutschland 1 und dem Berliner MAGAZIN-Hauptstadtbüro. Beide wollten für einen geplanten Bericht möglichst detaillierte Informationen über die immens hohen Schulden der Bundesrepublik. Huthmerlett überflog die beiden Seiten des Auftrags. Es ging darum, die Haushalte sämtlicher bisheriger Bundesregierungen unter die Lupe zu nehmen, und zwar konkret die jeweiligen Ausgaben und die unendlich vielen Einzelposten dabei. Eine strunzlangweilige Zahlen-Recherche, dachte sie. Und irrte sich damit gewaltig.

Kapitel 10

Mike Bertholdt war 49 und recht fit für sein Alter. Mittelgroß, drahtig, kaum Fett. Er achtete auf seinen Körper, machte regelmäßig Sport. Nicht bloß, weil das für einen Soldaten dazugehörte, er wollte das auch selbst. Bevor er vorhin bei Fuchs vom Hof loslief, hatte er sich zwei Mini-Kopfhörer in die Ohren gesteckt und seinen MP-3-Player gestartet. Kein Classic-Rock diesmal. Was Neueres, aus 2013. Mithin auch schon ein bisschen betagt: „Bonfire Heart" von James Blunt. Der Brite gefiel Mike. Auch, weil er vor seiner Top-Karriere als Musiker mal – wie er – Offizier war. Zuletzt im Rang eines Captains. Bertholdt fand aber vor allem den Text des Songs und das Original-Video sehr gelungen. Rau und trotzdem romantisch. Er war durchaus empfänglich für so was, redete aber fast nie darüber. Mit wem auch?!

Es dauerte nicht lang, und Mike war zum Dorf hinausgetrabt. Alsbald bog er in einen Feldweg ab. Auf einer Koppel, an der er entlang joggte, grasten im noch rötlichen Licht der aufgehenden Sonne einige Pferde. Er mochte sie immer schon. „Hätte mich vielleicht zur Kavallerie melden sollen", scherzte er für sich selbst und hielt am Zaun der Koppel kurz an. Eine Stute hob ihren Kopf. Weiter kauend schaute sie ihn erst an, bevor sie gemächlich zu ihm trottete. Das Tier trug auf einem seiner Hinterschenkel das Brandzeichen der Elch-Schaufel. „Aha! Trakehner! Die Pferde der Ostpreußen", sagte sich Bertholdt. Er kannte das Brandzeichen. Denn seine Großmutter mütterlicherseits, schon vor Jahren gestorben, war gebürtige Ostpreußin gewesen. Sie hatte ihm früher immer wieder mal erzählt, wie es so war in ihrer Heimat, bevor sie Anfang 1945 wegen des Krieges flüchten musste. Mike hing noch kurz den Erinnerungen an seine Oma nach, lief seine kleine Runde zu

Ende und kehrte zurück zum Bauernhof von Fuchs.

Pünktlich Punkt acht erschien er frisch geduscht und – wie von Herbert gewünscht – im Dienstanzug bei ihm im Arbeitszimmer. Und war bass erstaunt. Nicht etwa über „Pauli", den rotzfrechen grauen Kater. Der hielt seine Augenlider meist halb gesenkt, was ihm den Charme eines coolen Killers verlieh. Seine Zeit vertrieb er sich überwiegend damit, bequem zusammengerollt irgendwo zu dösen sowie hin und wieder die Mäuse und Ratten auf dem Hof zu dezimieren. Wenn er Lust dazu hatte, was allerdings eher selten war, ließ sich der Kater auch mal streicheln. Seinen Hauptjob jedoch sah er darin, seine Partnerin „Nala" beständig in ihre Schranken zu weisen. Die arme Katze wurde von dem Macho auf Samtpfoten regelmäßig verkloppt, täglich mindestens einmal. Jetzt saß „Pauli" auf einem Stuhl gleich neben dem Generalmajor, quasi wie ein Adjutant. Ein etwas eigenartiges Bild. Aber deswegen war Bertholdt nicht erstaunt. Es war noch jemand da. Schlagartig wusste Mike auch, wieso er den Dienstanzug anziehen sollte. Die Chefin beider Offiziere saß ebenfalls in dem Raum: Bundesverteidigungsministerin Margarete Groß-Guthmann.

„Guten Morgen, Herr Oberst!", begrüßte sie ihn. „Ich seh's Ihnen an: Sie wundern sich, dass ich hier bin", sagte sie. „Aber es ist ja nun mal eine bedeutsame Sache. Allerdings muss ich auch schnell wieder zurück nach Berlin, Herr Bertholdt. Deshalb fangen wir am besten gleich an", fuhr die Politikerin fort. Sie gehörte zur PSD, der Partei Sozialer Demokraten, und blätterte in einer vor ihr liegenden Akte. „Die geheimdienstliche Zusatzausbildung haben Sie ja toll gemeistert", lobte sie Mike. „Und hier steht, Sie seien auch ohne Einschränkung autorisiert für USG." Damit meinte Groß-Guthmann eine fünfte, außergewöhnliche Geheimhaltungsstufe, die nur solche Leute kannten, die mal mit dem Komplex Matzwitz/Todendorf zu tun hatten. Denn üblich sind bei der Bundeswehr lediglich vier solcher Stufen. Sie lauten in aufsteigender Reihenfolge „VS (Verschlußsache) – Nur für den Dienst-gebrauch", dann „VS-

Vertraulich", gefolgt von „VS Geheim" sowie „VS Streng geheim". Alles, was den Regierungs-Sonderkomplex an Schleswig-Holsteins Ostseeküste betraf, war jedoch noch höher klassifiziert – eben mit USG, Kürzel für „Ultra streng geheim". Die Verteidigungsministerin konnte der Akte ferner entnehmen, dass Mike unter seiner Haut auch bereits den Kontroll-Transponder trug. Den musste sich in Matzwitz und Todendorf jeder Bedienstete implantieren lassen. Außerdem jede Bundesministerin und jeder ihrer männlichen Kollegen. Ja sogar die Kanzlerin. Sicherheitshalber. Aus Gründen zusätzlicher Überwachung.

„Okay, dann können wir ja loslegen", sagte die PSD-Politikerin. Sie erhob sich. Ebenso auch Mike und Fuchs. Bertholdt ahnte, der Schwur von Matzwitz stand an. Während seiner Zusatzausbildung hatte man das mal am Rande erwähnt. „Ich muss Sie vorher noch fragen, Herr Oberst, ob Ihnen klar ist, dass der Schwur, den Sie jetzt leisten sollen, ewig gültig ist?" Mike nickte. Die Ministerin wurde förmlich: „Meine Herren, nehmen Sie Haltung an!" Bertholdt und Fuchs taten es. Und an Mike gewandt: „Herr Oberst, sprechen Sie mir nach. Ich schwöre, ..." Er wiederholte die beiden Worte. „...bis zum Ende meiner Tage keinerlei Informationen über die hiesigen Anlagen und Geschehnisse preiszugeben." Bertholdt wiederholte auch dies. „Dafür stehe ich mit meinem Leben ein und unterwerfe mich uneingeschränkter Kontrolle." Mike sprach die Worte wiederum nach. Groß-Guthmann kam zum letzten Satz des Schwures: „Falls sich dabei jemals der Verdacht oder auch nur ein Hinweis auf Verrat ergibt, akzeptiere ich meinen Tod." Mike hielt kurz inne. Der womöglich höchste Preis. Aber er wusste ja noch nicht so genau, was sich in Matzwitz und Todendorf manchmal an – fast wortwörtlich – wahnsinnigen Vorkommnissen abspielte. So wiederholte er denn auch den letzten Satz. Kaum hatte er ihn ausgesprochen, griff die Verteidigungsministerin auch schon nach ihren Sachen. Sie wollte tatsächlich wieder schnell in die Bundeshauptstadt zurück. Die PSD-Politikerin verabschiedete sich kurz von beiden

Männern, ging die hölzerne Treppe hinab, zum Flur hinaus und war verschwunden. Wieder allein, zündete sich Fuchs eine Zigarette an und sagte zu Berthold nur: „Tja, dann – willkommen im Klub!"

Der seltsame Unterton in den Worten des Generalmajors war dabei nicht zu überhören. Auch sein Blick und seine Mimik irritierten Mike. Er konnte das überhaupt nicht einordnen. Die Atmosphäre zwischen den beiden Männern hatte sich spürbar verändert. „Was ist los, Herbert?", fragte er ihn daher. „Klartext, bitte! Was willst du mir sagen?" Es dauerte etwas, bis der General darauf reagierte. Zunächst schaute er Bertholdt direkt in die Augen, erst dann fing er an zu reden. Ruhig, doch mit wuchtigem Inhalt: „Glaub' mir, Mike: Dein Leben wird ab heute nicht mehr so sein wie 's bisher war! Du hast ja nun den Schwur abgelegt. Jetzt kann ich dich in alles einweihen, was du als mein Nachfolger wissen musst. Aber vorweg das Allerwichtigste: Nimm den Schwur unbedingt ernst! Denk' bloß nicht, dass das nur hohle Worte sind!" Bertholdt war schlagartig klar, was das hieß: Es sind deswegen wirklich schon Menschen umgebracht worden! „Wie viele?", wollte er wissen. „Einer nur", sagte Fuchs. „Und über den werden alle informiert, die hier neu herkommen. Zur Abschreckung. Die wirkt auch bis heute. Das war nämlich 'ne richtig spektakuläre Sache." Was Mike als nächstes erfahren wollte, lag auf der Hand: „Wer?" Die Antwort fiel ebenso kurz aus wie die Frage. Sie bestand bloß aus einem Wort: „Barschel". Bumm! Das haute rein! Und zwar richtig! Bertholdt war total perplex!

Kapitel 11

Uwe Barschel, einstiger Ministerpräsident von Schleswig-Holstein. Im Oktober 1987 gestorben in der Schweiz. Unter nie geklärten Umständen. Höchst seltsam und rätselhaft auch die Auffinde-Situation seines Leichnams: Im Zimmer 317 des Nobelhotels „Beau Rivage" in Genf. Der CDU-Mann lag dort tot in einer gefüllten Badewanne. Nicht nackt, sondern vollständig bekleidet. Der Kopf über Wasser, angelehnt an seine handtuchumwickelte rechte Hand. Bestürzender Höhepunkt damals einer zuvor schon gewaltigen Polit-Affäre. Sie war komplex, drehte sich um Macht und Machenschaften, gerichtet gegen den SPD-Konkurrenten Björn Engholm. Obgleich der Fall in Schleswig-Holstein spielte, hielt er wochenlang die gesamte Bundesrepublik in Atem. Die beiden Hauptfiguren dabei: Barschel und ein zwielichtiger Mann namens Reiner Pfeiffer. Der hatte seinerzeit sehr schwere Anschuldigungen erhoben gegen den Ministerpräsidenten, eben Barschel. Der war Dr. jur. und Dr. phil. Beide Titel ehrlich erworben. Menschlich nach außen hin freundlich. Doch intern, sagten manche später, mitunter herrisch-arrogant. Und trotz seiner Ehe auch kein Frauen-Verächter. Auf dem Weg nach oben alles jedoch keine Hindernisse für ihn. Ehrgeizig und karrierebesessen wie er war, kam der Christdemokrat auch politisch stets schnell vorwärts. Ehemals jüngster Landtags-Abgeordneter im Land zwischen den Meeren sowie ehemals jüngster Minister. Mitte Oktober 1982 dann, im Alter von erst 38, schließlich auch jüngster Regierungschef Schles-wig-Holsteins – bis zu seinem mysteriösen Ableben in Genf.

Alle mit der Aufklärung befassten Behörden in der Schweiz und in Deutschland haben es nie geschafft, wirklich Licht ins Dunkel dieses Falles zu bringen. Deshalb gab es immer zwei Richtungen, in die spekuliert wurde: War's ein getarnter Bilanz-Suizid? Das von Barschel selbst gewählte und verschleierte Ende eines privat wie beruflich restlos kompromittierten Politikers? Oder ist es ein verkappter Mord gewesen? Wenn ja, wer war der Täter? Und welches Motiv steckte dahinter? Ob BND, Stasi, CIA oder Mossad – es gab kaum einen Geheimdienst, der in den darauffolgenden Jahren nicht mit Barschels Tod in Verbindung gebracht wurde. Wegen dunkler Rüstungs-Geschäfte, hieß es häufig. Indizien gab es manche. Für die eine ebenso wie für die andere Variante. Was es aber gleichfalls zuhauf gab: offene Fragen. Bloß relativ wenig hingegen gab es stichhaltige Beweise.

Kapitel 12

Der General ließ dem Oberst bewusst etwas Zeit, das erst einmal zu verdauen. Er sah förmlich, wie es in dem 49-Jährigen arbeitete. Berthold kramte tief in seinen Erinnerungen. Das lag alles schon so weit zurück. Bewusst miterlebt via Medien hatte er die Affäre damals nicht. Dafür war er 1987 noch zu sehr Teenager. Später erst, als er ein junger Mann war und sich durchaus auch für Politik interessierte, las und hörte er davon. Stück für Stück setzte sich das jetzt in seinem Gedächtnis alles wieder zusammen. Zudem nun diese ungeheuerliche Info. Ein Hammer!

Fuchs ahnte schon, dass Bertholdt noch nachhaken würde. Er täuschte sich auch nicht. „Barschel war doch aber nie Bundesminister. Also wird er ja wohl auch nie hier gewesen sein. Woher wusste er denn dann von Matzwitz?", fragte Mike. Der General antwortete: „Tja, noch so 'n offener Punkt in dieser ganzen Affäre. Es wurde damals nicht mal der kleinste Hinweis darauf gefunden, wieso er Bescheid gewusst hatte. Bloß eine Theorie gab's. Danach kam eigentlich nur einer als Barschels Quelle in Frage – sein politischer Ziehvater Gerhard Stoltenberg." Bertholdt dämmerte es. Der war mal eine echte Polit-Größe. Regierungschef in Kiel. Gleich nach ihm übernahm das Amt dann sein Kronprinz, eben Barschel. Im Herbst 1982 war das. Stoltenberg wechselte nach Bonn, ins Kabinett von Helmut Kohl. Erst als Bundesfinanz-, gleich danach als Bundesverteidigungsminister. Logo: Deswegen kannte er auch Matzwitz. Noch was fiel Mike ein. Nämlich, dass der hünenhafte Politiker mit Brille und weißen Haaren richtig norddeutsch-spröde gewesen ist. Noch dazu sprach er auch so. Daher nannten sie ihn in Bonn damals auch den „kühlen Klaren aus dem Norden". Nach einer seinerzeit recht bekannten Werbung für einen Schnaps aus

Flensburg: Bommerlunder.

Mike bohrte weiter: „Also, Gewissheit gab's nicht, dass Stoltenberg der Informant war. Aber selbst wenn: Barschel hatte nach meiner Erinnerung doch nichts verraten über Matzwitz. Wieso musste er trotzdem sterben?" Herbert Fuchs erklärte es ihm. „Weil er unmittelbar davorstand, es zu tun. Das hat er vor seinem Tod in Genf selbst noch gesagt. Zu unserem Mann, der auch vor Ort war. Undercover. Deckname 'Roloff'. Die Presse hat von diesem Namen später zwar Wind gekriegt. Aber Gott sei Dank kam nie raus, wer's tatsächlich war und dass sich beide in Genf wirklich getroffen haben. Vorher hatte 'Roloff' dem Barschel noch was vorgegaukelt, um ihn anzulocken zu dem Treffen. Es musste unbedingt direkt mit ihm geredet werden. Wir brauchten dringend Klarheit. Barschel war ja wie 'ne tickende Zeitbombe für uns. Unberechenbar war der. Nicht bloß wegen der Affäre. Der war außerdem stark von Tabletten abhängig. Offiziell wusste das zu der Zeit freilich keiner. Jedenfalls hat unser Mann mit ihm geredet. Und da hat Barschel klipp und klar erklärt, er sei über Matzwitz voll im Bilde. Sobald er zurück in Kiel wär', würde er mit einem Riesen-Paukenschlag alles auffliegen lassen. Das wäre ein viel, viel größer Skandal als seine Affäre. Die würde dann schnell wieder raus sein aus den Medien und auch bald vergessen werden."

Bertholdt hatte wieder die ganze Zeit staunend zugehört. Lediglich eine Frage stellte er noch: „Wer hat ihn umgebracht?" Die Antwort darauf enttäuschte ihn jedoch: „Ich weiß es nicht, Mike. Wirklich nicht. Mir hat man bloß gesagt, es sei eine Art freiberuflicher Mitarbeiter gewesen. Und dass er den Auftrag gehabt habe, Barschels Tod mysteriös aussehen zu lassen. Damit jeder, der eingeweiht war in das Geheimnis von Matzwitz, wusste, was in Wahrheit dahintersteckte." Fuchs wechselte abrupt zum nächsten Thema: der Entstehungsgeschichte des Sonderkomplexes Matzwitz/ Todendorf.

Kapitel 13

Die 70er: Ein Jahrzehnt, in dem die Bundesrepublik in punkto Gewalt ihre bis heute längste, härteste und schlimmste Bewährungsprobe erleben und erleiden musste. Eine Zeit besonders fanatischen, blutigen und opferreichen Terrors. Erinnert sei unter anderem an das Olympia-Attentat von 1972. In München war das passiert, während der Sommerspiele. Im Vorfeld unterstützt von deutschen Neo-Nazis, drangen am 5. September frühmorgens palästinensische Terroristen ins olympische Dorf ein. Im Quartier der israelischen Mannschaft nahmen sie elf Sportler als Geiseln. Dadurch wollte die Gruppe namens „Schwarzer September" Gesinnungsgenossen freipressen, die vor allem in Israel in Haft saßen. Dazu kam es aber nicht. Denn die spektakuläre Geiselnahme endete in der Nacht auf den 6. September in einem fürchterlichen Desaster. Schauplatz war der Bundeswehr-Fliegerhorst Fürstenfeldbruck, wohin sich das Geschehen zwischenzeitlich verlagert hatte. Alle elf Geiseln kamen ums Leben: erschossen, von einer Handgranate zerfetzt, manche auch verbrannt. Fünf Kidnapper und ein Polizist starben ebenfalls.

Es folgten weitere schwere Terror-Attacken in der Bundesrepublik. Die Haupt-Täter allerdings wechselten. Die Banküberfälle, Schießereien, Morde, Geiselnahmen, Attentate und Bombenanschläge gingen jetzt in erster Linie auf das Konto der sogenannten Rote-Armee-Fraktion, kurz RAF. Anfangs nannte man sie auch Baader-Meinhof-Gruppe, nach den Namen zweier führenden Köpfe aus der Frühzeit der RAF. Eine linksextremistische Terror-Organisation. Ihrem kruden Selbstverständnis zufolge Teil des internationalen Anti-Imperialismus. Ideologisch so massiv radikalisiert, dass sie es für zwingend und gerechtfertigt hielt, den „bewaffneten

Kampf" gegen den „US-Imperialismus" auch in Westeuropa, mithin in Deutschland zu führen. Über mehrere sogenannte Generationen hinweg verübte die RAF ihre Verbrechen. Die grausige Gesamt-Bilanz: Mehr als 200 Verletzte und über 30 Morde. Die Opfer: Teils hohe Führungskräfte aus Wirtschaft, Politik und Verwaltung sowie einige ihrer Fahrer, ferner Polizisten, Zollbeamte und amerikanische Soldaten. Die Rote-Armee-Fraktion existierte nahezu 30 Jahre lang, bis sie gegen Ende der 90er überraschend ihre Selbstauflösung verkündete. Eingebrannt ins kollektive Geschichts-Gedächtnis der Bundesrepublik jedoch hat sich vor allem der RAF-Terror von 1977.

Den Auftakt bildete eine Bluttat am 7. April: In einem Dienstwagen vor einer roten Ampel haltend, wurden seinerzeit General-Bundesanwalt Siegfried Buback und zwei seiner Begleiter getötet. Erschossen an einer Straßenkreuzung in Karlsruhe, von einem Motorrad aus. Am 30. Juli ermordete die RAF den damaligen Vorstands-Sprecher der Deutschen Bank, Jürgen Ponto. Dann kam es im September und Oktober zu jenen Ereignissen, die später – abgeleitet von einem Film – als „Deutscher Herbst" bezeichnet wurden. Zunächst entführte Anfang September in Köln ein Kommando der RAF Hanns Martin Schleyer, zu jener Zeit Arbeitgeber-Präsident. Zweck der Aktion mit vier Toten, Schleyers Fahrer und drei Polizisten: Wieder Freipressung von Gefangenen. Die Bundesregierung allerdings verweigerte sich dem. Daraufhin kaperten mit der RAF verbündete palästinensische Terroristen im Oktober die „Landshut", eine vollbesetzte Maschine der Lufthansa. Nach mehrtägiger Odyssee und der Ermordung des Flugkapitäns, Jürgen Schumann, landete die Boeing im somalischen Mogadischu. Dort gelang ein kleines Wunder, durch eine unerkannt eingeflogene Bundesgrenzschutz-Sondertruppe: die GSG 9, aufgebaut in Reaktion auf das Desaster von München 1972. Sie stürmte das Flugzeug und konnte alle 86 Geiseln unverletzt befreien. Zugleich jedoch war damit das Schicksal des immer noch entführten Hanns

Martin Schleyer besiegelt. Am Abend des darauffolgenden Tages fand man ihn; in Mühlhausen im Elsass, im deutsch-französischen Grenzgebiet. Seine Leiche lag im Kofferraum eines Autos. Mit drei Schüssen in den Hinterkopf war der frühere Hauptsturmführer der SS regelrecht exekutiert worden. Schon in der Nacht zuvor, die Meldung aus Mogadischu war erst kurz bekannt, hatten sich im Hochsicherheits-Gefängnis von Stuttgart-Stammheim ehemals führende Vertreter der RAF selbst umgebracht.

Regiert wurde Deutschland zu jener Zeit von einer sozial-liberalen Koalition. Zur Riege der Bundesminister, sie bestand fast nur aus Männern, gehörten zum Beispiel Hans-Dietrich Genscher, Georg Leber, Hans-Jochen Vogel, Otto Graf Lambsdorff und Gerhart Baum. Chef des Kabinetts war der bis dato 5. Kanzler der Bundesrepublik Deutschland: Helmut Schmidt. Ein Hamburger durch und durch. In der Hansestadt, wo er einst Innensenator war, bleibt er vermutlich auf ewig unvergessen. Vor allem als Krisen-Manager während der verheerenden Sturmflut 1962. Schmidt war ein Sozialdemokrat, wie es sie schon längst nicht mehr gibt. Zur SPD gelangt war er im März 1946, gleich nach seiner Entlassung aus der Kriegsgefangenschaft; eigenen Angaben zufolge vorher entsprechend beeinflusst durch einen Mitgefangenen. Jahrzehnte später erläuterte der Menthol-Kettenraucher mal, warum er einst überhaupt damit angefangen hatte, sich politisch zu engagieren: „Die Antriebskraft war typisch für die Generation, der ich angehört habe. Wir kamen aus dem Kriege. Wir haben viel Elend und Scheiße erlebt im Kriege. Und wir waren alle entschlossen, einen Beitrag dazu zu leisten, dass all diese grauenhaften Dinge sich niemals wiederholen sollten in Deutschland. Das war die eigentliche Antriebskraft."

Gleichwohl ist Helmut Schmidt, Ex-Oberleutnant der Wehrmacht, kein Pazifist gewesen. Der im Herbst 1955 gegründeten neuen westdeutschen Streitmacht, der Bundeswehr, stand er durchaus aufgeschlossen gegenüber. Im März 1958 zum Haupt-

mann der Reserve befördert, beteiligte er sich in jenem Jahr an einer Wehrübung. Dafür erhielt der Hanseat von seiner Partei prompt eine Quittung. Er sei ein Militarist, warf man ihm vor und sorgte dafür, dass er damals aus dem Vorstand der SPD-Bundestagsfraktion abgewählt wurde. Der weiteren Karriere des Politikers, der oftmals etwas barsch wirkte, schadete das bekanntlich nicht. Nach einem Zwischenspiel in seiner Heimatstadt Hamburg wurde er später Fraktionsvorsitzender. Von 1969 bis ´72 dann bekleidete Helmut Schmidt das Amt des Bundesverteidigungsministers, unmittelbar darauf folgend und bis 1974 jenes des Bundesfinanzministers. Anschließend kamen bis 1982 die Jahre als Regierungschef. Für ihn zweifelsohne ein herausragender Lebensabschnitt. Der Höhepunkt seiner Politiker-Laufbahn. Doch keine angenehme Zeit. Hanseatisch zurückhaltend hat er das später mal in einer TV-Sendung selbst gesagt. Da hatte die Moderatorin von ihm wissen wollen, ob er das Amt des Bundeskanzlers gern ausgeübt habe? „Eigentlich nicht sonderlich gern, nein", antwortete Schmidt knapp. Er begründete das mit der sehr großen Belastung vor allem fürs Privatleben.

Hintergrund war nicht zuletzt die ständige lauernde Gefahr. Neben einigen anderen Eliten aus dem öffentlichen Leben galten der Kanzler aus Hamburg sowie die Minister seines Kabinetts ebenfalls als Top-Ziele der Roten-Armee-Fraktion. Deshalb gehörten alle Mitglieder der Regierung mit zu den am schärfsten bewachten Menschen in der gesamten Bundesrepublik. Ihre Wohnhäuser wurden quasi zu Trutzburgen umgebaut. Verwandte, Bekannte und Freunde, so denn Besuche von oder bei ihnen geplant waren, mussten sich vorher meist intensiven Sicherheitsüberprüfungen unterziehen. Sogar mal schnell allein irgendwo Pinkeln gehen, war bisweilen nicht möglich. Ob beruflich oder privat: Schmidt & Co. konnten spontan fast nichts mehr unternehmen. Tag und Nacht, das ganze Jahr über waren sie umgeben von Personen-Schützern. Trotzdem konnten sie sich nie völlig sicher fühlen. Denn bereits 1975 hatten linksextremistische Terroristen bewiesen, dass sie sich sogar Spitzenpolitiker holen konnten. Ihr Opfer hieß Peter Lorenz, CDU-Landesvorsitzender im Stadtstaat Berlin. Damals deren Spitzenkandidat für das Amt des Regierenden Bürgermeisters. Am 27. Februar 1975 jedoch, kurz vor der Wahl zum neuen Berliner Abgeordnetenhaus, wurde er entführt. Auch in diesem Fall ging es darum, im Gefängnis sitzende Gesinnungsgenossen im Austausch gegen die Geisel herauszuholen. Das klappte auch – zum einzigen Mal überhaupt. Denn Schmidt, der zunächst dagegen war, auf die Forderung der Entführer einzugehen, stimmte mitsamt seiner Regierung letztlich doch zu. Lorenz überlebte, konnte am 4. März zu seiner Familie zurückkehren. Einige der freigepressten Terroristen waren später wieder aktiv und auch an Morden beteiligt. Deswegen gab die Regierung Schmidt nie wieder nach. Was dann 1977 den Tod des Arbeitgeber-Präsidenten Hanns Martin Schleyer nach sich zog. Für den Bundeskanzler eine schwere Bürde. Er trug sie mit sich bis ans Ende seiner Tage. In einem Presse-Interview hatte er dazu mal gesagt: „Ich bin verstrickt in Schuld – Schuld gegenüber Schleyer und gegenüber Frau Schleyer."

Die Jahre vor, im und nach dem „Deutschen Herbst", sie haben dem Hanseaten und seinen Kabinetts-Mitgliedern viel Kraft gekostet. Zwischendurch legte der Terror zwar kleinere Pausen ein. Doch die Ruhe war stets trügerisch. Denn sie blieb immer präsent, die Bedrohung. Nie war klar, wann und wo die nächste Tat passieren und wen sie treffen würde. Psychisch eine dauernde Belastung. Enormer Druck. Nervenfressend. Mit am schlimmsten waren Trauerfeiern und Beerdigungen. Wenn den Hinterbliebenen, in der Regel Frauen und Kindern, kondoliert werden musste. Auf einigen Fotos aus jener Zeit ist manchen Regierungs-Mitgliedern, darunter auch dem Kanzler, deutlich anzusehen, wie fertig sie waren. Doch beidrehen und vor der Gewalt kapitulieren, kam nicht in Frage. Schon aus Gründen der Staatsräson nicht. So hielt das Kabinett Schmidt Kurs und machte weiter.

Kapitel 14

Doch dafür mussten er und seine Mitstreiter auch irgendwo Energie tanken, die persönlichen Batterien aufladen. Sie brauchten dringend einen absolut sicheren Rückzugsraum. Einen unbekannten Ort, an dem sie ihre angeschlagenen Seelen wieder ins Gleichgewicht bringen konnten, zumindest einigermaßen. So kam es zu dem Regierungs-Sonderkomplex im Kreis Plön, nahe Lütjenburg an der schleswig-holsteinischen Ostseeküste. Die Wahl dieses Standortes hatte gleich mehrere Gründe. Helmut Schmidt wollte ihn nicht allzu weit entfernt haben von seiner Heimatstadt Hamburg. Zudem auch in der Nähe seines „offiziellen" Feriendomizils, seinem Wochenend-Häuschen am Brahmsee. Der liegt ziemlich mittig im nördlichsten Bundesland, circa 20 Kilometer südwestlich von Kiel. Hinzu kam, dass der mächtige Regierungsbunker im Tal der Ahr, südlich von Bonn, von vornherein ausschied. Zu düster war er, zu beklemmend und auch längst nicht mehr geheim. Ost-Spione hatten die Mammut-Anlage mit ihren über 1.800 Räumen und einer gesamten Stollenlänge von gut 17 Kilometern schon vor geraumer Zeit aufgeklärt. Mit eine Rolle spielte ferner, dass der Kanzler den Bundeswehr-Schießplatz Todendorf kannte. Und zwar aus seiner vorherigen Zeit als Verteidigungsminister. Ein weiterer Aspekt: die Abgeschiedenheit der ganzen Gegend. Nie käme jemand darauf, sofern denn auf hohem Niveau kontinuierlich Tarn- und Täuschungsaktionen liefen, dass sich ausgerechnet dort ein derartiger Sonderkomplex befindet. Was ja nach wie vor stimmt. Und nicht zuletzt gab es einen ungeheuer wichtigen praktischen Grund, Todendorf auszuwählen. Auf dem ausgedehnten Bundeswehr-Areal konnten die Bauarbeiten sehr leicht und gut getarnt werden, damals auch noch ohne allzu großen Aufwand gegen Aufklärung aus der Luft beziehungsweise per Satellitenbilder. So ging es zügig voran. Schnell war man tief in der Erde und bald auch im Untergrund der sanften Hügellandschaft der benachbarten Gemeinde Matzwitz. Dort entstand der Kern des Sonderkomplexes. Kleiner als der alte Ahrtal-Bunker. Doch ebenfalls mit vielen Gängen und Stollen, Zimmern, Räumen und Lounges sowie teils riesigen unterirdischen Hallen. Natürlich noch nicht so pompös wie heute. Peu á peu wurde das System im Lauf der Zeit erweitert und modernisiert. Doch was damals schon eingebaut wurde, das war der Untertage-Konzertsaal mit seiner fulminanten Akustik. Schmidt höchstpersönlich hatte ihn sich gewünscht. Er war ein Freund der Musik. Er ist es übrigens auch gewesen, der zu seiner Zeit als Verteidigungsminister die „Big Band der Bundeswehr" ins Leben rief. Der Kanzler spielte sogar selbst. Nicht in der Band, sondern zur eigenen Freude. Orgel und Klavier waren seine Instrumente. Und in dem Konzertsaal, ganz für sich allein, fand er so manche Stunden der Entspannung. Derart lieb war ihm das Musizieren im Norden, dass er 1985, damals schon als Alt-Kanzler, zu einem der Mit-Initiatoren des SHMF wurde, des Schleswig-Holstein Musikfestival.

Helmut Schmidt trat natürlich nie als Bauherr des absolut geheimen Projekts in Erscheinung. Großer Strippenzieher im Hintergrund, was ebenso nie bekannt wurde, war ein enger Vertrauter von ihm. Ein politischer Weggefährte, gleichfalls aus Hamburg, auch ein SPD-Mann: Hans Apel. Schmidt setzte ihn in seinem Kabinett auf Posten, die er vormals selber innegehabt hatte. Apel bekam zunächst das Amt des Bundesfinanzministers und danach das des Bundesverteidigungsministers. Er sorgte mit einem kleinen Kreis überprüfter und zuverlässiger Fachleute vor allem dafür, dass die immensen Kosten für Matzwitz/Toden-dorf nicht auffielen. Und zwar, indem er sie versteckte. An verschiedenen Stellen in den Bundeshaushalten, zerlegt in unterschiedliche Summen sowie unter einer anderen Bezeichnung. Selbstverständlich wurde auch der wahre Verwendungszweck verschleiert. Hans Apel war es außerdem zu verdanken, dass die Arbeiten sehr zeitig beendet werden konnten. Nämlich früher als geplant, was heutzutage ja eher die Ausnahme ist. Bereits nach 16 Monaten war alles fertig. Und am 23. März 1979 mussten Gäste, Personal und sonstige Mitwissende ihn erstmals ablegen – den Schwur von Matzwitz. Für den Betrieb der Anlage – typisch deutscher Militärbürokratismus – hat man seinerzeit sogar eine besondere Anleitung verfasst. Ohne Titel heißt sie nur USG-Dienstvorschrift (ULTRA STRENG GEHEIM). Aber sie braucht auch keinen Namen. Sie ist die einzige ihrer Art in der gesamten Bundeswehr.

Kapitel 15

„So, jetzt weißt du Bescheid, wie das hier alles zustande kam", beendete Fuchs seine Ausführungen. Ganz durch war der Generalmajor aber immer noch nicht. Er setzte hinzu: „Zur Geschichte gehört allerdings auch, Mike, dass Matzwitz schon lange nicht mehr das ist, was es anfangs war. Das hat sich leider sehr verändert. Und beileibe nicht zum Guten. Aber das erzähl' ich dir mal bei 'nem Bierchen. Komm, lass uns rübergehen in den Stab. Ich will dir meine Leute vorstellen." Fuchs und Bertholdt zogen vorher noch ihre zivilen Klamotten an, weil gemäß den Tarnvorschriften sie jeder im Dorf tragen musste, und machten sich auf den Weg. Keine zehn Minuten später erreichten sie ihr Ziel, das Stabs-Gebäude. In der Bundeswehr sozusagen die Verwaltungszentrale eines militärischen Verbandes. Meist ein nüchterner Zweckbau. Dieser nicht. Mike stand kurz vorm Ortsausgang von Matzwitz und blickte auf etwas, das so gar nicht in das norddeutsche Dorfbild passte: ein schmuckes Anwesen im Stil eines US-amerikanischen Landhauses; ganz aus Holz, grau gestrichen, mit kleiner Veranda und Basketball-Korb an einem der niedrigen Seiten-Giebel. Optisch fehlte nur noch ein alter Mustang oder dicker Dodge in der Garage, und das Hollywood-Klischee wäre perfekt gewesen. „Das ist der Stab?", fragte Bertholdt denn auch sichtlich irritiert. Fuchs nickte bloß. „Komm rein. Die warten schon auf uns."

Der General ging in einen der Konferenzräume, Mike hinter ihm. Er stutzte erneut. Nur vier Personen saßen am Tisch. In dem Moment öffnete sich hinter ihnen die Tür und eine fünfte kam herein. Eine Frau. „'Tschuldigung", sagte sie leicht abgehetzt, „aber die Kita hat heute eher zugemacht. Darum musste ich Yuna", sie meinte ihre Tochter, „früher abholen und zu ihrer Oma bringen."

Sie setzte sich ebenfalls. Fuchs ließ es ihr durchgehen und sprach kurz in die Runde: „Das also ist Oberst Michael Bertholdt, mein Nachfolger und auch bald General. Ich hab' ja schon von ihm erzählt. Mike, bitte schön!" Bertholdt stellte sich etwas ausführlicher vor. Während er redete, betrachtete er sich die drei Männer und zwei Frauen etwas genauer. Fast alle noch auffallend jung. So Anfang bis Mitte Dreißig, schätzte er, womit er auch richtig lag. Nach ihm ergriff einer der drei Männer das Wort.

„Guten Tag! Ich bin Robert Gerbald, ehemals im Wach-Bataillon, hab' danach studiert und meinen Doktor gemacht. Ich bin Leitender Regierungsdirektor und hier der Stellvertreter, außerdem S 2 und S 6 in Personalunion." Bundeswehrdeutsch. Für Ungediente unverständliches Kauderwelsch. Kürzel für bestimmte Aufgabenfelder. Zudem die Titulierung für einen militärischen Teilbereichs-Manager. Ein S 2 ist zuständig für sämtliche Sicherheits-Aspekte sowie für Lagebilder über gegnerische Kräfte. In Matzwitz oblag ihm überdies die kontinuierliche Medien-Beobachtung und -Auswertung. Daher war natürlich schon lange registriert worden, dass es mit der Reputation der Bundesregierung stark bergab ging, während sich Teile der Bevölkerung mehr und mehr radikalisierten. Als S 6 zählte zu seinem Verantwortungsbereich zudem die Kommunikations- und die Informationstechnik. Robert Gerbald war die ideale Besetzung für diese Posten. Die Talent-Späher, die Head-Hunter von Matzwitz, hatten ihn schon früh auf ihrer Liste potentieller Kandidaten. Weil er bereits während seiner Zeit beim Wach-Bataillon, der Paradetruppe für den Empfang von Staatsgästen, äußerst positiv aufgefallen war. Verdeckt verfolgten sie seinen weiteren Werdegang, überprüften ihn heimlich immer wieder. Ohne dass er es merkte, nahmen sie selbst privateste Details unter die Lupe. Doch bei dem sympathischen Thüringer mit Stoppelschnitt und Drei-Tage-Bart fanden sie bloß einen Schwachpunkt: Seinen absolut irrationalen Hang zu einem unbedeutenden Fußball-Verein: Rot-Weiß Erfurt, der Club seiner Heimatstadt. Einst gehörte der Verein mit zur 2. Fußball-Bundesliga. Jahrelanges Miss-Management jedoch, bittere Abstiege, teure Fehl-Planungen und unzählige Trainerwechsel hatten den Club zugrunde gerichtet. Es gab ihn zwar noch, aber der Glanz aus alten Zeiten war längst passé. Trotzdem hielt ihm Gerbald leidenschaftlich die Treue. Inzwischen allerdings aus der Ferne, aus Schleswig-Holstein. Er war Bau-Ingenieur, hatte zudem ein Informatik-Studium draufgesattelt und noch dazu promoviert. Alles mit sehr guten Noten und überdies im Schnell-Durchgang. Er war nämlich einer, dem der Lernstoff fast von selbst zuflog. Daraufhin machte man ihm das Angebot, wie zuvor beim Wach-Bataillon erneut seinem Land zu dienen, nur etwas anders. Er nahm an. Es folgte die für alle Beschäftigten in Matzwitz übliche Zusatzausbildung. Seither arbeitete er dort. Nach außen hin unter der Legende, er sei Inhaber einer Internet-Versandhandelsfirma.

Die junge Frau, die wegen ihrer Tochter verspätet eingetroffen war, stellte sich als nächste vor. „Moin! Ich heiße Sophie Kohlitz, bin Beamtin im höheren Dienst. Oberregierungsrätin. Also keine Offizierin, aber ich bin dennoch gut vertraut mit der Truppe. Ich war mehrere Male längere Zeit in Kampfverbänden, wegen praktischer Erfahrungen für meine Arbeit hier. Ich leite nämlich auch zwei Bereiche: S 1 und S 3." Bertholdt wunderte sich etwas. Personal und vor allem Einsatzplanung in den Händen einer Zivilistin. Doch das passte prima. Die 33-Jährige wurde von den Soldaten vorbehaltlos respektiert. Sie hatte sich nämlich schon öfter als kleines strategisches Genie erwiesen. Wie alle anderen verfügte sie ebenfalls über besondere Fähigkeiten. Und Sophie Kohlitz konnte sehr resolut und durchsetzungsstark auftreten, wenn's darauf ankam. Ihr Hobby war ihr Pferd, wie bei so vielen Mädchen und Frauen im Land zwischen Nord- und Ostsee. Eine Stute namens „La Vida Rapida". Ein Paso Peruano, eine südamerikanische Rasse. Daher auch der spanische Name. Übersetzt bedeutet er so viel wie „Rasantes Leben". Die Besonderheit solcher Tiere: Neben

Schritt, Trab und Galopp beherrschen sie noch eine spezielle vierte Gangart: Tölt. Die sieht zwar ein bisschen komisch aus, wegen trippelnder Schritte, ist für einen Reiter aber recht entspannend, da fast völlig ohne das sonst typische Auf und Ab im Sattel. Auch Isländer können Tölt. Bei Paso Peruanos allerdings wirkt das schöner, weil sie größer und eleganter sind. Bei Sophie Kohlitz handelte es sich ihrer Tarn-Legende zufolge bloß um eine kleine Angestellte der Kreisverwaltung. Sie wohnte nicht allzu weit weg von Matzwitz, in Plön. Mit ihrem Freund, dem Vater ihres Kindes, lebte sie dort in einem unauffälligen Backstein-Häuschen im Stadtzentrum.

Jetzt war wieder einer der Männer dran. Der machte es norddeutsch kurz und knapp: „Moin! Ich bin Maurice. Aber Mo ist besser. Ich bin der S 4." Mike konnte damit natürlich sofort was anfangen: Logistik und Versorgung. Maurice Beuk, von allen stets bloß Mo genannt, war ein Sonderfall. Herbert Fuchs persönlich hatte den ersten Kontakt zu ihm aufgebaut und ihn den Head-Huntern gemeldet. Mehr als sieben Jahre schon lag das zurück. Zu jener Zeit kreuzten sich ihre Wege rein zufällig. Fuchs war mit seiner Frau privat in einem Restaurant in Plön. Und Mo dort der Koch. Ein außergewöhnlich brillanter! Sogar nach höchsten Maßstäben! Genauso einen suchten sie damals für die anspruchsvollen Gäste im Regierungskomplex Matzwitz/Todendorf. Denn der bisherige Küchenchef war in Rente gegangen. Ohne auch nur das Geringste zu bemerken, durchlief Beuk das übliche strenge Überprüfungsverfahren. Dabei kam raus, dass er eine nicht ganz saubere Vergangenheit hatte. Die sollte auch Vergangenheit bleiben, befand Mo, als man ihm bei seiner Anwerbung anbot, darüber hinweg zu sehen. Freilich nur, wenn er den Job annehmen würde. Pure Erpressung also. Trotzdem kein Problem für Mo, zumal er von Anfang an sehr gut bezahlt wurde. Mit einem Gehalt, von dem in der Gastronomie ansonsten nicht mal zu träumen war. Schnell stellte sich heraus, er war nicht bloß ein wahrer Meister im Kochen, sondern auch ein unglaublich talentierter Autodidakt. Seine Partnerin wusste das schon längst. Sie kannte ja sein ziemlich abgedrehtes Hobby: den originalgetreuen Nachbau von im Maßstab verkleinerten Horror-Figuren. Dafür war durchaus profundes Wissen nötig. Er hatte es sich komplett selbst angeeignet. Und es war faszinierend zu sehen, in welcher Perfektion er die Figuren herstellte. Zum Beispiel jene aus dem blutigen Filmschocker „Tanz der Teufel", oder auch die Klingenhand von Freddy Krüger, dem allen Horror-Fans bekannten fiktiven Serienmörder mit dem Narben-Gesicht. Mo brachte sein Talent als hervorragender Autodidakt aber auch beruflich ein. Und Herbert Fuchs förderte ihn in seinem Karrierestreben, bis hin zum S 4. Nach außen hin fungierte er einfach als das, was er mal war: Koch.

Nach Mo folgte die zweite Frau aus der Runde. Berthold fiel auf, dass sie der anderen irgendwie ähnlich sah. Kein Wunder, als er dann hörte: „Ja, hallo! Ich bin Nadja Kohlitz, die ältere Schwester von Sophie, und ich war auch schon vor ihr hier. Ich bin die liebe Kummertante. Promovierte Psychologin, Sozialpädagogin und geheimdienstliche Huf-Pflegerin." Mike musste prompt schmunzeln. Er mochte solche Art intelligenter Frauen mit etwas schrägem Humor. Noch dazu, wenn sie auch ein bisschen robuster und alltagsfest waren. Auf Nadja Kohlitz traf das alles zu. Reichlich. Nicht zuletzt aus Selbstschutzgründen. Sie war zuständig für die seelische Gesundheit vor allem der Soldatinnen und Soldaten in Matzwitz. Was die ihr bisweilen anvertrauten, war natürlich was anderes als belastende Erlebnisse aus Auslandseinsätzen. Aber einiges davon machte manche ebenso krank. Ihr Studium der Sozialpädagogik hatte Nadja mit einer Eins vor dem Komma absolviert, ebenso das der Psychologie. Als auch noch ihre Doktorarbeit mit „summa cum laude" bewertet wurde, war sie schon so gut wie fest eingekauft für Matzwitz. Es brauchte auch nicht viel Überredung, um sie zu gewinnen. Weil sie, ebenfalls Pferde-Närrin, eine höchst angenehme Tarn-Legende erhielt. Bei der DHG, der

Deutschen Huforthopädischen Gesellschaft, machte Kohlitz eine quasi veterinärmedizinische Ausbildung zur Huf-Orthopädin. Als solche, der Legende entsprechend, arbeitete sie auch tatsächlich. Freiberuflich. Aber natürlich nicht in Vollzeit. Ihr wahrer Job war ja ein anderer.

Von dem Quintett am Tisch im Konferenzraum des Stabsgebäudes war noch einer übrig. Der einzig Ältere unter ihnen. Christian Burchard, 46, Oberstarzt. Auch er stellte sich Bertholdt vor. Chef der medizinischen Abteilung. Damit zugleich auch Leiter einer kleinen, aber topmodernen Klinik im Regierungs-Sonderkomplex. Von Haus aus Chirurg, diverse Male in Auslandseinsätzen gewesen. Zuletzt jedoch ärztlicher Direktor am Bundeswehr-Krankenhaus im niedersächsischen Westerstede. Seine Tarnung war simpel. Er blieb Mediziner. Angeblicher Truppen-Doc der scheinbaren Luftwaffen-Soldaten auf dem Schießplatz Todendorf. Doch nur im tieferen Rang eines Oberstabsarztes. Sicherheitshalber. Sein echter Dienstgrad hätte sonst ja vielleicht mal auffallen können.

Herbert Fuchs dankte seinen Stabsleuten und löste die Runde auf. Leicht blasphemisch sagte er anschließend: „So Mike, jetzt wirst du unser größtes Heiligtum kennenlernen, unsere Bibel. Davon gibt's auch nur ganz wenige Exemplare. Komm mit in mein Dienstzimmer." Dort angelangt, holte Fuchs aus seinem Schranktresor ein metallenes Kästchen. Er öffnete es und übergab Mike den Schlüssel. Fuchs nahm die USG-Dienstvorschrift (ULTRA STRENG GEHEIM) aus dem mit High-Tech bestückten Behälter und reichte sie Bertholdt. Natürlich gegen Unterschrift. Mike bestätigte somit, die Vorschrift erhalten zu haben und niemals ungeschützt herumliegen zu lassen. Ferner, dass er sie in seiner persönlichen Extra-Stahlkassette mit einem täglich neuen Code sichern würde. Und dass sie unmittelbar nach Gebrauch stets wieder unter Verschluss käme.

Die Vorschrift war recht umfangreich. Sage und schreibe 632

Blatt. Inhalt unter anderem: Massenhaft Anweisungen zur strikten Geheimhaltung. Wie die zu gewährleisten ist, mit welchen Methoden, wann sie zu tauschen sind gegen andere Verfahren, was kontrolliert werden muss und vieles mehr. Ferner zuhauf exakte Vorgaben für die raffiniert ausgeklügelten Täuschungen in Matzwitz. Zum Beispiel für die doppelten Identitäten der vermeintlichen Einwohner. Oder auch für zwei kleine Firmen, einen Camping-Ausrüster und einen Fuhrbetrieb. Es stand sogar darin, wie sie mit zufällig vorbeikommenden Urlaubern oder sonstigen Unwissenden zu reden hatten. Überdies genaueste Pläne für das auch auf den zweiten Blick völlig harmlose Erscheinungsbild der kleinen Gemeinde. Bis hin zu einzelnen Details konnte nachgelesen werden, wie die nicht mal 80 Häuser und Höfe auszusehen hatten. Das groteske, zugleich jedoch frappierende Ergebnis: Das abgeschiedene Örtchen in malerischer Landschaft wirkte wie echt. Aber nichts war tatsächlich so, wie es nach außen schien. Dieser Eindruck war ungemein wichtig. Bildete er doch einen Hauptbestandteil der gesamten Tarnung. Wahrlich das perfekte potemkinsche Dorf der Moderne! Anders als nebenan in Todendorf, musste man daher auch nichts absperren oder einzäunen. Im Gegenteil: Matzwitz war offen! Das war ja der Clou! Jeder konnte dorthin oder die einzige Straße der Mini-Gemeinde, sinnigerweise Dorfstraße genannt, entlang fahren – und bemerkte überhaupt nichts!

„Schlag' mal Seite 411 auf", sagte Fuchs zu Mike. Bertholdt tat es. Und landete bei Abschnitt 15/6 – Personal/Besoldung. Der Oberst las die Zeilen und schaute mit großen Augen zum General. „Ist nicht wahr! Ich krieg' hier das Fünffache meines normalen Gehalts? Echt jetzt?" Fuchs nickte bloß. Mike stand der Mund offen. In seinem Kopf fing es an zu rattern. Er rechnete. Mit der demnächst bevorstehenden Kommando-Übergabe würde er befördert werden zum Brigade-General. Unterste Stufe in Sachen goldenes Lametta. Doch finanziell schon saftig. Für diesen Rang galt nämlich die Besoldungsgruppe B 6. 10.289,32 Euro monatlich. Mal fünf. Macht 51.446 Euro und 60 Cent. Auch jeden Monat! Fuchs sah, wie Bertholdt erstmal schluckte. „Du bist nicht der Einzige", sagte er zu ihm. „Jeder Soldat und Zivilangestellte hier erhält das Fünffache. Natürlich je nach Dienstgrad. Trotzdem für alle jeweils sehr viel Geld. Das ist hier das simple Geschäftsprinzip. Zuckerbrot oder Peitsche. Und Peitsche heißt Tod." Fuchs hatte dabei schon wieder so einen komischen Gesichtsausdruck. Als ob ihm beim Wort Peitsche irgendwas angewidert hätte. Aber Mike wusste ja nicht, was vorgestern früh bei der üblichen Morgenlage vorherrschendes Thema gewesen war. Von Oberstarzt Christian Burchard wurde da empört geschildert, wie sich am Abend vorher die Bundesministerin für Gesundheit und Soziales vergnügt hatte. Der General redete weiter: „Vorerst hast du zwar nicht allzu viel von dem Geld, Mike. Kannst damit ja nicht um dich werfen. Das würde auffallen, selbst bei deiner Legende als zugezogener Architekt mit dicker Brieftasche. Aber du wirst richtig reich werden! Du musst bloß deinen Dienst gut erledigen. Vor allem aber die Klappe halten. Funktioniert tadellos, diese Methode. Schon lange. Bei allen hier."

Mike nahm es still und ernst zur Kenntnis. Er packte die USG-Vorschrift wieder in die glänzende Stahlkassette, codierte sie und gab sie zurück an Herbert. Der schloss sie sofort in seinem Tresor ein. Um die leicht gedrückte Stimmung aufzuheitern, lächelte Fuchs plötzlich: „So, und jetzt noch was Erfreuliches. Du übernimmst hier in Matzwitz und Todendorf 'ne wirklich einzigartige Truppe. Ohne jeden Choleriker, Profil-Neurotiker oder Rechtsaußen-Tiefflieger. Durch die Bank weg Super-Leute. Einzeln ausgesucht, erfahren, zuverlässig und absolut verschwiegen. Die Besten der Besten. Voll-Profis. So einen Verband gibt's nirgendwo sonst bei uns in der Bundeswehr." Der General ergänzte noch, seine Leute, die drüben in Todendorf ganz offen Soldaten spielten, die seien bloß zum Schein Luftwaffen-Angehörige. Tatsächlich kämen sie aus sämtlichen Teilstreitkräften. Samt und sonders hochqualifizierte Männer und Frauen, herausragende Spezialisten. Insbesondere im elektronischen sowie im Computer-Sektor. Jedoch ebenso im Verwaltungs-, im Technik- oder auch im medizinischen Bereich.

Natürlich waren darunter auch Top-Kämpfer. Allerdings nicht vom Kommando Spezialkräfte, kurz KSK. Auffallend viele von denen waren nämlich durchgerasselt bei den kontinuierlichen Personal-Kontrollen in Matzwitz. Zu rechtsradikal, manche gar zu rechts-extremistisch. Deshalb gab es andere Spitzenleute. Mindestens genauso gut wie die KSK-Soldaten, wenn nicht sogar besser. Ihr eigentlicher Stationierungsort: Eckernförde. Heimat des KSM, des Kommandos Spezialkräfte der Marine. Meist Kampfschwimmer. Die deutschen „Navy Seals". Älteste aller Spezialeinheiten. Einsetzbar im Wasser, an Land und aus der Luft. Wer die knallharte Ausbildung übersteht – die meisten scheitern –, trägt stolz den Sägefisch an seiner Uniform. Eines der am seltensten verliehenen Tätigkeitsabzeichen in der gesamten Bundeswehr. Berthold war gespannt auf die Truppe. Doch nach seinem Schwur, Hauptgrund seiner Reise nach Matzwitz, hatte er nun erstmal zwei Wochen Urlaub vor sich. Die wollte er vor allem nutzen für seinen Umzug an die Ostseeküste. Dabei dachte Mike auch an Heini. „Der wird sich bestimmt freuen", grinste er in sich hinein.

Kapitel 16

Inzwischen war es Juni geworden. Die Politik würde bald Ferien machen. Die parlamentarische Sommerpause nahte heran. So wie jedes Jahr im Juli und August. Das bedeutete jedoch keineswegs absoluten Stillstand. In den Ämtern und Behörden des Bundes ging die Arbeit natürlich weiter. Auch in den Ministerien. Doch es lief alles ein bisschen gemächlicher. Vor allem gab es keine Bundestags-Sitzungen. Das hieß zumindest etwas mehr Luft in vielen sonst prall gefüllten Termin-Kalendern. Bettina von Draburg würde dann ebenfalls etwas mehr Zeit für sich haben. Genauer: für ihren Hang zum brutalen Sadismus. Die Bundesministerin für Gesundheit und Soziales, sie sehnte sich förmlich nach der Sommerpause. Dann würde sie sich mal wieder ausgiebig ihrer perversen sexuellen Neigung hingeben. Aber noch war's nicht so weit. Vorerst musste sich die Politikerin anderweitig behelfen.

„Fahren Sie auf den nächsten Rastplatz", sagte sie nach vorn zu Nicole Schweers. Das Wörtchen „Bitte" kannte Bettina von Draburg übrigens nicht, wenn sie mit Untergebenen sprach. Die Politikerin der UCD, der Union Christlicher Demokraten, war auf der A 9 unterwegs, auf der Rückreise von einem Termin in Bayreuth. Die Düsseldorferin saß hinten in dem schweren, teuren Dienstwagen. Einem BMW, neuestes Modell, inklusive Sicherheits-Sonderausstattung. Ihr Begleit-Team bestand aus zwei Leuten: dem Feldjäger – also Soldat – und Personenschützer Niklas Köhler, der in seinem typisch dunklen Bodyguard-Anzug auf dem Beifahrersitz saß, und eben aus Nicole Schweers am Steuer. Auch sie eine Personenschützerin, aber vom Bundeskriminalamt. Für die junge Frau war es erst die zweite Tour überhaupt mit Bettina von Draburg. Daher wagte sie nach einem wieder mal langen Tag im Dienst die

Ministerin zu fragen: „Entschuldigen Sie bitte, aber muss das denn sein, dass wir noch Pause machen? Ist doch nicht mehr weit bis Berlin!" Giftig-zischend kam als Antwort: „Was erlauben Sie sich! Wenn ich sage, fahren Sie auf den nächsten Rastplatz, dann tun Sie das gefälligst!" Schweer nickte bloß noch. Und von Draburg schaute wieder in die Papiere, mit denen sie sich bereits eine ganze Weile beschäftigt hatte.

Die Rheinländerin hatte zwei Gesichter. Vielleicht ein Wesenszug ihres Sternzeichens Zwilling. Jedenfalls achtete die kinderlose 51-Jährige bei öffentlichen Auftritten stets genau darauf, als kompetent, empathisch und fürsorglich zu erscheinen. Intern dagegen war sie völlig anders. Eine Chefin, wie sie mieser kaum sein konnte: egoistisch, rechthaberisch, arrogant und schnell aufbrausend. Bloß selten wirklich über die jeweilige Sache informiert und noch seltener tatsächlich tiefgehend vorbereitet. Dass sie es trotzdem geschafft hatte, in der Politik so hoch nach oben zu kommen, lag an ihren besonderen Fähigkeiten. Es war fast schon faszinierend zu beobachten, wie schnell sie Menschen für sich einnehmen konnte. Durch wohldosierten Charme und geschickt geheucheltes Interesse. Zudem war sie äußerst eloquent und verstand es allerbest, Kontakte zu knüpfen – und selbige für sich auszunutzen. Neider hätten wohl gesagt, eine elende Blenderin ohne viel Substanz.

Nicole Schweers drosselte das Tempo, blinkte rechts und wechselte auf die Ausfahrt zur Raststätte Fläming/Ost. Kaum hatte die Beamtin den dunkelgrauen BMW auf dem Parkplatz gestoppt, wurde sie von der Rückbank aus angeherrscht: „Schweers, Sie bleiben am Wagen! Köhler, Sie kommen mit mir!" Von Draburg schnappte sich ihre große Luxus-Handtasche und stieg aus. Der Personenschützer ging neben ihr. Die Ministerin steuerte auf das Restaurant zu, hin zur Frauen-Toilette. Beide passierten das Drehkreuz. In kaltem Befehlston kam die nächste Anweisung: „Gucken Sie nach, ob alles sicher ist. Dann sperren sie den Zugang zu den Klos hier ab. Ich will die nächste Viertelstunde nicht gestört werden." Köhler tat, was von ihm verlangt wurde. Sofort im Anschluss verschwand die Bundesministerin für Gesundheit und Soziales in einer der Toiletten-Boxen. Zum Masturbieren.

Von Draburg kramte aus ihrer Tasche einen Tablet-PC hervor, dazu ein Paar kleiner Kopfhörer. Die Frau streifte ihren Rock herunter, setzte sich, spreizte ihre Beine und schaltete den Rechner an. Es dauerte ein bisschen, bis er hochgefahren war. Sie öffnete eine extra gesicherte Datei. Ein Video. Aufgenommen in Matzwitz. Die Auspeitschung des jungen Flüchtlings. Sie startete den Film. Wie fremdgesteuert schaute sie zu. Und spürte, wie es in ihr anfing zu brodeln. Sie begann, sich zu reiben. Der Druck stieg. Höher und höher, schneller und schneller. Sie versenkte einige Finger in ihrer Scheide. Und stieß sich selber. Ihr Blick blieb derweil starr auf das Video gerichtet. Grässliche Bilder. Nicht für von Draburg. Sie war längst im Tunnel. Die Welt um sie herum, vergessen. Sie stöhnte. Lauter und lauter. Ohne jede Scham. Zwischendurch kleine, spitze Schreie. Niklas Köhler bekam alles mit. Auch das animalisch klingende Grunzen, das auf einmal zu hören war. Dann plötzlich Ruhe.

Wenige Augenblicke später öffnete sich die Tür der Toiletten-Box. Von Draburg tat, als wär' absolut nichts gewesen. Unfreundlich wie zuvor fuhr sie Köhler an: „Machen Sie hin! Wir müssen endlich weiter!" Mag auch sein, dass die Politikerin deshalb so rumschnauzte, weil sie sich nicht voll befriedigt fühlte. Irgendwie brachte es das Video nicht so richtig. Das hatte sie neulich schon gemerkt. Es wurde Zeit, dass bald mal wieder was in echt geschah. Dafür hatte sich die Bundesministerin bereits einen abscheulichen Plan ausgedacht. In die Tat umsetzen, wollte sie ihn selbstverständlich wieder in Matzwitz. Nirgendwo sonst konnte sie das so unbehelligt tun wie eben dort. Und allzu lange dauerte es ja auch nicht mehr bis zur parlamentarischen Sommerpause.

Kapitel 17

Rhythmischer Beifall. Minutenlang. Dazu Jubel. Richtig frenetisch. Und immer wieder Sprech-Chöre: „Matthi! Matthi! Matthi!". Er glühte förmlich vor Freude. Mit erhobener Hand, in stolzer Siegerpose, stand er am Bühnenrand. Umhüllt von Blitzlichtern der Presse-Fotografen. Mikrofone reckten sich ihm entgegen. Er sog das auf wie ein Schwamm. Weil er es brauchte. Wie ein Lebenselixier. Dazu jetzt die Glückwünsche. Reihenweise kamen sie nach vorn, um ihn zu gratulieren. Keineswegs alle ehrlich. Viele heuchlerisch und verlogen. Doch so war und ist das nun mal in der Politik. „Super Matthias! Ich hab's immer gesagt: Du bist der Beste!", wurde ihm da zum Beispiel zugerufen. Oder auch: „Alles Gute, Matthias! Aber Du machst ja sowieso immer alles prima!" Und eine gepflegte, schon etwas ältere Dame meinte: „Sie haben wirklich das Zeug zu einem Volkstribun! Wie früher der Franz Josef Strauß." Bayerns legendärer Ministerpräsident. Bereits lange tot. Als er Anfang Oktober 1988 verschied, hatte er auf Einladung eines Hochadeligen eigentlich an einer Hirschjagd teilnehmen wollen. Zufälligerweise war Strauß seinerzeit genau dort gestorben, wo Bundeswirtschaftsminister Matthias Bäuer gerade in vollen Zügen seinen Triumph auskostete: in seinem Heimatort Regensburg. Im Marinaforum der Stadt hatten ihn die Delegierten vorhin mit traumhaften 98,2 Prozent im Amt bestätigt. Der 41-Jährige blieb somit weiter unumstrittener Vorsitzender des Bezirksverbandes Oberpfalz seiner Partei, der BVP.

Durch die Bayerische Volkspartei, eben die BVP, war er groß und wichtig geworden. Vor allem jedoch gelangte er mittels ihrer Hilfe zu jener Bedeutung und Anerkennung, nach der sich Bäuer schon als Kind so sehr gesehnt hatte. Er war bereits als Junge ziemlich clever. Aber er trug auch damals schon Brille, war klein, schmächtig und recht kraftlos. Es war schwer für ihn, Freunde zu finden. Auch die Mädchen verspotteten ihn häufig. Zu Geburtstagsfeiern lud man ihn nicht ein. Er war auch derjenige, der in der Schule beim Sport immer zuletzt in eine Mannschaft gewählt wurde. Oder am Rand des Spiels auf der Bank sitzen musste. Obwohl er es nicht wollte, blieb Bäuer daher meist für sich. Allein. Ein Außenseiter. Das änderte sich erst nach seinem Abitur und Studium. Als Bäuer die BVP für sich entdeckte. Fix begriff er, worauf es ankam, um politisch aufzusteigen. Er beherzigte den Spruch „Früh krümmt sich, was ein Häkchen werden will." Sich anpassen und verbiegen, fiel ihm allerdings ohnehin sehr leicht. Denn er wollte endlich und unbedingt einer Gemeinschaft angehören. Aber nicht bloß einfach so. Der junge dunkelhaarige Mann wollte Einfluss, damit man ihn wahrnahm.

Recht geschickt und ungemein zielstrebig arbeitete er deswegen an seiner innerparteilichen Karriere. Nach dem altbewährten lateinischen Motto „divide et impera" (Teile und Herrsche) baute er sich ein feines Netzwerk der Macht auf. Das pflegte, festigte und erweiterte er, wann immer es ihm möglich war. Fast von allein wuchs parallel auch die Zahl seiner unterwürfigen Helferlein in der Partei. So rasant ging es mit Matthias Bäuer in der BVP aufwärts, dass er mit gerade mal 28 Jahren erstmals in den Bundestag einzog. Seither konnte er seinen Abgeordnetensitz auch mehrfach verteidigen. Und nicht nur das. Er stieg noch höher auf, bis ins Kabinett hinein – als Bundesminister für Wirtschaft.

Privat jedoch blieben ihm dauerhafte, stabile Beziehungen versagt. Er war schlicht unfähig dafür. Nur die Einsamkeit war ständiger Begleiter. Wohl gab es immer wieder mal Freundinnen. Echte Partnerinnen wurden sie jedoch nie. Auch nicht seine beiden Gattinnen. Konkret Ex-Gattinnen. Die eine wie die andere Ehe hat nicht lang gedauert. Bäuer hatte wirklich nie jemanden, dem er sich absolut offen hätte anvertrauen können. Kein wahrer Freund, der ihn vorbehaltlos stützte. Auch in der Familie, aus der er stammte, wollte keiner mehr näher mit ihm zu tun haben. Sogar seine Tochter aus erster Ehe nicht. Der bittere Preis für seinen inzwischen total kaputten Charakter. Der war ihm im Lauf der Jahre nahezu völlig zerbröselt. Er war verschlagen, berechnend und verlogen, hinterhältig, niederträchtig und gemein. Oft sogar im privaten Kreis. Und selbst dann, wenn es ihm überhaupt nichts brachte. Ein Arschloch. Ein Mann, der nur noch um sich kreiste. Ein skrupelloser Polit-Egozentriker – und Kokain-Konsument.

Ohne das weiße Pulver aus Südamerika lief bei Matthias Bäuer fast nichts mehr. Er war voll drauf. Seit Jahren bereits. Auch schon bevor er ins Bundeskabinett kam. Aus seiner Sicht daher natürlich toll, dass er es in Matzwitz seither umsonst bekam, auf Staatskosten. So sollte der Bayer geschützt werden vor unerwünschter Öffentlichkeit in punkto Rauschgift. Tatsächlich koksen durfte er aber nur da. Stoff mitnehmen oder von dort liefern lassen, war strengstens untersagt. Das übrigens ist der Grund dafür gewesen, dass er kürzlich vor sich hingeschimpft hat: „Dieses miese Kackdorf. Ich könnte kotzen, wenn ich nur dran denke." Wie alle Ministerinnen und Minister, die neu in die exklusive Anlage im hohen Norden hineinkamen, hatten sie vorher nämlich auch ihn eingehend überprüft. Deshalb war sie ans Licht gekommen, seine bis dato keinem bekannte Drogen-Abhängigkeit. Und das passte ihm gar nicht. Obgleich es hieß, gänzlich die Finger davon lassen, müsse er nicht. Aber doch bitte zusehen, dass er sich den Stoff nur noch dort reinzog.

Otto Normalbürger kann es vielleicht nicht fassen, dass es so etwas gibt. Aber mittlerweile ist Matzwitz/Todendorf nicht nur verkommen zu einem unglaublichen Freizeitpark für die Spitzen der deutschen Regierung. Der als ultrageheim eingestufte Sonderkomplex ist überdies auch zu einem nahezu moral- und rechtsfreien Raum mutiert. Da kann jeder so ziemlich alles tun und lassen, was er will. Nurmehr wenige Regeln spielen dort noch eine Rolle. Mithin stellt ein koksender Bundesminister – salopp formuliert – bloß ein kleines Problem dar. Nahm man bei Bäuer an, lag damit jedoch gefährlich falsch. Und zwar wegen zwei kleiner Fehler. Unterlaufen waren sie den „Checkern" und Analysten, die den Regensburger einst überprüft hatten. Sie hatten nicht herausgefunden, dass sein Kokain-Verbrauch schon damals größer war als vermeintlich sicher festgestellt wurde. Und im Zusammenhang damit entging ihnen noch etwas: eine der Drogen-Bezugsquellen Bäuers. Der Dealer, der den BVP-Mann neulich, Mitte Mai, hatte hängen lassen. Aber gleich am Tag nach dem geplatzten Termin hatte er dann ja doch noch geliefert. Glaubte der Bundesminister für Wirtschaft jedenfalls.

Kapitel 18

„Moin", grüßte Doreen Huthmerlett ganz freundlich, als sie beim MAGAZIN in ihr neues Büro hereinkam. Es war zwar Montag, aber sie hatte trotzdem gute Laune. Der Kurzurlaub wirkte noch angenehm nach. „Hallo! Willkommen zurück an Bord!", bekam sie ebenso freundlich zur Antwort. Von Jennifer, einer jungen Kollegin. Die griff kurz zur Seite und machte ihr Radio etwas leiser. In der Fensterbank stand es. Rod Stewart sang weiter, wollte aber nicht mehr ganz so laut wissen „Da ya think I'm sexy?" Jennifer war erst seit ein paar Monaten in Hamburg. Im Februar hatte sie bei der führenden deutschen Info-Zeitschrift angefangen. „Und? Wie war's denn so?", wollte sie jetzt wissen. Doreen erzählte ihr von den Tagen in Bulgarien. Goldstrand. Zusammen mit ihrem Freund, dem Paläontologen. Bloß eine Woche. Und auch nur mittelprächtiges Wetter. „Hat mir aber dennoch echt gutgetan. Ich musste mich wirklich mal 'n bisschen erholen", schloss Huthmerlett ihren Urlaubsbericht.

Die etwa zweieinhalb Wochen davor waren für sie ungemein anstrengend gewesen. Weil sie als MAGAZIN-Rechercheurin Material zuzuliefern hatte für eine Story über den wachsenden sozialen Unmut in Deutschland und die immer stärkere Radikalisierung insbesondere der unteren Bevölkerungs-Schichten. Parallel dazu lief außerdem noch ein großer anderer Suchauftrag. Der war nicht nur sehr umfangreich, sondern dazu auch inhaltlich hoch komplex: Der Bund und seine Finanzen. Dieses Thema wird in den Medien meist sehr vereinfacht dargestellt. In Wahrheit ist es eine Wissenschaft für sich. Zu Beginn brauchte Doreen daher auch erstmal ein paar Tage, um zu verstehen, was das für eine Materie ist. Ein Hochschullehrer half ihr dabei. Ein Experten-Kontakt aus dem Fachressort Wirtschaft des MAGAZINS. Peu á peu lichtete sich für sie somit der zunächst undurchdringlich scheinende Dschungel an Zahlen, Fachbegriffen, Gesetzen und Vorschriften.

Als anstrengend erwies sich überdies und erneut Doreens Chefin, die Leiterin der Recherche-Abteilung. Beide Frauen waren sich von Anfang an unsympathisch. Sie pflegten auch ihre gegenseitige Abneigung. Ihre Chefin hatte es wieder mal nicht lassen können quer zu schießen. Diesmal waren sie aneinander gerasselt wegen eines größeren Büros und der personellen Unterstützung, um die Doreen für den Auftrag gebeten hatte. Erst ein Machtwort von oben beendete den Konflikt. Zugunsten von Huthmerlett. Die 27-Jährige bekam ein größeres Büro, ebenso die gewünschte Hilfe. Jennifer, die sie Jenny nennen durfte, saß nun mit in ihrem neuen Zimmer. Ferner auch Ben, ein Praktikant. Alle drei quälten sich mit den mühsamen Nachforschungen für den Recherche-Auftrag. Der stammte vom Berliner Hauptstadtbüro des MAGAZINS sowie vom Redaktions-Ressort Deutschland 1. Beide planten, gemeinsam einen etwa sechs bis sieben Seiten langen Politik-Artikel zu bringen. Im Heft erscheinen sollte der in der zweiten Augusthälfte, während der parlamentarischen Sommerpause. Für Journalisten thematisch die sogenannte „Saure-Gurken-Zeit". Aktuell weit weniger los als sonst. Dennoch brauchten sie Stoff für ihre Geschichten. So bestellten sie jedes Jahr wieder, mitunter schon gegen Frühlingsende, solche Recherchen wie diese. Es ging dabei um die Entstehung und Entwicklung der immens hohen Schulden Deutschlands. Und zwar jener des Bundes. Dazu sollten die Haushalte aller bisherigen Bundesregierungen, also seit 1949, analysiert werden; insbesondere die jeweiligen Ausgabenseiten mitsamt den unfassbar zahlreichen Einzel- und Unterposten.

Während der paar Tage Abwesenheit von Doreen hatten Jenny und Ben zwar weiter an der Sache gearbeitet. Fundamental neue Erkenntnisse aber, auf denen die vorgesehene Story hätte basieren können, die fehlten nach wie vor. Daher stellte sich bei Doreen auch schnell wieder das miese Gefühl aus der Zeit vor ihrem Urlaub ein. Sie sprach mit ihren beiden Helfern darüber und ließ ihren Frust raus: „So kann's nicht mehr länger weitergehen. Wir recherchieren immer noch viel zu sehr in die Breite. Allmählich müssen wir jetzt irgendwo in die Tiefe stoßen. Aber ich hab' absolut noch keine Idee, wo wir da ansetzen könnten", sagte sie. „Fällt euch was ein?", fragte Doreen. Ben, Publizistik-Student im zweiten Semester, versuchte zu scherzen. Als ob er ein orakelndes Medium wäre, raunte der junge Mann mit tief verstellter Stimme: „Folge der Spur des Geldes." Jenny fand das nicht lustig. „Super, Ben", ätzte sie, „wohin denn? Und in welchem Zusammenhang, bitte? Außerdem haben wir Abermillionen von Geldspuren." Selber schlug sie vor, die Such-Kriterien, nach denen sie bislang vorgegangen waren, zu verändern. „Lasst uns doch mal andere Muster ausprobieren, was die Summen betrifft. Oder mal gucken, ob in den Etats für die nachgeordneten Oberbehörden des Bundes irgendwas auffällt. Vielleicht müssen wir auch stärker die Nachtragshaushalte unter die Lupe nehmen. Die gab's doch schließlich immer nur, weil mehr ausgegeben wurde als eigentlich geplant war", meinte Jenny. Doreen war von ihren Anregungen nicht gerade hell begeistert, stimmte aber zu. Ob diese neuen Ansätze endlich was bringen würden?

Nachdenklich schaute sie auf die Berge von Umzugskartons, die sich überall im Büro und teils sogar draußen vor der Tür, auf dem Flur, hoch aufstapelten. Darin massenhaft Ordner mit Unterlagen zu den Bundeshaushalten der zurückliegenden Jahrzehnte. Und es waren noch nicht mal alle. Im Archiv standen viele weitere Kartons. Papier ohne Ende. Weil insbesondere die Zahlenwerke aus der Frühzeit der Bundesrepublik noch nicht digitalisiert waren. Bis zum Jahr 1963 hatten sich Doreen, Jenny und Ben mittlerweile vorgekämpft. Dabei entdeckten sie hin und wieder Überraschendes. Für sie zumindest. Weil sie noch relativ jung waren und vorher davon nie etwas gehört oder gelesen hatten. Zum Beispiel darüber, dass es mal ein Bundesministerium für Atomfragen gab, ebenso – zu Zeiten der Teilung – ein Bundesministerium für innerdeutsche Beziehungen. Aber das war ja keineswegs neu. Längst schon wieder vergessene Randnotizen der Geschichte. Geradezu amüsant übrigens fand es das Recherche-Trio, wie lächerlich klein die Verschuldung des Bundes anfangs mal gewesen ist.

Kapitel 19

Heutzutage sieht das erschreckend anders aus. Deutschlands Staatsverschuldung, darunter auch die des Bundes, ist so hoch wie nie zuvor. Fast 2,3 Billionen Euro (Stand Mai 2021). Eine 13-stellige Zahl. Wären diese 2,3 Billionen nicht eine Schulden-, sondern eine Guthaben-Summe, dann könnte man damit zum Beispiel den Weltkonzern Apple kaufen. Oder die Erdöl-Fördergesellschaft Saudi-Aramco. Preislich hatten beide binnen weniger Monate mal ähnliche Börsenwerte, allerdings nach US-Dollar berechnet. Bei Apple belief er sich im August 2020 auf rund zwei Billionen, bei Saudi-Aramco war das bereits im Dezember 2019 der Fall. Damals das erste Unternehmen überhaupt, das jemals diese Marke erreichte. Aber auch das macht es dem Laien nicht unbedingt leichter, sich 2,3 Billionen vorzustellen. Miese, wohlgemerkt! In Euro! Hilfreicher ist vielleicht ein anderer Vergleich. Übertrüge man diese Schulden auf die 83 Millionen zählende Bevölkerung Deutschlands, dann stünde jeder – vom Baby bis zum Greis – mit deutlich über 27.000 Euro in der Kreide.

Doch besteht deswegen ernsthaft Grund zur Sorge? Ja, schon. Weil die Zinslast hoch ist, zudem die Preisstabilität weiter leiden könnte. Überwiegend aber nein, wenn man der Mehrzahl der Experten glauben mag. Demnach ist die Bundesrepublik von solch einem Finanz-Fiasko wie vor gar nicht allzu langer Zeit in Griechenland meilenweit entfernt. Die meisten Ökonomen halten nämlich die so genannte Staatsschuldenquote eines Landes für aussagekräftiger als die absolute Verschuldung. Für diese Quote werden die Schulden in Relation gesetzt zur gesamten Wirtschaftskraft, dem Brutto-Inlandsprodukt. Für Deutschland ergab sich dabei Ende 2018 ein Wert von knapp 61 Prozent. Den bislang höchsten

Stand registrierte man 2010 mit 81 Prozent. Die USA hingegen liegen da schon lange weit drüber. Und Japan hält seit Jahren bereits mit deutlich mehr als 200 Prozent den internationalen Negativrekord.

An dieser Stelle zum besseren Verständnis: Deutschlands Staatsverschuldung ist die Summe der Verbindlichkeiten aus den Haushalten von Bund, Ländern und Gemeinden sowie der Sozialversicherung. Der mit Abstand größte Anteil entfällt dabei auf den Bund, mit knapp 2/3 bzw. gut 1,4 Billionen Euro (Stand Mai 2021). Aufgebaut hat sich diese Riesenlast über Jahrzehnte hinweg, seit Gründung der Bundesrepublik 1949. Erste Zahlen zur beginnenden Verschuldung des Bundes stammen aus dem Jahr 1950. Da war die Summe – im Vergleich zu heute – noch verschwindend gering. Ein einstelliger Milliarden-Betrag in D-Mark. Danach jedoch wuchsen die roten Zahlen mehr und mehr. Eine ganze Weile eher verhalten, gegen Ende der '70er Jahre schon drastischer. Mitte der '80er stand der Bund dann erstmals mit mehr als 200 Milliarden D-Mark in der Kreide. In den '90ern und frühen 2000ern ging es weiter recht stark in die Miesen, anschließend besonders kräftig ab 2009/2010. Da gab's wieder eine unrühmliche Premiere, als die Verbindlichkeiten allein des Bundes die Marke von einer Billion Euro übersprangen. Seither sind sie nicht mehr darunter gefallen.

Selbstverständlich lagen zu allen Zeiten und für sämtliche Regierungen auch immer Gründe vor, die Schulden höher und höher anwachsen zu lassen. Genannt seien unter anderem bloß die Corona-Krise, die Wirtschafts- und Finanzkrise ab 2008/2009, zuvor die Lasten der deutschen Einheit, insbesondere in den 90ern, oder davor wiederum in den '70er Jahren die Öl-Krise. Doch wann auch immer sonst noch was war: Nie wurde die Bundeskasse dem weiblichen Geschlecht anvertraut. Vielleicht, weil manche Klischees und Vorurteile nahezu unausrottbar erscheinen und hartnäckig am Leben bleiben? Eines aus dieser Kategorie besagt: „Frauen können nicht mit Geld umgehen." Das stimmt natürlich überhaupt nicht.

Auch in der Politik gab und gibt es Frauen, die das sehr wohl können. Oft sogar deutlich besser als Männer. Erinnert sei unter anderem an Heide Simonis. Bevor sie zur bundesweit ersten Ministerpräsidentin aufstieg, 1993 in Schleswig-Holstein, war sie im Norden rund fünf Jahre lang Hüterin der Landeskasse. Oder zuvor Ingrid Matthäus-Maier. Von 1979 bis '82 Vorsitzende des Finanz-Ausschusses im Bundestag. Geraume Zeit später, 2006 war's, gelang ihr als erster Frau der Sprung an die Spitze einer deutschen Großbank, der KfW-Gruppe. Es ließen sich noch manch andere, selbstverständlich auch jüngere Beispiele anführen. Tatsache ist trotzdem: Das Bundes-Finanzministerium wurde und wird bis heute nur von Männern geführt. Das ist schon so seit 1949, seit Anbeginn der Bundesrepublik. Und in der untergegangenen DDR war das fast genauso. Nur eine einzige, sehr kurzzeitige Ausnahme gab's. Die auch erst in der Phase des damaligen Umbruchs. Da wurde Uta Nickel DDR-Finanzministerin. Sie amtierte aber bloß von Dezember '89 bis zum 22. Januar '90. Mithin nicht mal zwei Monate.

Die deutschen Staats-Finanzen waren und sind also Männersache. Die Herren hielten sich aber nur hin und wieder an das simple Grundprinzip gesunder Haushalts-Führung. Das lautet schlicht und einfach: „Gib auf Dauer nicht mehr aus, als du einnimmst." Doch es wurde zumindest manchmal praktiziert. Wie in den letzten Jahren der Regentschaft von Kanzlerin Angela Merkel. Als oft von der „Schwarzen Null" die Rede war. Sie galt fast schon als finanzpolitisches Mantra. Deshalb war finanziell vielfach Kürzen, Knappsen und Knausern angesagt. Auch bei der Bundeswehr.

Kapitel 20

Natürlich hatte darunter der geheime Regierungs-Sonderkomplex an der Ostsee nie zu leiden gehabt. Den Soldatinnen und Soldaten dort sowie den zivilen Beschäftigten fehlte es an nichts. Ihr Chef in spé, Noch-Oberst Michael „Mike" Bertholdt, war inzwischen fertig mit seinem Umzug nach Matzwitz. Das Meiste hatte dabei eine Spedition erledigt. Das neue Domizil des Offiziers konnte sich wahrlich sehen lassen. Ein schmuckes Reetdachhaus, gut gepflegt und von einer mannshohen Hecke umsäumt, gleich an der Einfahrt zum Bauernhof von Herbert Fuchs. „Ist ja richtig klein und bescheiden, deine 'Kommandeurs-Villa'," frotzelte der Generalmajor, als er Mike half, dessen Umzugskartons Stück für Stück auszupacken. Da es die spezielle USG-Dienstvorschrift für Matzwitz/Todendorf verlangte, nahezu alles in der kleinen Gemeinde zu tarnen oder zu verschleiern, gab es auch für den „Neubürger" eine Täusch-Legende. Er sei ein wohlhabender, alleinstehender Architekt, der das Haus den bisherigen Eigentümern, einem Arzt-Ehepaar, abgekauft habe.

Nun stand Mike zu früher Stunde, es war erst Viertel vor sieben, auf dem Kies der Hofeinfahrt von Fuchs und rief: „Heini, Aus! Schluss jetzt! Komm' sofort hierher, Heini!" Den jedoch juckten die scharfen Kommandos absolut nicht. Völlig unbeeindruckt machte er weiter wie zuvor. Jetzt schrie Bertholdt nach ihm wie ein wütender Unteroffizier zu seinen Rekruten in der Grundausbildung: „AUS! BEI FUSS, HEINI! HIERHER BEI FUSS!". Wieder umsonst gebrüllt. Heini hatte auf Durchzug gestellt. Unverändert heftig widmete er sich dem anhaltenden Bell-Duell. Seine Gegner: die drei Hunde von Herbert und Brigitte Fuchs. Eine Szenerie wie in einem Western. Gleich kommt's zur Schießerei. Vorher müssen sich die Kerle auf der staubigen Main-Street nur eben noch mal übel beschimpfen. So ähnlich spielte sich das hier auch gerade ab. Die Tiere standen sich auf wenigen Metern frontal gegenüber und kläfften ohrenbetäubend laut, griffen sich aber nicht an. Doch es sah so aus, als könnte ihr Kampf jeden Moment losgehen. Verwundert über das lärmende Gebell kam der Generalmajor um die Ecke. Und grinste erstmal. Dann sagte er zu Mike: „Das hab' ich mir schon gedacht. Aber lass mal. Das isso unter Hunden. Die kennen sich doch noch nicht. Wirst sehen, ist gleich vorbei." War's dann auch. Heini grummelte bloß noch kurz, drehte sich um und trottete zu seinem Herrchen. Mike war stinkig auf ihn. „Plötzlich taub gewesen, oder was?", schimpfte er ihn an. Mit seinen bernsteinfarbenen Augen guckte der Rüde unterwürfig und treu ergeben zu ihm auf. Und guckte, und guckte – und gewann. Wieder mal. Als ob er ganz genau wüsste, dass er sein Herrchen stets locker einwickeln kann mit diesem Blick, wenn er ihn nur lang genug durchhielt.

Mike war per Zufall auf diesen Hund gekommen. In Hamburg, vor knapp viereinhalb Jahren. Nachts, auf der sündigsten Meile der Welt, wie sie bekanntlich auch genannt wird. Als Bertholdt daran zurückdachte, kam ihm der Refrain eines alten Songs von Udo Lindenberg in den Sinn: *„Reeperbahn, wenn ich dich heute so anseh', Kulisse für 'n Film, der nicht mehr läuft. Ich sag' dir, das tut weh."* Wohl wahr, sagte Mike sich etwas wehmütig. Er hatte sich mit seiner damaligen Freundin einen vergnüglichen Abend gemacht. Im „Schmidts Tivoli"-Theater, nur ein paar Schritte neben dem fraglos bekanntesten Polizeirevier Deutschlands, der Davidwache. Dort hatten sie sich das Musical „Heiße Ecke" angeschaut und sich prima amüsiert. Anschließend hatten sie gleich gegenüber an einem Imbiss auf dem Spielbudenplatz noch Fischbrötchen gegessen. Nicht weit von ihnen stand ein abgewrackter Typ. In der einen Hand hielt er eine offene Pulle Bier, offenkundig nicht die erste an jenem Abend, in der anderen eine Leine mit einem noch tapsigen Welpen zu seinen Füßen. Das Tier zitterte ständig.

Einzig und allein aus Angst. Der Typ schlug nämlich alle paar Minuten auf den kleinen Hund ein, trat ihn auch. Machte der arme Kerl nicht sofort das, was er sollte, fing er sich immer gleich was ein. Das ging die ganze Zeit so. Mikes Mitleid mit dem jungen Rüden wuchs im Turbo-Tempo. Weil er noch so klein war. In erster Linie aber, weil er schon damals so unendlich herzerweichend gucken konnte. Bertholdt ärgerte sich mächtig über den besoffenen Tierquäler. Er hätte ihm eine reinsemmeln können. Tat es aber natürlich nicht. Stattdessen fragte er ihn, ob er den Welpen kaufen könnte. So kam Bertholdt für 250 Euro zu Heini, wie er ihn taufte. Mittlerweile ein Pfundskerl. Im wahrsten Sinn des Wortes. Stark und kräftig. Über einen Zentner schwer. Bertholdt gut bis zum Oberschenkel reichend. Und wirklich bildhübsch. Ein Mischling. Der Vater Leonberger, die Mutter Altdeutsche Schäferhündin. Ihre Gene aber hatten sich unverkennbar durchgesetzt. Spitz stehende Ohren, dunkel bis hellbraune Flanken, schwarzer Rücken, zotteligflauschiges Fell und – vor allem – sanftmütig wie ein Kuschelbär.

Mike hatte Heini aus Schladen im nördlichen Harz-Vorland mitgebracht, bis vor kurzem noch sein Wohnort. Während des Umzugs sollte er den Speditions-Arbeitern nicht zwischen den Beinen rumlaufen. Deswegen hatte sich seine ebenfalls in Schladen lebende Schwester Anke um den Hund gekümmert. Nur kurz, ein paar Tage lang. Trotzdem fehlte er Mike. Beide waren halt echte Buddies. Doch nun hatte er ihn ja wieder bei sich. Nach dem morgendlichen Bell-Duell hieß es für Heini gleichwohl ab in den Zwinger. Bertholdt hatte an diesem Juni-Tag noch was ohne ihn vor. Mittags würde Brigitte Fuchs mit dem Hund Gassi gehen. Die abendliche Runde wollte Mike dann wieder selbst erledigen, nach der Rückkehr von seiner Erkundungstour.

Kapitel 21

„Ist das nicht eine fantastische Sicht!", schwärmte die Rentnerin. Ihre Freundin, gleichfalls Pensionärin, stimmte ihr zu: „Ja, immer wieder wunderschön, gerade morgens." Im Osten, über der Lübecker Bucht, setzte die Sonne zu einem heißen Frühsommertag an. Und das schon vor Mitte Juni. Die beiden Frauen genossen das. Sie lebten nicht allzu weit weg, in Malente. Immer schon. Ein kleines Kur-Städtchen. Im Frühsommer 1974 bundesweit bekannt geworden durch Presse, Funk und Fernsehen. Deutschland war seinerzeit Gastgeber der Fußball-WM. Und der spätere Weltmeister im eigenen Land, die DFB-Elf um Beckenbauer, Müller, Breitner und Co., hatte zuvor in Malente trainiert, war dort auch einquartiert. Damals bereits sind die zwei Damen, freilich noch jünger, miteinander befreundet gewesen. Heute waren sie bewusst früh aufgestanden, um von hier oben im zarten Licht des beginnenden Tages die prächtige Landschaft zu bewundern. So wie Mike. Eine der Frauen sagte zu ihm mit ausgestrecktem Arm: „Schauen Sie dort drüben am Horizont, der weiße Hotelturm. Das ist Travemünde. Da liegt die 'Passat'. Das ist ein Museumsschiff, eine alte Viermastbark. Gibt's nur noch ganz selten. Da müssen Sie mal an Bord gehen. Das lohnt sich." Bertholdt lächelte nett. „Danke, ich wird's mir merken. Wenn ich Zeit hab', mach' ich das bestimmt mal." Mike hatte sie gar nicht darum gebeten, ihm das wahrhaft herrliche Panorama zu erklären. Dennoch taten es die freundlichen, weißhaarigen Rentnerinnen. Sie schienen irgendwie zu merken, dass er im Norden noch fremd war. Die andere Dame empfahl ihm nun, sich nach rechts zu drehen. „Sehen Sie da hinten den Selenter See? Das ist der zweitgrößte hier bei uns in Schleswig-Holstein, nach dem Plöner See."

Den würde Mike nachher ansteuern. Jetzt aber stand er mit den beiden Frauen noch auf einer im Norden einzigartigen Aussichts-Plattform, satt-grüne Baum-Wipfel unter ihnen. Über eine Wendeltreppe waren sie zu der Plattform emporgestiegen. Sie verläuft in rund 40 Metern Höhe rings um einen mächtigen, weit in den Himmel reichenden Beton-Koloss: den Fernmelde-Turm auf dem Bungsberg. Sozusagen der Mount Everest Schleswig-Holsteins. Allerdings nur schlappe 168 Meter hoch. Während des Abstiegs von der Plattform erfuhr Berthold überdies, dass der Bungsberg Deutschlands nördlichstes Wintersportgebiet ist. An ausreichend Schnee jedoch mangelt es häufig. „Aber früher, als die Winter noch Winter waren", erzählten ihm die beiden Damen, „da gab's hier eine richtige Attraktion – einen Schlepplift. Das glauben die Leute immer nicht. Ist aber wirklich wahr!" Mike hatte da ebenfalls so seine Zweifel, behielt sie jedoch für sich. „Tschüß, schönen Tag noch", verabschiedeten sich die Rentnerinnen. Bertholdt wünschte ihnen das ebenfalls, ging zum Parkplatz und startete seinen Volvo.

Kurz nach halb neun war es erst an diesem Mittwoch. Für Mike, leger zivil gekleidet, der letzte Urlaubstag. Den wollte er nach dem Trubel des Umzugs dafür nutzen, das Umland seiner neuen Heimat zu erkunden. Das steckte als Soldat so in ihm drin. Wissen zu wollen, wo man ist. Eigentlich hatte er einen Trip zur Insel Fehmarn vorgehabt. Denn als inniger Freund alter Rock-Musik wusste er, dass dort die einstige deutsche Kultband Ton-Steine-Scherben ihren ersten Auftritt gehabt hatte. Mit Frontmann Rio Reiser, dem späteren „König von Deutschland". Anfang September 1970 war das. Beim verregneten und chaotischen Love & Peace-Festival auf der Insel. Höhepunkt damals: der Gig von Jimmy Hendrix. US-Superstar und drogenabhängiger Gitarrengott. Für ihn war es der letzte Auftritt vor großem Publikum. Nicht mal zwei Wochen darauf starb er. Mit 27, in London. Erstickt an seinem Erbrochenen. Auf dem Ex-Festivalgelände jedoch ist Hendrix, genauer die Erinnerung an ihn, nach wie vor präsent. Ein übermannshoher Gedenkstein steht dort, mit einer eingemeißelten E-

Gitarre und seinem Namen.

Berthold würde ihn sich ein andermal anschauen. Die Fahrt nach Fehmarn und zurück hätte zu viel Zeit gekostet. Deshalb verschob er sie. Eine weitere Notiz auf der Liste, die Mike sich schon für die nächsten Wochen angelegt hatte. Darauf standen bereits diverse Besuchsziele. Darunter das Dörfchen Wacken. Alljährlich im August internationaler Hot-Spot der Heavy-Metal-Fans. Ferner der quer durch Schleswig-Holstein verlaufende Nord-Ostsee-Kanal. Ähnlich stark frequentiert wie der Suez- oder auch der Panamakanal. Und gleichfalls eine der meistbefahrenen künstlichen Wasserstraßen der Welt. Außerdem das Marine-Ehrenmal in Laboe, an der Außenkante der Kieler Förde. Überdies natürlich Sylt und selbstverständlich auch Lübeck, das frühere Oberhaupt der Hanse. Doch das lag alles nicht gerade in der Nähe von Matzwitz und Todendorf. Bertholdt jedoch war die Gegend drumherum erstmal wichtiger. Nach dem Bungsberg, keine dreißig Kilometer weg von Matzwitz, machte er sich daher auf den Weg zu seiner zweiten Station, die er sich für diesen Tag ausgesucht hatte: der Kreisstadt Plön. Der Noch-Oberst ließ sich Zeit, gondelte mit seinem Wagen gemütlich vor sich hin. Nur auf Landstraßen. Im einen Moment leicht abfallend, hinter der nächsten Kurve wieder sanft ansteigend. Links und rechts hügelig-wellige Felder. Mais und Getreide, vielfach auch immer noch strahlend gelber Raps. Einzelne Weiden. Da mit Kühen, dort mit Pferden. Dann wieder schattige Waldstücke. Gleich dahinter weithin glitzerndes Wasser. Kellersee, Dieksee und wie sie da alle heißen. Je näher Mike seinem nächsten Ziel kam, desto zahlreicher wurden die Seen. Holsteinische Schweiz eben. Sie zeigte sich im Verbund mit der strahlenden Vormittagssonne von ihrer schönsten Seite. Plötzlich klingelte es.

Bertholdt guckte auf sein Handy. Fuchs rief an. Mike befand sich bereits in Stadtheide, einem neueren Ortsteil von Plön. Einst Kasernen-Gelände. Standort eines Pionier-Bataillons. Bertholdt fuhr rechts ran. „Hallo Herbert! Ist was mit Heini?", meldete er sich.

„Nein, alles in Ordnung", beruhigte ihn Fuchs. „Ich ruf' nur an, damit du weißt, dass sich zu deiner Beförderung morgen und zur Kommando-Übergabe hoher Besuch angekündigt hat", sagte der Generalmajor. „Etwa schon wieder die Groß-Guthmann?", fragte Mike und meinte damit die Bundesverteidigungsministerin. „Nee, aber mehr verrat' ich dir jetzt auch nicht", bekam er von Fuchs zu hören. „Du wirst dich jedenfalls wundern. Übrigens: Wo du gerade in Plön bist, ich ..." Bertholdt stutzte und unterbrach ihn: „Woher weißt du das denn? Hast du das jetzt einfach geraten?" „Mike, hast du's etwa vergessen?", kam von Herbert in väterlichem Ton. „Du hast doch diesen dollen Chip unter der Haut, so wie wir alle. Das ist ein Human-Body-Tracker inklusive Sensorik für emotionale sowie akustische Resonanzen. Der sendet ständig Signale an unsere Drohnen. Außerdem war's für meine Super-Nerds hier ein Kinderspiel, in dein Navi und dein Handy reinzukommen. Die Zentrale kann somit jederzeit sehen, wo du bist, wie's dir geht, ob du sprichst oder furzt. Nur Gedankenlesen geht noch nicht. Du bist immer auf'm Schirm, Mike. Wie jeder von uns. So ist das jetzt. Du hast ja geschworen, dich uneingeschränkter Kontrolle zu unterwerfen. Gewöhn' dich dran. Das wird sich nie mehr ändern." Überwachung total, George Orwell lässt grüßen, dachte sich Bertholdt. Und ihm schoss eine ernste Frage durch den Kopf, die er sich in den nächsten Wochen noch öfter stellen sollte: Auf was hab' ich mich bloß eingelassen? Der Generalmajor jedoch redete einfach weiter: „Also, was ich dir empfehlen wollte: Geh' in Plön unbedingt rauf zum Schloss! Da ist eine meiner Lieblingsstellen. Immer, wenn ich da in der Stadt bin, besuch' ich die. Wirst schon sehen, warum. Und wenn ich dir noch 'n Tipp geben darf: Nutz' dieses Prachtwetter heute und fahr' an den Strand, nach Brasilien oder Kalifornien." „Hä, wohin?", hakte Mike nach. Fuchs lachte und erklärte es ihm.

Vorher aber war Plön an der Reihe. Nicht mal 10.000 Einwohner hat das Städtchen, umgeben von äußerst reizvoller Natur. Und von malerischen Seen regelrecht umzingelt. Für viele Touristen und Urlauber die Perle der Holsteinischen Schweiz. Dem ganz eigenen Charme des Ortes war auch das Fernsehen längere Zeit verfallen. Zwei Mal sogar schon. Erst in den frühen 70er Jahren, als dort 26 Episoden der Vorabendserie „Kleinstadtbahnhof" gedreht wurden. Plön hieß darin Lüttin. Diesen Namen übernahm man witzigerweise in den späten 90ern dann für 44 Folgen der Serie „Schule am See". Schauplatz der fiktiven Internats-Geschichten war das unübersehbare Wahrzeichen des Ortes: das Plöner Schloss mit seinem leuchtend weißen Gemäuer. Inmitten der Stadt auf einer Anhöhe steht es. Ein steiler Weg mit Kopfsteinpflaster führt nach oben. Bertholdt war ihn hinaufgegangen. Mit dem Rücken zum Schloss stand er nun am Rand einer Böschung vor einer Metall-Brüstung, schaute auf den Großen Plöner See hinab, und sofort war ihm klar, weshalb Fuchs ihm die Stelle empfohlen hatte. Sie bot einen derart schönen Ausblick, dass man ganz schnell sehr ruhig werden konnte.

Mike verstand es, solche Bilder tief in sich aufzunehmen. Eine Weile lang saß er dort noch auf einer Bank und guckte einfach nur. Danach schlenderte er wieder hinunter in die Stadt. In der Fußgängerzone, im Restaurant „Eisenpfanne", nahm er ein leichtes Mittagessen zu sich. Anschließend folgte er dem anderen Ratschlag des Generalmajors und fuhr los in Richtung Ostseestrand. Unterwegs machte er sein Autoradio an. NDR Welle Nord. „Hotel California" lief gerade, von den Eagles. „Na, so 'n Zufall! Das passt ja", schmunzelte Bertholdt. Nach einer knappen Dreiviertelstunde war er da: Kalifornien. In Schleswig-Holstein. Das Ortsschild bewies es. Gleich daneben Brasilien. Beide oberhalb der Kleinstadt Schönberg, direkt hinterm Deich an der Ostsee. Mit wirklich feinen Sandstränden, freundlichen Menschen und langsamer laufender Zeit. So kam's Mike zumindest vor. Ihm gefiel es dort so gut, dass er bis zum frühen Abend blieb. Auf der Rücktour nach Matzwitz bilanzierte er in Gedanken all die Eindrücke seines letzten Urlaubstages: Hier lässt es sich leben!

Kapitel 22

„Ehrenformation – Stillgestanden!" Die Soldaten in ihrem sogenannten großen Dienstanzug knallten die Hacken ihrer Stiefel zusammen. Alle auf einmal. Wie ein einziger Schlag. Schon dröhnte in der riesigen Halle der nächste Befehl: „Ehrenformation – Richt Euch!" In Sekundenschnelle brachten sich die Soldaten auf Linie. Gerade wie mit einem Lineal gezogen. Der Große Zapfenstreich lief. Jedoch bizarr anders. Aus Geheimhaltungsgründen. Nicht abends und mit Fackeln, wie sonst üblich, sondern tagsüber. Aber nicht in hellem Sonnenschein, stattdessen im gleißendem Licht starker Deckenlampen. Die Ehren-Formation unecht, bloß improvisierende Soldatinnen und Soldaten der Stamm-Truppe. Ohne Musikkorps und dem Tschingderassabum der Trommeln, Posaunen und Trompeten. Ersatzhalber Einspielungen vom Band. Zudem überhaupt keine Gäste und Zuschauer. Allerdings wären die zweifelsohne auch mächtig erstaunt gewesen über den Ort der Veranstaltung. Der lag fast 80 Meter unter der Erdoberfläche. Und nicht nur das. Er hatte überdies kathedralenhafte Ausmaße, war ebenso hoch, aber fast doppelt so groß wie ein Flugzeug-Hangar: der sehr gepflegte 9-Loch-Golfplatz tief unterhalb von Matzwitz. Dort vollzog sich das höchste militärische Zeremoniell der deutschen Streitkräfte. Eigentlich hatte Herbert Fuchs, da nur Zwei-Sterne-General, kein Anrecht darauf. Doch er war bislang eben auch Kommandeur des Regierungs-Sonderkomplexes Matzwitz/Todendorf. Deshalb bekam er zum Abschied den Großen Zapfenstreich.

Gemeinsam mit Mike stand er vor seinen knapp 600 Soldaten, alle nach wie vor im „Stillgestanden". Laut ertönten zwei weitere Befehle. Zunächst „Achtung: Präsentiert!" und dann „Die Augen rechts!" Eine Seitentür öffnete sich. Peter-Gerd Felsmüller kam herein. Bertholdt glaubte erst, er wäre im falschen Film: der Bundespräsident! Doch er war's wirklich. Der silberhaarige Felsmüller kannte Matzwitz schon von früher, aus seiner vorherigen Zeit als Bundesjustizminister. Da hatte auch er, der Einser-Jurist und ehemalige Professor, in der ultrageheimen Anlage an der Ostsee oft und gern seinen Lastern gefrönt. Nun ging das deutsche Staatsoberhaupt auf Herbert und Mike zu. Nach dem Kommando „Rührt Euch!" gab er beiden die Hand. An Fuchs gerichtet sagte Felsmüller in gewichtigem Amts-Ton: „Herr General, ich danke Ihnen für die dem deutschen Volk stets treu und zuverlässig geleisteten Dienste. Hiermit entbinde ich Sie von Ihrem Kommando und versetze Sie in den Ruhestand. Dafür wünsche ich Ihnen alles erdenklich Gute." Unmittelbar darauf wandte sich der Bundespräsident Mike zu: „Herr Oberst, mit sofortiger Wirkung befördere ich Sie zum Brigade-General. Ebenfalls mit sofortiger Wirkung ernenne ich Sie zum neuen Kommandeur des Regierungs-Sonderkomplexes. Ich wünsche Ihnen viel Soldatenglück im neuen Amt und verlasse mich auf Sie!"

Felsmüller gratulierte ihm. Er drehte sich um, ging wenige Schritte zu einem bereitstehenden Rednerpult, holte aus seinem Jackett zwei Blätter Papier hervor und faltete sie auseinander. Eine Ansprache an die vor ihm stehende Truppe. Bertholdt jedoch hörte gar nicht richtig zu. „Sehr wichtiger Dienst ..." – „fordernder Einsatz an geheimer Front ..." – „hoch belastendes Schichtsystem rund um die Uhr ..." Mike stand immer noch ein bisschen neben sich. Er registrierte weiterhin bloß einzelne Satzfetzen. „Immer mit doppelter Identität ..." – „ständig zu beachten, auch Zuhause privat ..." – „bloß alle zwei Wochen ein paar Tage frei ..." – „wertvoller Beitrag zum Schutz der Demokratie, daher zu großem Dank verpflichtet." Kaum hatte der Bundespräsident seine letzten Worte gesprochen, erklang abschließend aus den großen Lautsprechern unter der Hallendecke die Nationalhymne: „Einigkeit und Recht und Freiheit ..." Bertholdt hatte während seiner langen Zeit als Offizier schon so einige Zeremonien miterlebt. Im Inland wie im Ausland, innerhalb der Bundeswehr wie in den Armeen anderer Länder. Diesmal aber war er derart verwirrt, dass er alles wie in Trance wahrnahm. So als ob sein Verstand sich weigern wollte, das, was er da gerade erlebte, als Wirklichkeit anzuerkennen. Doch es war genauso real wie der kleine Bomben-Splitter, der ihn vor ein paar Jahren bei einem Anschlag während einem seiner beiden Afghanistan-Einsätze verletzt hatte.

Kapitel 23

Herbert machte sich eine seiner unvermeidlichen Kippen an. Mike goss sich derweil noch ein Gläschen ein. Jetzt ohne Uniform, in zivil, saßen sie in Strandkörben auf einer Terrasse vor zwei flachen Holzbuden. Ein Imbiss nur im klitzekleinen Sportboot-Hafen von Lippe, kurz vor Hohwacht. Doch für Herbert ein Gourmet- Tempel. „Da gibt's den besten Fisch weit und breit. Die Chefin räuchert ihn selbst", hatte er Mike vorgeschwärmt. Nach dem Großen Zapfenstreich und zur Feier des Tages hatte Brigitte, Herberts Frau, die beiden Männer am frühen Abend dorthin gefahren. Und sie würde sie später auch wieder abholen. Denn der alte wie der junge General, das war ihr schon vorher klar, wären nach dem Essen kaum mehr fahrtüchtig. Ihr Gatte hatte nämlich Whiskey ins Auto gelegt. Irischen wohlgemerkt. Zwei Flaschen. Jameson und Bushmills. „Wir müssen ja 'n bisschen Auswahl haben", scherzte Herbert. Er kannte Ronja, die Imbiss-Inhaberin, ganz gut. So hatte sie auch nichts dagegen, als nach dem Essen der mitgebrachte Alkohol auf den Tisch kam. Nachdem die Teller abgeräumt und die beiden Männer wieder ganz unter sich waren, fragte Mike: „Sag' mal, wo zieht ihr beide jetzt eigentlich hin, du und Brigitte?" „Wieso wegziehen? Wir bleiben", antwortete Herbert. „Wenn du hier als Kommandeur in Pension gehst, dann bieten sie dir zum Schluss an, dass du dein angebliches Haus tatsächlich kaufen kannst. Sehr günstig übrigens. Das haben fast alle meine Vorgänger gemacht, zuletzt der alte von Kummerberg. Der wohnt da im Dorf, wo die Straße so 'n bisschen ansteigt, in diesem dunklen Haus unter den beiden großen Kastanien. Und wir haben das jetzt auch gemacht. Wir haben den Bauernhof gekauft." Bertholdt war darüber nicht gerade begeistert. Fuchs schien ihm das anzusehen. Er hatte schon zwei Gläser Whiskey intus und nahm den nächsten Schluck. Dann, als ob er Gedanken lesen könnte, beschwichtigte der frische General a. D.: „Keine Sorge. Ich misch' mich nicht bei dir ein. Du bist jetzt Chef. Wenn du Rat brauchst oder was wissen willst, helf' ich Dir natürlich. Aber ich bin wirklich froh, dass ich jetzt draußen bin."

Mike glaubte ihm das sofort. Er konnte sich noch gut daran erinnern, wie bedrückt Fuchs vor ein paar Wochen war. An jenem Tag im Mai, nachdem Verteidigungsministerin Groß-Guthmann ihm, Mike, den Schwur von Matzwitz abgenommen hatte. Die Worte klangen ihm noch im Ohr. Matzwitz sei schon lange nicht mehr das, was es mal gewesen sei. Das habe sich leider sehr verändert, und nicht zum Guten, hatte Herbert da gesagt. Nun bohrte Mike nach. Fuchs hatte bereits ordentlich dem Whiskey zugesprochen. Ob's nun daran lag, an lang aufgestautem Frust, bitterer Enttäuschung oder was auch immer: unter sich und deswegen ohne die sonst zwingende Notwendigkeit zur Geheimhaltung redete der bisherige Kommandeur Tacheles. Unverblümt und knallhart: „Ich garantiere dir, du wirst diesen Tag heute und den Schwur noch bereuen. Und glaube mir, nicht bloß ein Mal. Du hast nämlich denselben Fehler gemacht wie ich damals. Du hast nicht erkannt, dass es zwischen Loyalität und Kadaver-Gehorsam eine Grenze gibt. Die hast du nun überschritten. Und du wirst nie wieder zurück können. Du hast dich verkauft. Die haben dich jetzt im Sack. Für immer und ewig. So wie mich, Brigitte und alle anderen Soldatinnen und Soldaten hier. So schlicht und einfach ist das!"

Herbert Fuchs pausierte kurz. Abermals griff er zum Whiskey, danach zu seinem Zippo-Feuerzeug. Klack machte der Deckel beim Öffnen. Dieses typisch blecherne Geräusch, das so klingt wie kein anderes. Geübt zündete er sich eine weitere Zigarette an und klappte das Zippo wieder zu. Nochmal dieses Klack. Mike verhielt sich still. Er ahnte, da kommt noch mehr. Womit er recht behielt: „Du wirst tarnen, täuschen, lügen, wegsehen und immer schön die Klappe halten. All das, damit bloß nie was rauskommt über diesen völlig absurden Regierungs-Freizeitpark. Über diese verkommenen, ja teils psychopathischen Charaktere unserer Herren und Damen Spitzenpolitiker." Fuchs zog erneut an seiner Kippe, nahm einen tiefen Zug und blies den Rauch durch die Nase aus, bevor er weiterredete: „Weißt du, Mike, es heißt ja, Geschichte wiederholt sich nicht. Aber manchmal gibt 's schon seltsame Parallelen. Und echt komisch ist dabei, dass sich sogar die Namen ähneln. Matzwitz. Klingt doch fast so wie Wandlitz. Drüben vor der Wende diese total abgeschottete Luxus-Siedlung für die obersten DDR-Bonzen. Hier aber noch größer, noch moderner, noch geheimer und noch abgedrehter. Fast so wie bei Janukowitsch, als er noch Präsident der Ukraine war. Der hatte ja sein eigenes Disneyland mitsamt Zoo und Yachthafen, alles bewacht von einer Spezialtruppe. Genau wie hier. Ich sage dir, Mike, der Tag wird kommen, da meldet sich dein Gewissen. Du wirst dich ekeln, du wirst dich selber verabscheuen. Aber du wirst trotzdem nichts tun. Nicht weil du um dein tolles Geld fürchtest. Nein, mein lieber Herr General. Du wirst einfach Angst haben. Angst um dein kleines Scheiß-Leben. Angst vor der Konsequenz aus deinem Schwur, falls du auch nur ein Sterbenswörtchen verrätst."

Fuchs war fertig. Und Bertholdt ziemlich verwundert. Mit einem solchen Ausbruch hatte er nicht gerechnet. Mann oh Mann, das war aber heftig!, dachte er sich. Was da wohl für Gründe hinterstecken? Beide schwiegen jedoch erstmal. Mike sah wortlos hinüber zu den Segelbooten und Yachten, die fest vertäut in dem kleinen Hafen von Lippe lagen. Im roten Abendlicht dümpelten sie kaum merklich vor sich hin. Er wollte Herbert auch etwas Zeit geben, um sich wieder einzufangen. Nach einer Weile wollte Mike dann von ihm wissen: „Was ist hier eigentlich los? Ich hab' das Gefühl, du hast mir längst noch nicht alles erzählt, was ich als dein Nachfolger wissen sollte. Also?" Auch Fuchs hatte die letzten paar Minuten einfach nur in die Gegend geschaut. Jetzt wandte er seinen Blick wieder Mike zu. Spürbar entspannter als zuvor, dafür allerdings sehr ernst antwortete er ihm: „Ich geh' jetzt nicht in Details. Aber hier passieren Sachen, die locker einen ganzen Katalog an Straftatbeständen erfüllen. Jeder Normalbürger würde dafür einige Jahre in den Knast wandern." Mike hakte nach: „Und warum ist das hier nicht so?" Herbert grinste zynisch: „Du bist doch nun schon einige Tage hier. Trotzdem noch so naiv? Ich, du und unsere Leute, wir verhindern das doch! Wir leisten doch Beihilfe! Was in Matzwitz geschieht, bleibt in Matzwitz. Hier geht nichts raus, gar nichts. Alles ultra-streng geheim. Also gibt's nie auch nur den Hauch für einen Anfangsverdacht. Aber selbst wenn es einen gäbe: Staatsanwälte und Kripobeamte sind weisungsgebunden. Ein Fingerschnipp der Politik würde reichen und jede Ermittlung wäre sofort gestoppt. Ach, was sag' ich: die wär' schon vorbei, bevor sie überhaupt angefangen hätte."

Stimmt, da hätte ich auch selber draufkommen können, musste Bertholdt sich eingestehen. „Aber früher scheint das doch nicht so gewesen zu sein", fuhr er fort. „Wann hat sich das denn geändert? Und warum eigentlich?" Herbert kramte zunächst in seinem Gedächtnis. So tief, dass man ihm förmlich dabei zusehen konnte. Dann antwortete er: „Na ja, ich war ja nicht von Anfang an mit dabei. Deshalb kenn' ich vieles nur aus Erzählungen. Von meinen beiden Vorgängern. Also von dem alten von Kummerberg, von dem ich dir vorhin ja schon erzählt hab', und eben dessen Vorgänger, dem Hengstbach. Die haben mir gesagt, als der Schmidt noch Kanzler war, da sei hier alles völlig akkurat gelaufen. Und danach unter Kohl genauso. Natürlich haben die hier auch mal über die Stränge geschlagen. Aber das blieb immer alles im Rahmen. Die hatten noch so was wie Sitte und Anstand." Fuchs legte eine Pause ein. Kurz nur nippte er am Whiskey. Seine Stimmung wechselte. Hörbar verändert sprach er weiter: „Danach hat sich der Wind gedreht. Ich mein' das jetzt gar nicht mal politisch, sondern mehr auf den Umschwung hier bezogen. Schröder und Fischer kamen ja an die Macht. Die und ihre Leute, das war 'ne andere Generation. Das konntest du deutlich spüren. Da fing das an, dass manche sich selbst wichtiger fanden als das Land und die Menschen, um die sie sich kümmern sollten. Übrigens hat das Helmut Schmidt offenbar auch so gesehen. Der hat dazu 'n ganz guten Spruch gebracht. Den hab' ich mir gemerkt, weil ich den sehr passend fand. Auch immer noch. Den kann ich dir sogar auswendig aufsagen. 'Die heutige politische Klasse in Deutschland', hat der Schmidt damals gesagt, 'die ist gekennzeichnet durch ein Übermaß an Karrierestreben und Wichtigtuerei und durch ein Übermaß an Geilheit, in Talkshows aufzutreten'. Klasse, oder? Der Mann hatte echt Weitsicht! Und zu Zeiten von Merkel ist das alles nicht besser geworden. Im Gegenteil: Erinner' dich doch nur mal an so einige Ministerinnen und Minister, die bei ihr zum Schluss im Kabinett waren. Aber da ahnten wir ja nicht mal, was noch kommen sollte."

Fuchs meinte damit die Bundestagswahl 2013. Die hatte Geschichte gemacht. Nach zwei Legislaturperioden war es für Merkel vorbei als Kanzlerin. Ihre Große Koalition aus CDU/CSU und SPD hatte seinerzeit eine beispiellos krachende Niederlage kassiert. Die Sozialdemokraten erwischte es dabei besonders übel. Sie stürzten ab auf nurmehr etwas über sieben Prozent. Doch auch CDU und CSU kamen zusammen gerade mal noch auf 16 Prozent. Folge extrem hoher Unzufriedenheit des Souveräns, des Wahlvolkes, aber auch zuvor heftigster Flügel-Kämpfe in den drei Parteien. Die hatten dazu geführt, dass sich große Teile der Mitglieder abspalteten. Sie gründeten umgehend neue Parteien und waren auf Anhieb erfolgreich. Seitdem nämlich wird Deutschland wiederum von einer Dreier-Koalition regiert, bestehend aus der UCD (Union Christlicher Demokraten), der BVP (Bayerische Volkspartei) und der PSD (Partei Sozialer Demokraten). An der Spitze dieses Macht-Bündnisses steht ironischerweise erneut eine Kanzlerin, abermals eine Frau aus dem Osten. Aber nicht nur wegen dieser Geschehnisse ist die Abstimmung von 2013 in die Geschichtsbücher eingegangen. Sehr außergewöhnlich waren noch zwei weitere Aspekte.

So viele stimmberechtigte Bürger wie noch nie waren derart stark enttäuscht und verärgert, dass sie massenhaft darauf verzichteten, ihre Kreuze zu machen. Deswegen herrschte in zahlreichen Wahl-Lokalen stundenlang gähnende Leere. Mit der Wahl-Beteiligung, die bis dahin immer über 70 Prozent gelegen hatte, ging es lawinenartig bergab auf lediglich etwas über 50 Prozent. Überdies – der zweite Aspekt – zog seinerzeit eine neue Partei in den Bundestag ein. Sie wurde sogleich auch stärkste Oppositionskraft: der BDP, der Bund Deutscher Patrioten. Eine stark nationalistisch geprägte Vereinigung, teils rechtsextremistisch. Derartige Strömungen gab und gibt es in der deutschen Bevölkerung ebenso wie unter den Menschen in anderen Staaten, in Frankreich zum Beispiel oder auch in Griechenland. Die allerdings haben keine düstere NS-Geschichte. Zudem haben sich in der Bundesrepublik in den letzten Jahren die fremdenfeindlichen und antisemitischen Strömungen deutlich verstärkt. Sie treten ferner immer häufiger offen zu Tage. Vornehmlich in Sachsen, Thüringen, Brandenburg und Sachsen-Anhalt, jedoch auch im Westen. So unter anderem im Ruhrgebiet sowie in Teilen von Hessen, Bayern und Niedersachsen. Trotz aller regionalen Unterschiede dabei: Der kräftige Unmut weiter Bevölkerungsteile richtete sich hauptsächlich gegen die Bundesregierung. In sozialen Netzwerken wurde gegen sie gehetzt, beleidigt und verleumdet, was das Zeug hielt. Selbst in Reihen staatlich wichtiger Institutionen wie Polizei, Zoll, Bundeswehr und Justiz erodierte die Loyalität gegenüber dem Grundgesetz. Zuhauf liefen in Berlin aber auch anderenorts Massen-Proteste mit 40.000, bisweilen auch 50.000 Teilnehmern und noch mehr. Vor allem an Wochenenden. Überdies häuften sich bereits einige Zeit lang Übergriffe und Brutalitäten rechter Gewalttäter. Kurzum: Es war enormer Druck im Kessel. Es brodelte förmlich. Daran hat sich auch nichts geändert. Es ist nach wie vor so. Und der Bund Deutscher Patrioten profitiert davon. Indem der BDP, wo immer es nur geht, die mehr und mehr gereizte Stimmungslage in der Gesellschaft für sich ausnutzt. Dafür muss er gar keine politisch wirklich konstruktiven Lösungen anbieten. Es reicht aus, dass die rhetorisch geschickten Rattenfänger aus dem rechten Lager suggerieren, sie wüssten, wie alles gekommen sei und wer daran Schuld habe. Parallel dazu verstehen sie es allerbest, die emotionalen Befindlichkeiten der tumben und zutiefst frustrierten Masse in Wählerstimmen umzumünzen.

Zur Wahrheit gehört jedoch ebenso, dass die Regierung aus UCD, BVP und PSD nicht ganz unschuldig ist an dieser gefährlichen Entwicklung. Denn die vielen und deutlichen Vorzeichen wurden von ihr allzu lange nicht so wahrgenommen, wie es eigentlich nötig gewesen wäre. Sie versäumte es denn auch, beizeiten wirksame Gegenkonzepte auf die Beine zu stellen. Hinzu kommt: Seitdem sie an der Macht ist, hat sich am politischen Kurs kaum was getan. Wohl wurde hier und da ein bisschen nachjustiert, doch grundlegende Korrekturen blieben bisher aus. Eines aber ist spürbar anders. Und das haben viele Menschen auch bemerkt. Die neue Regierungschefin sowie deren Ministerinnen und Minister sind noch glatter, konturärmer und positionsloser als ihre Vorgängerinnen und Vorgänger. Dafür verfolgen sie stärker denn je ihre ganz individuellen Parteiprogramme, bestehend aus nur drei Buchstaben: I C H. Polit-Narzissten. Und streng abgeschirmt von der Öffentlichkeit leben sie das auch aus. So rücksichts- und hemmungslos wie bislang keine anderen Kabinettsmitglieder vor ihnen – eben in Matzwitz.

Herbert Fuchs klang denn auch nahezu angewidert, als er sagte: „Das hätte ich nie gedacht, Mike, dass wir mal von so egozentrischen Leuten regiert werden, die sich völlig schamlos alles erlauben. Das ist hier wie im alten Rom, nur noch 'n Zacken schlimmer. Und wir sind so was wie 'ne gezwungene Prätorianer-Garde. Manche Tage sind hier wirklich zum Kotzen!", beendete Herbert seine Schimpf-Tirade. Mike musste derweil unwillkürlich an seinen schon lange verstorbenen Opa väterlicherseits denken. Der hatte für charismatische Politiker ein Wort gebraucht, das heutzutage ziemlich verstaubt und altmodisch anmutet: Respekts-Personen. Bertholdt ging dieser Begriff noch einige Zeit im Kopf herum, bevor ihm das Wort im letzten Rest des irischen Whiskeys ertrank.

Kapitel 24

Freitagnachmittag. Es ging aufs Wochenende zu. 15 Uhr 'rum war's. Aus Münster kommend, fuhr auf der A 1 gerade eine edle Limousine an Bremen vorbei. „Wie lange werden wir denn noch brauchen, Herr Köhler?", fragte die Frau vom Rücksitz aus ihren Chauffeur. „Wenn hier auf der Autobahn nichts mehr dazwischen kommt, etwa 'ne knappe Stunde, Frau Ministerin", antwortete der Fahrer. „Danke schön", sagte Bettina von Draburg. Niklas Köhler wunderte sich erneut: „Herr Köhler" und „Danke schön" – die ist doch sonst nicht so freundlich. Diesmal aber ging das schon die ganze Fahrt über so. Vielleicht ja, dachte sich Köhler, weil Nicole nicht dabei ist. Seine neue Kollegin. Nicole Schweers. Wie er Personenschützer. Sie allerdings Beamtin. Aus der Abteilung SG. Kürzel für „Sicherungsgruppe". Eine spezielle Einheit des Bundeskriminalamtes. Deren Aufgabe: Schutz des Bundespräsidenten, der Kanzlerin, der Bundesminister und ausländischer Staatsgäste. Wer beim BKA zur Abteilung SG gehören will, der muss einiges mitbringen: exzellentes Benehmen, hohe Sportlichkeit, zuverlässigen Charakter, absolute Verschwiegenheit, schnelles Reaktionsvermögen und völlige Fahrzeug-Beherrschung auch in brenzligen Situationen. Ferner natürlich die Bereitschaft zum Einsatz des eigenen Lebens. Dass man außerdem ein prima Schütze sein muss, versteht sich fast von selbst. Niklas Köhler war einer. Mit seiner ständigen Begleiterin, einer P 30 von Heckler & Koch, seiner Dienstwaffe, konnte er so gut umgehen wie kaum ein anderer. Alles andere traf auf ihn ebenfalls zu. Bloß zum BKA gehörte der mittelgroße Mann nicht. Der drahtige 38-Jährige war Berufssoldat. Hauptfeldwebel. Aus der Feldjägertruppe, der Polizei der Bundeswehr. Auch die hat Personenschützer. Er war einer davon. Allerdings einem besonderen Verband unterstellt. Jenem im Regierungs-Sonderkomplex an der Ostseeküste. Von dort als Bodyguard der Bundesministerin für Gesundheit und Soziales zugeteilt. Seit über anderthalb Jahren schon. Und damit viel länger an der Seite von Bettina von Draburg als seine Kollegin vom BKA, Nicole Schweers.

„Hhmm, schmeckt der gut!", entfuhr es der Spitzen-Politikerin. Sie genoss einen prickelnden Prosecco. Aus der Kühlbox der Mittelkonsole im Fonds des schweren BMW. „Hach, ich freu' mich richtig auf Matzwitz. Ich war schon seit Wochen nicht mehr da. Endlich mal wieder zwei Tage nur für mich", ließ sie Köhler wissen. Den irritierte ihr Verhalten immer mehr. Wieso erzählt sie mir das? Und warum ist sie so nett und aufgekratzt? Ist doch eigentlich überhaupt nicht ihre Art! Noch eine ganze Weile grübelte Köhler darüber nach. Dann schob er die Gedanken beiseite. Hamburg rückte heran. Ihre Wechsel-Station. Was in der Elb-Metropole bald daraufhin geschah, war Teil eines raffinierten Verfahrens; gemeinsam ausgeklügelt von „Mo" Beuk, Sophie Kohlitz und Robert Gerbald, den drei Teilbereichs-Managern im Führungsstab von Matzwitz. Schließlich gehörte es zu ihren Jobs, sich um Einsatzpläne, Sicherheit und Logistik zu kümmern. Ziel dabei war es, die Reisen der Regierungsmitglieder in das elitäre Luxus-Ressort im Kreis Plön zu verschleiern. Niemand sollte mitkriegen, dass sie dorthin unterwegs oder da auch nur in der Nähe waren.

Grundsätzlich gab es zwei Möglichkeiten. Eine davon hieß Lufttransport. Dafür standen auf dem riesigen Areal des vermeintlichen Schießplatzes in Todendorf eigens zwei Hubschauber bereit: ein NH 90 und ein etwas kleinerer Airbus H 145. Eine dieser Maschinen hatte kürzlich erst Bundespräsident Peter-Gerd Felsmüller genutzt, um zur Kommando-Übergabe nach Matzwitz zu kommen. Wie alle anderen Einsätze der Helikopter tauchte selbstverständlich auch dieser in keinem Flugplan oder sonstigen Unterlagen auf. Allzu oft allerdings waren die Maschinen nicht in der Luft. Das lag aber keineswegs an technischen Problemen, schlechter

Wartung oder fehlenden Ersatzteilen. Grund war, dass zu starker und häufiger Flugbetrieb mitsamt dem ganzen Lärm auf Dauer bestimmt für Neugier in den umliegenden Dörfern gesorgt hätte. Das jedoch sollte nicht sein. Deswegen kam zumeist die zweite Möglichkeit zum Zuge. Und die hieß getarnte Kfz-Nutzung.

Sie begann immer gleich. Wenn es eine Ministerin oder einen Minister mal wieder an die Ostsee zog, mussten sie sich zunächst an einen ihrer Personenschützer wenden. Aber nicht an jene vom BKA. Die wussten von nichts. Sie waren in dieser Sache völlig außen vor. Jedes Mitglied der Bundesregierung hatte jedoch auch mindestens einen soldatischen Bodyguard, wie Bettina von Draburg, manche auch zwei. Die meldeten das Anliegen an die OPZ, die Operationszentrale, in Matzwitz/Todendorf. Die gab das weiter an eine der beiden Wechsel-Stationen, in Hamburg sowie in der Nähe von Lübeck. Dabei handelte es sich um Außenposten des Regierungs-Sonderkomplexes, beide untergebracht in hallenartigen Garagen leerstehender alter Behördenbauten. Eine dieser Stationen musste angefahren werden. Die jeweilige Politiker-Karosse blieb unter Bewachung dort bis zur Rückkehr. Die Insassen stiegen aus, gingen in Umkleide-Kabinen und kamen als scheinbare Normalbürger wieder heraus. Eine Soldatin mit Fähigkeiten einer Maskenbildnerin sorgte dann noch für leichte optische Veränderungen – durch Brillen, Perücken, angeklebte Bärtchen sowie Schminke. Je nachdem, wie es die Fotos in den Führerscheinen und Personalausweisen erforderten. Die sahen aus wie echt. Genauso wie der Fahrzeugschein, den man ihnen aushändigte. Die Dokumente waren stets auch alles Originale. Immer frisch aus der ahnungslosen Bundesdruckerei. Nur die Namen, persönlichen Daten und Ortsangaben in den Papieren waren andere. So geschützt, konnte dann nach dem Umstieg in ein bereitstehendes Allerwelts-Auto ganz unauffällig die Weiterreise nach Matzwitz angetreten werden. Selbst jede noch so zufällige Polizei-Kontrolle wäre gar kein Problem gewesen, auch nicht für Niklas Köhler und Bettina von Draburg.

Er hieß jetzt vorübergehend Stephan Meine, sie Alexandra Gielinsky. Ihr Wagen war kein gepanzerter 7er-BMW mehr, sondern ein VW Golf GTI. Sie saß auch nicht mehr auf der Rückbank, sondern neben ihm auf dem Beifahrersitz. Ein stinknormales Paar auf der Fahrt gen Norden. So sollte es aussehen. Hamburg lag längst hinter ihnen. Sie befanden sich bereits in Schleswig-Holstein, auf der A 21. Gleich würde Bad Segeberg kommen. Circa eine Stunde noch bis Matzwitz. Im Autoradio dudelte R.SH irgendeinen langweiligen Song irgendeiner noch langweiligeren Deutsch-Pop-Kapelle. Die Bundesministerin für Gesundheit und Soziales schien ihn trotzdem zu mögen. „Ach, wie gern würde ich mal wieder irgendwo tanzen. Aber geht ja nicht so einfach als Politikerin. Und schon gar nicht mit meinem Mann. Der ist 'n völliger Bewegungs-Spasti." Köhler glaubte sich verhört zu haben. Wie redet die denn heute? Doch es kam noch besser. Die Düsseldorferin drehte sich in ihrem Sitz halb zu ihm. „Mit Ihnen wär' das bestimmt anders, Niklas. Sie sind doch 'n guter Tänzer, oder?" Wie zufällig landete dabei die linke Hand der 51-Jährigen auf seinem Oberschenkel. Und die Rheinländerin dachte auch gar nicht daran, sie wieder wegzunehmen. Köhler war völlig perplex. Ihm fehlten tatsächlich die Worte. Er stammelte nur „Äh, na ja, ..." Er brauchte all seine Konzentration zum Fahren. Irre, echt irre, schoss es ihm durch den Kopf. Da plötzlich fing die Hand auch noch damit an, behutsam seinen Oberschenkel zu massieren. Die Wirkung ließ nicht lange auf sich warten. Die Beule in seiner Hose wurde immer größer. Köhler war das unendlich peinlich. Bettina von Draburg keineswegs. „Geil! Klasse, dein Schwanz! Ist ja auch völlig normal, dass der jetzt gerne ficken würde." Köhler bot alle Willenskraft auf, die er noch hatte. Es half nichts. Er war jetzt völlig durch den Wind. Und das blieb auch so bis Matzwitz. Die ganze restliche Fahrzeit über benahm sich die Ministerin wie eine rossige Stute. Als sie endlich da waren, guckte sie ihm noch lüstern in die Augen, bevor sie verschwand. Köhler, seit Jahren weg von Zigaretten, schnorrte sich von einem Kameraden eine Kippe und ging runter zum Strand. Tief sog er den Rauch ein. Er war noch keineswegs fertig damit zu verarbeiten, was er die letzten Stunden erlebt hat. Unfassbar! Ist das wirklich passiert? Immer noch ungläubig murmelte er vor sich hin: „Die hat mich angemacht! Die hat mich richtig heiß gemacht!"

Kapitel 25

Matthias Bäuer gähnte. Er war gerade wach geworden. Im eigenen Bett. Es war Samstag. Eine wieder mal anstrengende Woche in Berlin lag hinter ihm. Gestern am späten Abend war er zuhause angekommen. In Regensburg. Der Bundesminister für Wirtschaft lebte dort in einem modernen Bungalow am Stadtrand. Der befand sich am oberen Ende eines gepflegten Hang-Grundstücks. Von der voll verglasten Terrasse bot sich ein herrlicher Blick auf die weit unten träge dahinfließende Donau. Zu dritt bewohnten sie das imposante Anwesen. Oben er, Bäuer, und in Keller-Zimmern seine beiden ihm zugeteilten Leibwächter: Markus-Maria Roth vom Bundeskriminalamt sowie Karim Afarid. Deutscher mit persischen Eltern. Ursprünglich Personenschützer bei den Bundeswehr-Feldjägern. Wegen exzellenter Leistungen ausgewählt für Matzwitz. Dort von Sophie Kohlitz, Leiterin der S 1-Sparte (Personal), Bäuer zugeordnet. Afarid und Roth waren bereits putzmunter, als der Politiker zu ihnen in die Küche kam. „Morgen", brummelte Bäuer bloß, noch hörbar verschlafen. „Guten Morgen Herr Minister", begrüßten ihn beide. Bäuer goss sich einen Kaffee ein, machte sich eine kleine Schale Müsli zurecht, schaltete seinen Tablet-PC ein und schaute anschließend kauend auf die Seite „Nachrichtentisch". Ein Ritual bei ihm. Denn so konnte er sich allmorgendlich rasch einen Überblick verschaffen über die Berichterstattungslage in Presse, Radio und Fernsehen. Top-Themen waren – wieder einmal – Demonstrationen gegen die Bundesregierung, der er ja ebenfalls angehörte, und die soziale Unzufriedenheit in weiten Teilen der Bevölkerung. Keine zehn Minuten später sagte er: „Schönes Wetter draußen. Ich zieh' mich dann gleich mal um zum Joggen." Roth fragte: „Welche Strecke, Herr Minister?" „Die große Runde", antwortete der 41-Jährige.

„O.k., Karim begleitet sie."

Das war Standard unter den beiden Bodyguards. Einer bewachte immer den Bungalow, wenn sie sich in Regensburg aufhielten, der andere blieb an der Schutzperson dran. Bäuer ging die breite Flurtreppe hinauf in einen seiner oberen Räume. Ohne Karim. Warum auch, sie waren ja im Haus. Daher sah auch niemand, was der Regierungspolitiker beim Umziehen machte. Um seine linke Wade streifte er ein Gummiband. Zwischen Haut und Gummi klemmte er ein in Plastikfolie verpacktes Bündel zusammengerollter Euro-Scheine. Anschließend zog er seine Jogginghose drüber, band sich die Laufschuhe zu und schnappte sich seine Trainingsjacke. Gleich danach kam er wieder die Treppe hinunter. „So, ich bin so weit. Wir können los", sagte Bäuer. Karim, ebenfalls umgezogen, erwartete ihn schon. „Gut, Herr Minister. Dann wollen wir mal", erwiderte der Berufssoldat. Um warm zu werden, erledigten beide erst ein paar Dehn- und Streckübungen. Dann trabten sie durch das noble Villen-Viertel am Regensburger Stadtrand zur Donau hinunter.

Natürlich zeigte es Karim zwar nie, aber sein Respekt für Matthias Bäuer tendierte gen Null. Dem Oberfeldwebel war nämlich bekannt, dass sein Schützling ordentlich kokste. Das hatten die „Checker" von Matzwitz schnell herausgefunden, als der BVP-Politiker von ihnen aufgrund seines Aufstiegs zum Bundesminister für Wirtschaft intensiv unter die Lupe genommen wurde. Robert Gerbald, Chef der S 2-Abteilung (Sicherheit) im Regierungs-Sonderkomplex, hatte Karim ferner darüber informiert, dass Bäuer umsonst Kokain bekam – auf Staatskosten. Doch eben bloß in Matzwitz. Nur dort durfte er es auch konsumieren. Stoff mitnehmen, war verboten. Darauf zu achten, gehörte mit zu Karims Job. Was die „Checker" aber nicht entdeckt hatten: Bäuer war weit stärker von dem Zeug abhängig, als sie glaubten. Außerdem war ihnen noch etwas entgangen: sein verdecktes Bestell- und Liefersystem, inklusive toter Briefkästen und einem Dealer. Jener, der den Minister im vorigen Monat, im Mai, einen Tag lang versetzt hatte. Dies alles war im Dunkeln geblieben. Mithin wusste es auch Karim nicht. Daher guckte er auch gar nicht so genau hin, als beim Joggen plötzlich etwas geschah.

Matthias Bäuer wurde langsamer. Er jammerte ein bisschen. Kleine Schmerzlaute. Er fing an zu humpeln. Mehr und mehr fiel er hinter Karim zurück. Der war schon gut zehn Meter vor ihm, als der Politiker stoppte. „Moment mal", rief er ihm zu. „Ich glaub', da ist 'n Steinchen bei mir im Schuh." Der Personenschützer blieb ebenfalls stehen. Bäuer ging an den Wegesrand, zu einer Bank mit einem Abfalleimer daneben. Er setze seinen linken Fuß auf den Rand des Eimers und schnürte seinen Schuh auf. Karim schaute derweil auf die Fitness-Uhr an seinem Handgelenk. So bemerkte er auch gar nicht, was Bäuer in dem Augenblick machte. Aus dem Gummiband an seiner Wade zog er blitzschnell die Rolle mit den Geldscheinen hervor, warf sie in den Abfalleimer. Darin klebte an einer der Innenseiten ein Päckchen, etwas kleiner als eine Streichholz-Schachtel. Bäuer nahm es und steckte das Päckchen dahin, wo eben noch die Euro-Scheine waren. Keine zehn Sekunden dauerte das. Er zog das Bein seiner Jogginghose wieder herunter und band sich den Schuh zu. „Oooh, jetzt geht's mir aber besser", sagte er zu Karim und freute sich innerlich über die Doppeldeutigkeit seiner Worte. Er hatte sich Kokain besorgt. 40 Gramm. Aus einem seiner toten Briefkästen. Fürs Wochenende und für die nächsten Tage. Außerdem ein bisschen 'was als Reserve. Nach zuvor anonymer Bestellung gestern genauso anonym heute von seinem Dealer geliefert, wie Bäuer immer noch annahm.

Wieder Zuhause angelangt, verschwand er sofort im Bad. Zum Duschen, wie Karim und sein Kollege Markus-Maria Roth glaubten. Das tat Bäuer natürlich auch. Aber erst widmete er sich der Droge. „Hab' ich mir echt verdient diese Woche", murmelte er. Die vergangenen Tage in Berlin waren hart gewesen für ihn. Im Kabinett ohnehin schon stark unter Druck stehend, hatte er noch mehr Ärger an den Hals gekriegt. Durch einen Sonder-Ausschuss des Bundestages. Es ging um hundsmiserabel schlechte Verträge zum Bau neuer staatlicher Infrastruktur-Systeme für die Groß-Industrie. Sie waren sehr grottig ausgehandelt worden. Dafür würden die Steuerzahler wahrscheinlich bluten müssen. Mit gewaltigen Millionen-Beträgen, wenn nicht gar über einer Milliarde Euro. Bäuers Ministerium war verantwortlich für dieses Desaster. Doch das war gerade verdrängt und vergessen. Der Minister zog sich eine Linie Koks rein. Er liebte den Stoff seines vermeintlichen Dealers. Klar kostete er Geld. In Matzwitz nicht. Doch dafür war er auch besser. Viel besser sogar. Deutlich reineres Zeug. Nicht so gestreckt.

Kapitel 26

Ob Politik, Sport oder Kultur, Film und Fernsehen, Show- und Musikbusiness oder noch andere Bereiche: Es gab und gibt so einige Prominente in Deutschland, denen Kokain nicht fremd ist. Dazu müssen hier keine Namen genannt werden. Es sind nämlich schon so manche aufgeflogen. Woraufhin ihre Fälle in den Medien oft für dicke Schlagzeilen sorgten. Wer seine Erinnerung durchgeht, dem werden bestimmt ein paar dieser Promis einfallen. Doch beliebt ist das weiße, teure Pulver auch hierzulande schon längst nicht mehr nur in der Welt der Schönen, Reichen und Berühmten. „Das geht durch alle Bevölkerungsschichten", erläuterte im Herbst 2020 Daniel Kretzschmar, damals in Berlin der Landesvorsitzende des Bundes Deutscher Kriminalbeamter. Und im gleichen Tenor erklärte Holger Münch: „Wir stellen fest, dass Kokain keine Elite-Droge mehr ist." Mittlerweile, sagte der Präsident des Bundeskriminalamtes weiter, sei es fast überall verfügbar. Diese Äußerungen stammen übrigens ebenfalls aus dem Frühherbst 2020. Monatelang bereits gab es da – und nicht nur in Deutschland – ein alles beherrschendes Thema: Corona. Doch wer da denkt, dieses weltweite Problem hätte auch das höchst einträgliche Geschäft mit der Droge eingetrübt, der irrt. „Wir haben keine Knappheit festgestellt", so in jenen Tagen der oberste Verbrechens-Bekämpfer Münch. Und gegenüber der 'Berliner Zeitung' ergänzte dazu der Professor für sozialwissenschaftliche Suchtforschung, Heino Stöver: „Das Angebot an Kokain ist so groß, dass weder eine Pandemie noch emsige Polizeiarbeit als Preis-Regulativ wirkt." Wie groß das Angebot tatsächlich ist, vermag natürlich niemand genau zu sagen. Das gilt ebenso für die Menge der Menschen in Deutschland, die diese illegale Droge ab und an oder regelmäßig konsumieren. Bloße

Schätzungen gibt es. Sie reichen von mehreren Zehntausend bis zu einigen 100.000. Nochmals: Konkrete Zahlen kennt keiner. Aber trifft das in der Spitze auch nur in etwa zu, wäre das die komplette Bevölkerung einer mittleren Großstadt. Vom Neugeborenen bis zur greisen Oma – alle auf Koks.

Die allgemein verbreitete Vorstellung von Kokain ist die eines verbotenen weißen Pulvers. Chemisch korrekt lautet die Bezeichnung der Substanz in diesem Zustand Kokain-Hydrochlorid. Dennoch liegt der Laie mit seiner Vorstellung nicht falsch. Auf dem Schwarzmarkt ist Kokain-Hydrochlorid nämlich die gebräuchlichste Form dieser Droge. Und genau das, was gemeinhin unter Kokain verstanden wird. Bis dahin allerdings muss es im Prozess der Herstellung mehrere Stufen durchlaufen. Sozusagen den Rohstoff dafür liefern die Blätter des südamerikanischen Coca-Strauchs. Körperlich ist Kokain gar nicht mal so gefährlich, psychisch aber sehr wohl. Denn das Abhängigkeits-Potential ist enorm. Konsumieren lässt es sich auf unterschiedliche Art und Weise: Es kann geraucht, aber auch intravenös zugeführt werden. Am gängigsten jedoch ist das so genannte Schnupfen, das Aufsaugen in die Nase mit Hilfe eines zusammengerollten Geldscheins oder eines Röhrchens. Die Droge kann, je nach Aufnahme und Konstitution, relativ zügig wirken. Sie vermittelt eine deutliche Stimmungs-Aufhellung bis hin zur Euphorie. Die Leistungsfähigkeit wird meist als erheblich größer empfunden, Müdigkeits-, Durst- oder auch Hungergefühle schwinden, Hemmschwellen – z. B. in punkto Sexualität – sinken. Andererseits ist der Konsum von Kokain aber auch mit starken Risiken verbunden: schlimme Depressionen können auftreten, sogar Psychosen, ferner große Ängste oder auch gesteigerte Aggressivität. Auf Dauer wird die Nasenscheidewand geschädigt, bis hin zu regelrechten Löchern. Und nicht zuletzt kann man dem Stoff, wie schon erwähnt, schnell verfallen, inklusive sozialem Abstieg und finanziellem Ruin. Todesfälle sind übrigens eher selten. Wenn es dazu kommt, dann waren Untersuchungs-Resultaten zu-

folge in der Regel meist weitere Drogen mit im Spiel, so genannter Mischkonsum.

Produziert wird Kokain nach wie vor in Südamerika, und da vornehmlich immer noch in Kolumbien. Hauptmärkte sind, neben den USA, die Staaten Westeuropas. Auf unseren Kontinent gelangt die Droge nicht nur, aber in erster Linie über den Seeweg. Eine der für die Schmuggler bedeutsamsten Routen führt dabei von Südamerika über den Atlantik nach Westafrika. Von dort aus über Land dann weiter gen Südeuropa, übers Mittelmeer hinweg nach Spanien und Italien. Die „europäischen Haupteinfallstore" jedoch sind die riesigen Häfen von Antwerpen und Rotterdam. So hat's das Bundeskriminalamt in einem bemerkenswerten Bericht geschrieben. Titel: „Rauschgiftkriminalität/Bundeslagebild 2019". Nach dieser Quelle wurde in jenem Jahr weltweit so viel Kokain beschlagnahmt wie bis dahin noch nie zuvor: 784 Tonnen. Circa 100 Tonnen davon entfielen auf die beiden erwähnten Häfen in den Niederlanden und in Belgien. Wohlgemerkt, sichergestellte Mengen. Was im Vergleich dazu unentdeckt blieb und auf den Schwarzmarkt gelangte, darüber lässt sich nur spekulieren. Tatsache hingegen ist: Auch Deutschland hat ein zunehmendes Kokain-Problem. Cannabis und künstliche Drogen machen den Strafverfolgern zwar die meiste Arbeit. Aber nirgendwo sonst im Bereich der Rauschgifte gehen die Zahlen seit Jahren schon so kräftig nach oben wie eben beim Kokain. 2015 zum Beispiel wurden laut BKA-Statistik gut 2.500 so genannte Handelsdelikte mit Kokain registriert. 2017 waren es mehr als 3.500 und 2019 fast 4.500. Deutlich gestiegen sind auch die in der Bundesrepublik beschlagnahmten Mengen. In den gerade angeführten Jahren wuchsen sie von 3,1 Tonnen auf 8,1 Tonnen, und in 2019 wurde erstmals die 10 Tonnen-Marke übertroffen. Gar 16 Tonnen auf einen Schlag entdeckten Zollfahnder im Februar 2021 im Hamburger Hafen. Die bis dato größte jemals in Deutschland sichergestellte Einzel-menge. Straßenverkaufswert zu jener Zeit: zwischen 1,5 und 3,5 Milliarden Euro.

Das Kokain-Geschäft gehört zu den weltweit lukrativsten überhaupt. Betrieben wird es inzwischen vielfach über das Darknet, den dunklen und zumeist kriminellen Teil des Internets, ferner über streng abgeschottete Gruppen und Verteilnetze. Die Summen, um die es dabei alljährlich und international geht, sind irrwitzig hoch. Milliarden und Abermilliarden. Sogar mancher Staats-Haushalt verblasst dagegen. Haupt-Profiteure sind nach wie vor südamerikanische Drogen-Syndikate. Viele andere jedoch verdienen ebenfalls mit. Denn es gibt zahlreiche Zwischen-Stationen auf dem Weg der Ware zum Endverbraucher. Dabei passieren mit dem Kokain zwei Dinge. Es wird immer teurer und es vermehrt sich. Einfacher gesagt: es wird gepanscht, gemixt mit anderen Substanzen. Gestreckt oder verschnitten, wie es im Jargon auch heißt. Und das nicht nur ein Mal.

Dazu wurde und wird oft einfach Milchzucker beigemengt. Bisweilen sind es auch stimulierende Stoffe wie u. a. Koffein oder Lidocain, um höhere Wirksamkeit und bessere Qualität nachzuahmen. Was auch immer verwendet wird, es reduziert natürlich den Reinheitsgehalt des Kokains. Doch die Gesamtmenge wird größer. Und wo man schon mal dabei ist, wird an den meisten Zwischen-Stationen auch der Preis angehoben. Der Grund dafür ist derselbe wie für das Strecken des Rauschgiftes: jeder will was abhaben vom Kuchen.

Kapitel 27

Marcel hatte alles genau beobachtet. Obwohl er ein ganzes Stück weg gewesen war vom Geschehen. In einem Versteck, einem Busch mit dichten Blättern. Der Abfalleimer, aus dem sich Wirtschaftsminister Matthias Bäuer das Kokain-Päckchen gefischt hatte, stand nahezu 200 Meter entfernt. Gut eine Stunde zuvor hatte Marcel darin die kleine Schachtel mit der Droge deponiert. Durch einen Feldstecher sah er dann unerkannt zu, wie Bäuer sie sich unter das Gummiband an seiner Wade steckte. Er fotografierte das auch. Klasse-Bilder mit hoher Auflösung. Alles prima drauf zu sehen. Kaum war Bäuer mit seinem Leibwächter weitergejoggt, rief der 23-Jährige per Handy bei Bernd an: „Hallo! Ich komm' dann zum Frühstück. Soll ich Brötchen besorgen?" Marcel sprach diese Worte ganz bewusst. Der vereinbarte Code für die erfolgreiche Stoff-Übergabe. Ganz harmlos klingend. Für den Fall, dass die Bullen mithörten. Man weiß ja nie. „Ja, mach' mal", antwortete Bernd. „Bring' vier Stück mit." Wiederum ein Code. Er bedeutete, dass Marcel nun aus dem Abfalleimer die zusammengerollten Geldscheine herausholen und nachzählen sollte. Vier Stück hieß, es müssten viertausend Euro sein.

Der junge Betonbauer Marcel war ein „Prospect". In Rocker-Kreisen ist das gewissermaßen ein Lehrling. Unter einem „Prospect" ist jemand zu verstehen, der noch kein vollwertiges Clubmitglied ist, sondern erst Anwärter. Die werden in der Regel eine ganze Weile geprüft, bevor sie zum „Full Member" aufsteigen können. Das kann durchaus ein Jahr dauern oder auch länger. In dieser Zeit wird geschaut, wie derjenige sich so macht. Ein wichtiger Prüfstein ist dabei oftmals Zuverlässigkeit, zwei weitere lauten Verschwiegenheit und Respekt. Darauf legen echte Rockerclubs sehr viel Wert. Auch die „Rattlesnakes". Daher nutzten sie die Koks-

Übergabe an Bäuer dafür, Marcel abermals zu testen. Er hatte seine Sache gut gemacht. Bernd war zufrieden. Sehr zufrieden sogar. Und immer, wenn er ein solches Hochgefühl hatte, ließ er seiner Macke freien Lauf. Er suchte seinen Lieblingssong raus und ließ ihn volle Pulle laut dröhnen: J. J. Cale und „Cocaine".

Passte ja auch. Denn Bernd Graumann war der „Schneekönig". Nicht nur in Regensburg, der Heimatstadt von Matthias Bäuer, sondern in nahezu der kompletten Oberpfalz. Auf fast alle harten Drogen, insbesondere eben Kokain, hatte er in der gesamten Region das Monopol. Graumann, „President" des Rockerclubs „Rattlesnakes MC", verteidigte dieses sehr einträgliche Monopol auch unerbittlich. Er und seine Leute kannten kein Pardon, wenn ihnen jemand bei ihren Geschäften Konkurrenz machen wollte. Vor ein paar Wochen erst hatte das ein einzelner Dealer zu spüren bekommen. Durch einen Tipp waren sie ihm auf die Schliche gekommen. Die Rocker hatten ihn aber nicht gleich aus dem Verkehr gezogen, sondern zunächst eine Zeit lang unauffällig beobachtet. So erfuhren sie, wie viele Kunden er wo hatte und wie er sie belieferte. In diesem Zuge fiel ihnen auch ein ausgeklügeltes System toter Briefkästen auf. Und die „Rattlesnakes" staunten die sprichwörtlichen Bauklötze, als sie dann auch noch sahen, wer sich da aus einem der Drogen-Verstecke bediente. Daraufhin erst holten sie sich den Dealer. Weil sie von ihm noch was wissen wollten. Nämlich wie von ihm der Kontakt lief zum Bundeswirtschaftsminister, den sie an dem toten Briefkasten eindeutig erkannt hatten. Im schallisolierten Keller ihres Clubhauses quetschen sie den Mann aus, wobei ihnen „Susi" half – eine Klapperschlange, die sich die Rocker in einem Terrarium hielten. Sie war, salopp gesagt, ihr Maskottchen. Denn nach der englischen bzw. amerikanischen Bezeichnung für diese Tiere hatte sich der Club einst benannt: „Rattlesnakes MC". Und wer bei ihnen „Full Member", also Voll-Mitglied, werden wollte, der musste sich einem widerwärtigen Aufnahme-Ritual unterziehen. Nämlich „Susi" aufs Maul küssen, das Graumann zuhielt.

Kapitel 28

In Deutschland kommen nachgewiesenermaßen nur sieben Schlangenarten vor. Sie stehen allesamt unter Naturschutz. Von diesen sieben Arten sind fünf Nattern: Die Ringelnatter, die Würfelnatter und die Schlingnatter sowie die Barren-Ringelnatter und die Äskulapnatter. Außerdem zu erwähnen sind die Kreuzotter und die Aspis-Viper. Bloß diese beiden sind giftig. Trotzdem gibt es in der Bundesrepublik auch massenhaft andere Schlangen. Aus der Familie der Boas und Pythons zum Beispiel ebenso wie aus jener der Vipern, Ottern und anderer Gattungen. Hinzu kommt noch jede Menge weiteres exotisches Getier: Groß-Spinnen, Leguane, Gift-Frösche, Krokodile und manches mehr. In Zoos und Tierparks sind sie anzutreffen, doch dies nur zum kleineren Teil. Der deutlich größere lebt bei privaten Haltern, die damit bisweilen überfordert sind. Von der Öffentlichkeit bemerkt allerdings, wird das in der Regel immer erst dann, wenn es zu spektakulären Zwischenfällen kommt.

So wie im Sommer 2019 im westfälischen Herne. Dort war einem Mann, der eigenen Angaben zufolge 20 Schlangen besaß, eine hochgiftige Kobra entwischt. Und das in einem Mehrfamilienhaus. Alle Bewohner, auch aus umliegenden Häusern, wurden daraufhin evakuiert. Erst nach Tagen konnte das Reptil eingefangen werden. Ein Jahr zuvor, im August 2018, hatte es Schlagzeilen gegeben um das „Ungeheuer von Loch Latum", benannt nach einem See in der Nähe von Düsseldorf. Einem Angler an jenem Gewässer war ein vermeintlich alter, gelber Schlauch aufgefallen. Er dachte zunächst an illegale Müll-Entsorgung. Aber plötzlich kam Leben in den Schlauch, und er glitt davon. Eine gelbe Anakonda war's, eine südamerikanische Würgeschlange, 2,40 Meter lang. Es dauerte ebenfalls Tage, bis man sie schnappte.

Für Privat-Halter exotischer Amphibien und Reptilien gelten diverse Gesetze, Auflagen und Vorschriften. Die sind von Bundesland zu Bundesland zwar unterschiedlich, aber generelle Verbote beinhalten sie kaum. So die juristische Lage. In der Praxis gibt's gleich mehrere Haken. Das fängt schon damit an, dass längst nicht alle Halter überprüft werden können, schon gar nicht regelmäßig. Es sind einfach zu viele, und die zuständigen Behörden haben zu wenig Personal dafür. Überdies ist hierzulande der Markt für solche Tiere einer der größten in ganz Europa. Experten gehen davon aus, dass alljährlich Hunderttausende gehandelt werden – vielfach übers Internet sowie auf Fach-Messen und in Züchter-Kreisen. Dabei geht's beileibe nicht nur, aber eben auch um Schlangen. Es sind keineswegs alles illegale Geschäfte und die Käufer und Verkäufer nicht nur schwarze Schafe. Doch es gibt sie. Von daher ist es auch gar nicht allzu schwer, für relativ wenig Geld – so um die 200 Euro – an eine Klapperschlange zu kommen.

Jeder auch nur einigermaßen kundige Fan von Western-Filmen weiß, Klapperschlangen sind US-Amerikaner. Das stimmt auch. Dort, in den Vereinigten Staaten, sowie in Mexico ist ihr Haupt-Verbreitungsgebiet. Doch auch weiter nördlich, in Kanada, leben sie und tief im Süden, bis hinab ins südamerikanische Argentinien. Charakteristikum fast aller dieser Reptilien ist die Schwanz-Rassel. Das sind lose, ineinander verschachtelte Hornringe. Sie entstehen durch die Häutungen der Tiere. Mit ihnen können sie als Warnlaut rasselnde Geräusche produzieren. Das klingt dann so ähnlich wie schnelles Klappern. Von daher rührt eben auch der Name Klapperschlange. Doch der ist bloß ein Oberbegriff. Denn es gibt 29 verschiedene Arten dieser Giftschlangen, deren Gattung mit zu den Gruben-Ottern zählt. Bisse führen nicht grundsätzlich zum Tod. Sie sind jedoch meist sehr schmerzvoll, stark belastend für den Kreislauf, rufen innere Blutungen hervor und zerstören menschliches Gewebe; je nachdem, von welcher Art das Gift stammt, in welcher Dosis es in den Körper gelangt ist und wie es um die

Konstitution des Beiß-Opfers steht. Wirklich hohe Gefahr, bei nicht rechtzeitiger Behandlung ums Leben zu kommen, besteht hingegen bei den beiden größten Klapperschlangen, die über zwei Meter lang werden können: der Diamant- und der Texas-Klapperschlange.

Kapitel 29

„Susi" war eine solche Texas-Klapperschlange. Doch sie hatte gar nicht viel tun müssen, damit der Dealer auspackte. Ein bisschen mit ihrer Klapper rasseln und mit dem Kopf vor seinem Gesicht rumzüngeln war schon ausreichend. Der Mann hatte sich aus lauter Angst vollgepisst und geredet wie ein Wasserfall. Er beteuerte immer wieder, den Typen, also Matthias Bäuer, nie persönlich getroffen zu haben. Der Boss der „Rattlesnakes", Bernd Graumann, und seine Leute glaubten ihm das auch, so wie der gefesselte Dealer heulte, zitterte und erbärmlich darum bettelte, sie mögen „Susi" festhalten und nicht zubeißen lassen. Alles andere hatte der Mann schon erzählt. Dass der Typ sich auf seinem Handy immer nur per verschlüsselter Text-Nachricht meldete. Und dass es für die Menge und den Preis ebenso Codes gab wie für den Ort und die Übergabezeit des Stoffs. Der Dealer offenbarte sämtliche Codes, ebenso die toten Briefkästen. Nur eine Frage war noch offen. Für wann und wohin Bäuer die nächste Lieferung bestellt hatte? Die Antwort lautete: „Eigentlich für heute Abend. In ein Astloch in einem Baum an der Rückseite seines Grundstücks." Graumann ließ sich das noch näher beschreiben, um gleich danach sofort zu handeln.

Der „President" der „Rattlesnakes" nahm das Handy des Dealers. Er wusste ja nun, wie die Codes – für Unkundige ein einziger Salat aus Buchstaben und Zahlen – funktionierten. Ihm war durch Zeitabgleich der Beobachtung Bäuers am toten Briefkasten mit dem Eingang vorheriger Texte im Handy auch klar, hinter X 12 B verbarg sich der Bundesminister für Wirtschaft. Noch in der Nacht schickte der 52-Jährige ihm eine getürkte Nachricht. Und zwar als sein vermeintlicher Dealer. „Sorry, bin unterwegs wg. neuer Quelle. Ware viel besser. Nur etwas teurer. Lieferung morgen früh. Ort wie vereinbart." Graumann konnte danach bloß hoffen, dass der Trick klappte. Er wurde nicht enttäuscht. Matthias Bäuer war ihm auf den Leim gegangen und holte sich das Kokain. Im Mai war das. Seither hatte er bereits mehrere Male nachbestellt. Und „Prospect" Marcel oblag jeweils die Auslieferung. So, wie er das an diesem Samstagmorgen wieder getan hat.

Nach Marcels Anruf setzte sich Graumann mit seiner Führungscrew zusammen. Dazu gehörten Kai, „Vice-President" und somit Graumanns Stellvertreter, der „Treasurer" Udo, zuständig für die Finanzen des Clubs, und Klaus, als „Sergeant at Arms" sozusagen der Sicherheitschef. Das Rocker-Quartett beriet sich über das weitere Vorgehen. Graumann fing an: „Also Leute, diesen dicken Fisch haben wir fest an der Angel. Bäuer ist voll drauf auf unserem Stoff. Hat sich gelohnt, dass wir das gute Zeug von unseren italienischen Freunden nicht gestreckt und sogar noch bisschen Meth dazugemischt haben." Methamphetamin war damit gemeint, auch Crystal Meth oder eben nur Meth genannt. Eine künstlich hergestellte und stark stimulierende Rauschdroge. „Ja, hast recht", stimmte ihm Udo zu. „Aber wir müssen echt aufpassen. Ist saugefährlich, was der sich da von uns reinzieht." Das ist tatsächlich so. Kokain ist schon nicht ohne. Kommt noch Crystal dazu, potenziert sich das Risiko abermals, und zwar rasant. Crystal macht nämlich besonders schnell süchtig, greift auch relativ rasch den Körper an und wirkt – je nach Menge – extrem neurotoxisch. Heißt: Es zerstört Nervenzellen im Gehirn, die sich auch nicht mehr regenerieren. Umgangssprachlich formuliert: man verblödet. Auf den Hinweis seines „Treasurers" Udo erwiderte Graumann: „Weiß ich auch. Deswegen müssen wir nun zusehen, dass wir die Kuh kräftig melken, bevor ihr noch was passiert." Sicherheitschef Klaus erkundigte sich neugierig: „Woran genau denkst du da?" Jetzt schaltete sich auch Kai, der „Vice-President", ein. „Na ja, Bernd und ich haben uns dazu schon mal so 'n paar Gedanken gemacht. Ihr wisst ja, Marcel hat ihn auch jedes Mal fotografiert, wenn er sich das

Zeug abgeholt hat. Tolle Bilder, wirklich! Hier, guckt mal!" Der „Vice-President" legte einige großformatige Abzüge auf den Tisch. Graumann ergriff wieder das Wort: „Ich denke, die müssten Bäuer ordentlich was wert sein. Neben Koks lebt der doch nur für seinen Job. Kann ich sogar verstehen. Über 20.000 Kracher jeden Monat als Minister. Und dann auch noch die Kohle als Abgeordneter. Nicht schlecht! 100.000 können wir da locker verlangen für die Bilder. Als erste Rate, versteht sich." Udo verzog skeptisch seine Mundwinkel. „Die Summe find' ich schon o.k.", sagte er, „aber wie willst du denn an ihn rankommen? Und wie soll das laufen, damit er zahlt?" Graumanns Antwort fiel kurz aus: „Keine Sorge, ich hab' da schon 'nen Plan."

Kapitel 30

07.58 zeigten die roten Ziffern der digitalen Wanduhr. Im Stabsgebäude von Matzwitz/Todendorf öffnete sich die Tür zum Konferenzraum. „Moin zusammen", grüßte Nadja Kohlitz, die Truppen-Psychologin und Sozialtherapeutin. „Auch Moin", erwiderte die S 1- und S 3-Chefin, Sophie Kohlitz. Die Schwestern umarmten sich. „Guten Morgen Nadja", sagte derweil Oberstarzt Christian Burchard, Leiter der medizinischen Abteilung im Regierungs-Sonderkomplex. Zeitgleich kam hinten von der Kaffeemaschine nur kurz „Moin". Mo Beuk, Chef des S 4-Bereichs, war gerade dabei, einige Becher voll einzugießen. Gleich würde die so genannte Morgenlage beginnen. Wie jeden Tag. Samstage, wie dieser, oder auch Sonn- und Feiertage bildeten da keine Ausnahme. Hintergrund: So manche Standorte der Bundeswehr kennen Pausen oder Ruhetage nicht. Zwar sind mal mehr, mal weniger Soldaten und Zivilangestellte da, aber Dienst ist immer. Rund um die Uhr, jede Woche, das ganze Jahr über. 24-7-365 lautet dafür der militärische Zahlen-Jargon. Im EFK zum Beispiel ist das so, im Einsatz-Führungskommando der Bundeswehr, beheimatet in der Henning-von-Tresckow-Kaserne nahe Potsdam. Und genauso war und ist das auch in Matzwitz. Wenn sie nicht Urlaub oder freie Tage hatten, galt dort für die insgesamt nahezu 600 Frauen und Männer des Verbandes ein Drei-Schicht-Wechselsystem: acht Stunden Dienst, acht Stunden Bereitschaft, acht Stunden Freizeit. Abweichen durften davon nur die Mitglieder des Stabes und der Kommandeur. Denn die waren sozusagen ständig im Dienst.

Punkt 08.00 Uhr ging die Tür erneut auf. Noch vor zwei Männern kam als erstes ein Bär von einem Hund herein. „Mach' Platz, Heini!", befahl ihm der eine Mann, Mike Bertholdt. Das Tier gehorchte sofort. Der General und der zweite Mann, sein Stellvertreter Robert Gerbald, begrüßten ihr schon anwesendes Führungs-Personal und nahmen ebenfalls Platz. Mo Beuk schob ihnen zwei Pötte Kaffee zu. Mike eröffnete die Runde: „Bevor wir auf den Tag blicken, erstmal die Rückschau: Irgendwas los gewesen, worüber wir reden müssten?" „Nein, Herr General, keine besonderen Vorkommnisse", antwortete ihm Robert Gerbald, Leiter der S 6- sowie zudem der S 2-Abteilung, mithin zuständig für Sicherheit. Dazu gehörte unter anderem auch, die Geschehnisse in der Medienwelt zu beobachten. Genau deswegen sprach Gerbald weiter: „Allerdings hab' ich hier Vorab-Informationen zum neuen 'Deutschland-Monitor', der Montag veröffentlicht wird. Die sehen nicht gut aus." Er meinte damit die Resultate einer Studie aus Jena, die dort jedes Jahr von Wissenschaftlern der Friedrich-Schiller-Universität angefertigt wird. Ursprünglich hieß sie mal „Thüringen-Monitor", wurde dann aber auf die gesamte Bundesrepublik ausgeweitet. Deshalb der geänderte Titel „Deutschland-Monitor". Die Studien-Schwerpunkte jedoch blieben gleich und lauteten: Demokratie-Akzeptanz in der Bevölkerung, Vertrauen in staatliche Institutionen sowie rechtsradikale und rechtsextreme Einstellungen. „Dann lassen Sie mal hören, was da drinsteht!", forderte Mike seinen Stellvertreter auf. „Also, kurz gesagt: Alle Ergebnisse haben sich im Vergleich zum letzten Jahr weiter verschlechtert, einige sogar sehr deutlich. Ob jetzt das Ansehen der Demokratie, von Politikern oder zum Beispiel der Polizei, die Werte sind noch stärker runtergegangen. Dafür finden selbst wildeste Gerüchte und Verschwörungs-Theorien immer stärker Anklang, vor allem in sozialen Netzwerken. Das Gleiche gilt insbesondere für rechtsgerichtete Ansichten und Meinungen", erläuterte Gerbald. Bertholdt wollte daraufhin wissen: „Was bedeutet das für uns? Müssen wir darauf irgendwie reagieren?" Er dachte in erster Linie an noch intensiveren Personenschutz für die Ministerinnen und Minister. Denn nie wieder sollte sich so etwas wiederholen, wie es 1990 schrecklicherweise geschehen war. Und das gleich zwei Mal binnen relativ kurzer Zeit: Attentate auf Spitzen-Politiker.

Kapitel 31

Im April jenes Jahres hatte es erst Oskar Lafontaine erwischt. Als damaliger Kanzlerkandidat der SPD absolvierte er in der Stadthalle von Köln-Mülheim abends eine Wahlkampf-Veranstaltung. Kaum war die vorbei, Lafontaine stand noch auf der Bühne, kam aus dem Publikum eine Frau mit einem Blumenstrauß hinauf. Sie tat so, als wollte sie von ihm ein Autogramm haben. Der Saarländer setzte gerade zur Unterschrift an, da zog die Frau ein Messer und rammte es ihm in den Hals. Er überlebte, allerdings nur knapp. Das Messer hatte seine Hals-Schlagader bloß um Millimeter verfehlt. In seinem lange nach jenem Abend veröffentlichten Buch „Das Herz schlägt links" schrieb Lafontaine dazu: „Das Attentat hatte mich verändert. Ich hatte erfahren, wie wenig verlässlich Macht, Anerkennung und politischer Erfolg sind. Der Gedanke, mein Leben so einzurichten, dass ich mir bei einem plötzlichen Ende keine zu starken Vorwürfe machen müsste, ließ mich nicht mehr los."

Das zweite Opfer 1990 hieß Wolfgang Schäuble, seinerzeit im Amt des Bundesinnenministers. Den CDU-Mann traf es nicht mal sechs Monate nach der Attacke auf Lafontaine; im Oktober jenes Jahres, wiederum abends und ebenfalls unmittelbar nach einem Auftritt im damaligen Bundestags-Wahlkampf. Der lief in Oppenau, einer kleinen Stadt im Schwarzwald, Schäubles Heimatregion. Er war bereits fertig mit seiner Rede, die er dort im Saal einer Gaststätte gehalten hatte. Als der Christdemokrat, umgeben von zahlreichen Menschen, den Saal verließ, näherte sich ihm von hinten der Attentäter. Aus kurzer Distanz feuerte der Mann aus einem Smith & Wesson-Revolver drei Schüsse ab. Eine der Kugeln bohrte sich in den Körper eines Personenschützers, die zwei anderen verletzten Schäuble am Hals und im Rücken. „Ich spüre meine

Beine nicht mehr", sagte er noch, bevor er das Bewusstsein verlor. Er wurde zunächst in ein Kreiskrankenhaus eingeliefert, dann in die Uni-Klinik Freiburg verlegt. *„Als ich aus dem künstlichen Koma aufgewacht bin", war mir klar, dass ich gelähmt bin"*, so der seitdem im Rollstuhl sitzende CDU-Mann später in einem Interview. Zudem hatte er eine seiner Töchter gefragt: *„Warum habt ihr mich nicht sterben lassen?"*

Die Parallelen zwischen dem Attentat auf Schäuble und dem vorher auf Lafontaine sind frappierend: Beide zu jener Zeit Spitzenpolitiker, beide gerade im Wahlkampf, beide mit Auftritten in Abend-Veranstaltungen, beide in Begleitung von Personenschützern – und beide trotzdem Opfer desselben Täter-Typus: geistig stark verwirrter Menschen.

Kapitel 32

Dass mit solchen Attentätern immer gerechnet werden muss, wusste auch Mike Bertholdt. Dies im Verbund mit den Resultaten des aktuellen „Deutschland-Monitors" besorgte den General etwas. Eben deshalb hatte der neue Kommandeur des Regierungs-Sonderkomplexes gefragt, ob reagiert werden müsse. „Das potentielle Risiko erhöht sich dadurch natürlich für alle Kabinetts-Mitglieder", antwortete ihm Sophie Kohlitz, Bereichsleiterin für Personal und Einsatzplanung. „Genaueres kann ich aber erst sagen, wenn die aktualisierte Gefährdungs-Analyse da ist. Die OPZ arbeitet schon dran", setzte sie hinzu. „Ach, bevor ich's vergesse, Frau Kohlitz: Die OPZ will ich mir morgen Nachmittag mal näher anschauen", sagte Bertholdt und fuhr fort: „Wir haben jetzt ja übers Wochenende drei Kabinettsmitglieder hier zu Gast. Umweltminister Carsten Meyer ist da, Kanzleramtsminister Sönke Schwarz und Sozialministerin Bettina von Draburg. Die bleiben auch alle drei bis morgen Abend. Was für Wünsche haben die geäußert, wie sehen die Vormeldungen aus?"

Der Blick ging zu „Mo" Beuck. Als S 4 und somit Chef der Logistik lag es an ihm, entsprechend Auskunft zu geben. „Also, der Meyer ...", setzte er an, kam aber nicht weit. „Entschuldigen Sie, Herr Beuck", unterbrach ihn Mike, „ist das eigentlich der Meyer, der früher mal bei den Grünen gewesen ist?" „Ja, genau der", bestätigte Beuck. „Also, der Meyer war ja zuletzt vor 14 Tagen hier, und weil's ihm da so viel Spaß gemacht hat, will er jetzt wieder mit der MK 20 ballern." Einige in der Runde schmunzelten. Ein ehemaliger Pazifist und seine späte Liebe zur Maschinenkanone. Dafür nämlich standen die beiden Buchstaben MK. Und die Zahl 20 für das Kaliber 20 Millimeter. In Todendorf nutzten sie eine solche schon betagte Kanone hin und wieder noch für Übungen zur Flugabwehr. Vom Strand aus, von einer Stellung auf einer leichten Anhöhe, wurde dabei auf die Ostsee hinaus gefeuert, und zwar auf riesige sogenannte Luftsäcke, die ein kleines Flugzeug an einer sehr langen Schleppleine hinter sich herzog. „Mo" Beuk kam als nächstes auf Kanzleramtsminister Sönke Schwarz zu sprechen. Ein extremes Schwergewicht. Aber nicht politisch, sondern körperlich. Der Mann war nicht nur groß, sondern dazu auch richtig fett. Keine Krankheit, alles angefressen. Schwarz konnte in ganzen Massen edelste Speisen in sich versenken. Genau das hatte er an diesem Wochenende auch wieder vor, wozu „Mo" erläuterte: „Der hat sich 'n paar Kilo Sylter Muscheln bestellt, ferner Trüffel, weißen Kaviar vom Albino-Stör, und außerdem will er Kicker-Steaks haben." „Hä? Hab' ich noch nie gehört! Was ist das denn?", fragte Bertholdts Stellvertreter Gerbald. „Na, Steaks komplett mit essbarem Blattgold überzogen. So welche, wie mal dieser Promi-Fußballer aus München gefuttert hat. In Dubai. Angeblich für 1.200 Euro das Stück", erklärte Beuk. „Boah, heftig!", entfuhr es Gerbald. „Mo" erwiderte: „Wenn das für dich schon teuer ist, dann frag' mal lieber nicht, was der Kaviar vom Albino-Stör kostet."

Mike Bertholdt hörte still zu und ließ sich nicht anmerken, worüber er gerade nachgrübelte. Er wollte lediglich noch erfahren, wie Bettina von Draburg gedachte, ihr Wochenende in Matzwitz zuzubringen, die Bundesministerin für Soziales und Gesundheit. „Keine Ahnung. Wir mussten nichts Besonderes besorgen oder organisieren. Also scheint sie diesmal offenbar keine größeren Aktionen vor zu haben", sagte „Mo" Beuk. Oberstarzt Christian Burchard meldete sich zu Wort. „Kann ja sein", meinte der erfahrene Militär-Mediziner. Er erinnerte die anderen nochmals daran, wie brutal von Draburg vor wenigen Wochen ihren Sadismus in Matzwitz ausgelebt hatte – indem sie einen jungen Mann, einen Flüchtling, grausam auspeitschte. „Trotzdem find' ich, wir sollten sie im Auge behalten. Ist nur so 'n Gefühl, aber ich glaube, die bereitet irgendwas vor", sagte Burchard. Die Truppen-Psychologin Nadja Kohlitz pflichtete ihm bei: „Ja, seh' ich ähnlich. Sie ist schwer psychopathisch, und so schlimm, wie sich mir ihr Krankheitsbild darstellt, besteht wirklich die Gefahr, dass es zur Befriedigung ihres Sexualtriebs erneut zu extremer Gewaltanwendung kommen kann." Mike Berthold nahm es ernst zur Kenntnis. Wieder dachte er über die Frage nach, die ihn schon kürzlich beschäftigt hatte: Auf was hab' ich mich da bloß eingelassen?

Kapitel 33

Wer auf der Landstraße zwischen den beiden Kleinstädten Lütjenburg und Schönberg abbiegt, um nach Matzwitz zu fahren, der kann sie gar nicht übersehen: Auf der linken Seite liegt sie, kurz vor der letzten Kurve zur Ortseinfahrt – eine kegelförmige Erdkuppe. Der Mini-Berg inmitten eines Feldes, er mag vielleicht gerade so hoch sein wie ein Einfamilienhaus. An seinen Flanken allerdings ist er ungewöhnlich steil. Wohl einfach nur eine Laune der Natur, als sie dort vor Tausenden von Jahren, nach dem Ende der letzten Eiszeit, die hübsch-hügelige Landschaft formte – könnte man meinen. Großer Irrtum. In Wahrheit ist die Erhebung nichts anderes als die getarnte Abdeckung mächtiger Schichten aus Beton, Sand, Kies und extra gehärtetem Stahl. Eine Art gewaltiger Deckel, fast 90 Meter im Durchmesser und gut 25 Meter dick. Er schützt das tief darunterliegende Herzstück des Regierungs-Sonderkomplexes, untergebracht in einem Zusatzbunker innerhalb des Bunkers: die Operationszentrale.

Mike Bertholdt kannte die OPZ, wie Militärs sagen, selbstverständlich schon. Vor der Kommando-Übergabe hatte sie ihm sein Vorgänger, Herbert Fuchs, natürlich gezeigt, doch nur relativ kurz. Daher hatte sich Mike an diesem frühen Sonntagnachmittag etwas Zeit genommen für seinen zweiten Besuch. Wie beim ersten Mal war er auch jetzt wieder enorm beeindruckt. Von der imposanten Computer-Technik in der OPZ ebenso wie von deren Ausdehnung. Sie untergliederte sich in zwei Säle, jeder davon circa so groß wie eine Schul-Turnhalle. Die Fußböden fielen nach vorn hin von einem Podest zum nächsten Stück für Stück ab, genauso wie in einem Kino. Wo da jedoch eine Leinwand hängt, an der Stirnwand des Saales, befanden sich in der OPZ riesige Plasma-Schirme.

Hin und wieder wechselten darauf die Bilder, Videos, Karten und Ausschnitte mit ihren farbigen Linien, Punkten und Lichtern. Im Saal, auf jedem der Podeste, stand eine Reihe von Tischen mit PCs und Doppel-Monitoren. Davor saßen, mit Headsets auf dem Kopf und konzentriert arbeitend, handverlesene Spezialisten aus dem Kommando CIR der Bundeswehr, Kürzel für Cyber- und Informationsraum. Zwar Soldatinnen und Soldaten, aber eigentlich IT-Fachleute, hochqualifiziert und einzeln ausgesucht. Die alles in allem etwa 30 Frauen und Männer, die pro Saal gerade im Dienst waren, redeten auffallend wenig. Dafür hörte man fast ständig das Geklapper ihrer Computer-Tastaturen. Mike kam eine Assoziation aus grauer Vorzeit in den Sinn. Er fühlte sich, als wäre er im Raumfahrt-Kontrollzentrum der NASA, der amerikanischen Weltraumbehörde.

„Was kann die ganze Elektronik hier eigentlich", fragte er Sophie Kohlitz. Mike Bertholdt hatte ihr tags zuvor mitgeteilt, dass er sich die Operationszentrale mal genauer betrachten wollte. Deswegen war seine Teilbereichs-Managerin für Personal und Einsatz nun bei ihm. Ebenso wie Robert Gerbald, im Stab oberster Vertreter für Sicherheit sowie auch für Informations- und Kommunikationstechnik. Um sich nicht in Details zu verlieren, erkundigte sich Kohlitz bei Mike zunächst: „Soll ich Ihnen alle Einzelheiten nennen oder reichen Ihnen die wichtigsten Punkte?" „Nur das Wichtigste", erwiderte der General. Sophie legte los: „Rückgrat unseres Systems ist ein Großrechner mit einem Kapazitäts-Potential von 17,3 PetaFLOPS. Das ist mit einer der besten in ganz Deutschland. Damit Sie sich das vielleicht ein bisschen besser vorstellen können: Für solch eine Leistungsfähigkeit, wie sie unser Rechner hat, bräuchte man Tausende normaler Computer. Und dieses System nutzen wir, neben menschlichen Informationsquellen, zur kontinuierlichen Kontrolle sowie für Lage-Beurteilungen und zur Abwehr eventueller Gefahren. Übergeordnetes Ziel bei all dem ist es, jederzeit unseren Hauptauftrag zu erfüllen, also die strikte Geheimhaltung", erklärte Sophie. Das klang zwar alles imposant, aber zur Wahrheit gehörte hinzu, dass auch diese beeindruckende Anlage nicht reibungslos funktionierte. Ab und an, wenn auch selten, hängte sich der Rechner auf. Dann wieder ließ er sich alle Zeit der Welt, um Updates hochzuladen. Überdies verblüffte er bisweilen mit bis dato nie gekannten Fehler-Meldungen. Oder es dauerte gefühlt eine halbe Ewigkeit, bis ein Terminal hochfuhr. Alles in allem das ganz normale rätselhafte Eigenleben solcher Netzwerke, dass sie offenbar nur entwickeln, um so einige ihrer Nutzer zur Weißglut zu treiben. Dennoch hält sich durch völlig unrealistische Darstellungen in Büchern, Film und Fernsehen die wahrscheinlich unausrottbare Mär, derartige Großrechner würden ständig sowie ohne Probleme und blitzschnell arbeiten.

„Was wird mit dieser ganzen Technik in der Praxis gemacht? Wie muss ich mir das vorstellen?", wollte Mike jetzt wissen. Sophie fuhr fort mit ihren Ausführungen. „Nun, ein Kern-Element sind die Human-Body-Tracker, die ja allen implantiert wurden, also den Kabinetts-Mitgliedern genauso wie uns Mitarbeitern. Über Verbindungen mit unseren Drohnen und unabhängig von jedem Netz haben wir die Tracker-Signale rund um die Uhr auf den Schirmen hier im Saal 1. Wir wissen also immer, wo jemand ist. Das wird automatisch abgeglichen mit den Tagesplänen der betreffenden Person: Ist das richtig, dass die jetzt da oder dort ist? Wenn dabei irgendwas auffällt, räumliche oder zeitliche Abweichungen, dann zeigt das System uns das sofort an. Falls es dabei um die Kanzlerin oder die Ministerinnen und Minister geht, kontakten wir unverzüglich unsere Bodyguards, mindestens einer von denen ist ja immer in der Nähe, und klären das. Außerdem registrieren die Tracker bei jedem Träger, wie es um die wichtigsten Körperfunktionen steht. Sie verfügen zudem über eine Sensorik für emotionale Befindlichkeiten. Konkret heißt das, wir kriegen mit, ob jemand gerade Stress hat, sich freut, ängstlich oder traurig ist."

Sophie machte eine kleine Pause, weil sie sich räuspern musste, redete danach aber gleich weiter. „Ferner sind die Body-Tracker in der Lage, Schall-Schwingungen wahrzunehmen, sprich Geräusche und Töne. Allerdings funktioniert das nur begrenzt. Schon deshalb, weil sie ja unter der Haut sind. Dafür können die Tracker aber mithilfe eines speziellen Mini-Scanners erkennen, ob im näheren Umfeld der Person noch andere Elektronik da ist, und wenn ja, welche: ein Handy oder Smart-Phone, ein Tablet-PC, ein Notebook, ein Navi, ein stationärer Rechner oder ein sprachgesteuertes Assistenz-System. Egal, was: Wir können die dann von hier aus ansteuern, deren Mikrofone und Kameras aktivieren, sodass wir vor Ort quasi Augen und Ohren haben." Bertholdt war über all diese Informationen erstaunt und erschrocken zugleich. Erstaunt darüber, was alles so möglich ist, und erschrocken, weil er selbst ja auch einen Tracker in sich trug. Deshalb hakte er nach: „Wird das eigentlich ständig so gemacht?" „Nein", antwortete Sophie Kohlitz, „es ist zwar Standard, das Einklinken in derartige Geräte, aber aktiv abgehört wird bloß stichprobenartig. Es sei denn, es gibt einen Verdacht oder es fallen bestimmte Schlüsselwörter, auf die das System von allein achtet, wie zum Beispiel – lachen Sie nicht – Matzwitz oder Todendorf."

Bertholdt war ganz und gar nicht zum Lachen. „Big Brother is watching you", murmelte er. Und dabei hatte er noch gar nicht exakt erfahren, wofür der zweite Saal der Operationszentrale da war. Sie gingen nur ein paar Meter weiter über einen Verbindungs-Korridor und traten ein. Auf den ersten Blick unterschied sich dieser Saal nicht allzu sehr von dem anderen. Sehr wohl aber von der Aufgabe her, die dort erledigt wurde. Die bekam Bertholdt jetzt von Robert Gerbald erläutert. „Hier geht es um unseren Nah-Schutz. Alles, was in einem Radius von etwa 40 Kilometern um Matzwitz und Todendorf herum passiert, das wird hier Tag und Nacht überwacht. Das betrifft auch sämtliche Funkzellen. Wir wissen immer, wann und wo welches Handy eingeloggt ist. Das aber nur am Rande. Wir haben ferner Drohnen, aber auch Radar im Einsatz. Und vor allem etwa 6.500 Bewegungs-, Belastungs- und Geräuschmelder sowie Lichtschranken, Mikrofone und gleichfalls Tausende normaler und auch Infrarot-Kameras. Alles völlig unauffällig installiert. An Feldern, in Wäldern und an Stränden, entlang von Straßen sowie in Städten. Das sieht dann zum Beispiel so aus, als wären das Wetter-Cams, Fotofallen für Wildtiere, Blitzer-Säulen für Lkw-Maut und so weiter."

Mike staunte nicht schlecht. So viel Überwachungstechnik! Über solch ein Riesengebiet verteilt! „Aber wie sind die ganzen Geräte und Apparate mit der OPZ verbunden? Woher kriegen die überhaupt ihre Energie? Und wie läuft das mit den Drohnen und dem Radar?" Gerbald erklärte ihm alles: „Also, erstmal zum Radar. Das wird hier vor Ort von Todendorf aus betrieben und in diesem Saal 2 überwacht. Genauso ist das mit den Drohnen. Die steuern wir auch von hier aus. Wie Sie bestimmt gesehen haben, gab es ja bereits Medienberichte, in Zukunft den Flugplatz Hohn für Drohnen zu nutzen. Unsere sind alle schon da. Aber offiziell weiß das natürlich keiner. Sie starten und landen dort auch immer bloß nachts. In Hohn haben wir dafür eine Extra-Außenstelle, in der nur unsere eigenen Leute arbeiten." Bertholdt war zwar General, kannte aber als Offizier aus dem Heer den Luftwaffen-Standort Hohn nur flüchtig. Die Ortschaft liegt dicht bei Rendsburg, ziemlich in der Mitte Schleswig-Holsteins. Seit Jahrzehnten schon hat dort das LTG 63 seine Heimat-Basis, eines der insgesamt drei Luftwaffen-Transportgeschwader. Ebenfalls bereits seit Jahrzehnten fliegt es inzwischen hochbetagte Transall-Maschinen.

Gerbald machte weiter. „Sie fragten ja auch nach der Stromversorgung. Die ist redundant aufgebaut, damit es möglichst wenig Ausfälle gibt. Jeder Melder, jedes Mikro, jede Kamera hat einen eigenen Akku. Die werden vor Ort versteckt, entweder über gerade mal bierdeckelgroße Sonnen-Kollektoren aufgeladen oder aber durch kleine Wind-Rädchen, wie Kinder sie früher zum Spielen hatten. Geht das mal nicht, weil was kaputt ist oder schlechtes Wetter herrscht, dann schalten die Geräte automatisch um auf ihre zweite Energiequelle, das sind starke Batterien. Tja, und verbunden hier mit der Operationszentrale sind die ganz einfach über Kabel." Bertholdt konnte das kaum glauben. „Über Kabel? Sind hier in der ganzen Gegend allen Ernstes Aberhunderte von Kilometern an Kabeln verlegt worden?" „Ja", antwortete Gerbald. „Funkstrecken lassen sich zwar verschlüsseln, wie Sie wissen. Aber trotzdem werden darüber nun mal Signale gesendet. Die kann man erfassen, und das wär' bei der Menge sofort aufgefallen. Deshalb Kabel." Mike Bertholdt reichte das noch nicht an Informationen. „Wer hat die eigentlich alle mal verlegt? Normale Firmen werden's ja wohl kaum gewesen sein, oder?" „Nö, waren's auch nicht", sagte Gerbald. „Pioniere haben das damals gemacht, die aus Plön." Mike erinnerte sich an seinen Besuch der Kreisstadt neulich während seiner Erkundungstour. Dabei war er auf der B 76 an der Unteroffiziersschule der Marine vorbeigefahren. Sie liegt traumhaft schön direkt am Rande des Plöner Sees. Ganz in der Nähe, nur rund einen Kilometer entfernt, gab es bis 1996 aber auch noch die Fünf-Seen-Kaserne. Und in der war ein Pionier-Bataillon untergebracht. „Sie sagten gerade, damals hätten die das gemacht. Wann denn?", hakte Mike nach. „Na, soviel ich weiß, lief das seinerzeit parallel zu den Bauarbeiten hier in Matzwitz", erklärte Gerbald. „Etwa so von Ende '77 bis März '79 wurden die Gräben gebuddelt, Rohre reingelegt und die Kabel eingezogen. Das dauerte nun mal. Aber Sie müssen ja auch bedenken, was das für ungeheure Mengen gewesen sind. Jedenfalls war pünktlich zur Inbetriebnahme hier das Grundnetz fertig. Natürlich noch nicht so groß und modern wie jetzt. Aber da gab es ja auch noch nicht so wunderbar kleine und leistungsstarke Elektronik wie heute. Deshalb sind auch die Kupferkabel, die die Pioniere damals in die Rohre gelegt hatten, alle längst ersetzt durch Glasfaserkabel. Über die kommen heutzutage viel mehr Daten hier in die OPZ als damals." Bertholdt wollte noch etwas wissen: „Die Pioniere werden ja sicher gefragt haben, wofür das alles sein soll. Was hat man denen gesagt?". Der erst 30-jährige Gerbald musste sich abermals auf das beziehen, was ihm andere erzählt hatten. „Also, angeblich war's so, dass man ihnen das damals als eine Art getarntes Warn-System verkauft hat. Für den Fall, dass der Warschauer Pakt angreift und in Richtung Nord-Ostsee-Kanal vorstoßen will."

Das mag aus heutiger Sicht klingen wie an den Haaren herbeigezogen. Mike Bertholdt hielt es dennoch für plausibel. Weil zu Zeiten der Ost-West-Konfrontation diverse Dinge existierten, die im Nachhinein recht seltsam anmuten. So verfügten in der alten Bundesrepublik unter anderem viele Eisenbahn- und Straßenbrücken über vorbereitete Sprengschächte. Die waren zwar nicht befüllt, aber es wäre schnell möglich gewesen. Hätte der Osten angegriffen, wären die Brücken in die Luft gejagt worden, um somit den Vormarsch der Warschauer-Pakt-Truppen wenigstens zu verzögern. Ferner gab es für den Kriegsfall bundesweit circa 20 Notflughäfen für Transportmaschinen und Kampfjets auf bestimmten Autobahn-Abschnitten. In Schleswig-Holstein zwei, beide auf der A 7, im Großraum der Stadt Schleswig, zwischen Tarp und Owschlag. Dort waren die Mittelstreifen der Autobahnen nicht mit Gras oder Büschen bewachsen, sondern durchgängig betoniert zu den Fahrbahnen. Die Leitplanken konnten zudem leicht demontiert werden. Auch Park- und Stellflächen für die Flugzeuge hatte man eingeplant. So auf dem Rastplatz Brekendorfer Moor. Der, so heißt es, habe sogar unterirdische Tanks gehabt.

Mike Bertholdts Stellvertreter, sein S 2- und S 6-Leiter Robert Gerbald, hatte noch mehr parat. Nun setzte er seinen Chef darüber ins Bild, dass auch mit einem Netz von Spitzeln gearbeitet wurde – was er so freilich nicht sagte: „Für den Nahschutz des Sonderkomplexes haben wir auch menschliche Quellen. Das sind so knapp 350 ehemalige und aktive Mitarbeiter von uns, die in dem genannten 40-Kilometer-Radius wohnen. Sie leben da in den Dörfern nach wie vor unter ihren jeweiligen Tarn-Legenden. Und die halten ihre Augen und Ohren offen und informieren uns, sobald ihnen irgendwas Ungewöhnliches auffällt." Bertholdt fiel ein, dass es so ein ähnliches Netz schon mal gegeben hatte an der Ostseeküste. Bloß noch größer und östlich von Schleswig-Holstein, im heutigen Nachbar-Bundesland Mecklenburg-Vorpommern. Vor vielen Jahren hatte Mike darüber ein Buch gelesen. „Über die Ostsee in die Freiheit", hieß es.

Kapitel 34

Rund um West-Berlin gab es bekanntlich die Mauer und gen Westen den sogenannten antifaschistischen Schutzwall, die schwer gesicherte und lebensgefährliche Landgrenze der DDR. Fast 1.400 Kilometer lang, von Lübeck-Travemünde bis tief hinunter nach Bayern reichend. An der Ostseeküste der selbsternannten Deutschen Demokratischen Republik hingegen fehlten Mauern, Stacheldraht, Selbstschuss-Anlagen und Minen. Dieses vermeintlich geringere Risiko verleitete während der vier Jahrzehnte der DDR zahlreiche Menschen dazu, den ersten Arbeiter- und Bauernstaat auf deutschem Boden über das Meer zu verlassen. Dem Buch-Autor zufolge haben es mehr als 5.000 probiert, doch nur relativ wenige geschafft. Ein paar Hundert gelang es, über die Ostsee nach Schleswig-Holstein oder Dänemark zu entkommen. Über 170 allerdings sollen ihre Sehnsucht nach der Freiheit mit dem Leben bezahlt haben. Männer, Frauen und Kinder; ihre genaue Zahl kennt keiner.

Was man jedoch seit der Wende weiß: Auch der Meeresrand der DDR war sehr umfangreich überwacht worden. Und zwar von der Grenzbrigade Küste, kurz GBK. Sie war ein militärischer Verband der Grenztruppen, circa 2.500 Mann stark, unterstand operativ der Volksmarine, führte dennoch eine eigene Dienstflagge und hatte ihr Stabs-Quartier in Rostock. Die Aufgaben der GBK lauteten: Sicherung der knapp 400 Kilometer langen Seegrenze der DDR sowie Kontrolle der Sport- und der Berufsschifffahrt. Insbesondere aber hatte sie Fluchten zu verhindern. Dafür standen der GBK auf See erschiedene Boote und Schiffe zur Verfügung. An Land gab es unter anderem Küstenbeobachtungs-Stationen, Kontrolle per Radar, Funknetze, Doppel-Patrouillen, sehr leuchtstarke

Such-Scheinwerfer und nicht zuletzt auch solche charakteristischen grauen Grenztürme, wie man sie von der innerdeutschen Demarkationslinie her kannte.

Und es gab noch etwas: ein von der Stasi unabhängiges eigenes Spitzel-System. Es bestand aus Menschen aus der ganz normalen Bevölkerung, aus den Städten und Dörfern entlang der DDR-Ostseeküste. Als sogenannte freiwillige Helfer achteten sie auf fremde oder verdächtige Personen in Küstennähe und meldeten sie der Grenzbrigade. Daher endeten diverse Fluchten durch solche Denunzianten oftmals schon, bevor sie überhaupt richtig begonnen hatten. Und so manche, die auf diese Art und Weise erwischt wurden, mussten bitter bezahlen für ihren Freiheitsdrang. Meist mit Haftstrafen wegen versuchter Republikflucht beziehungsweise wegen Vorbereitung zur Republikflucht.

Kapitel 35

Als er an all dies dachte, war Mike Berthold mulmig zumute. So viele Tote, so viel Ungerechtigkeit, so viel zerplatzte Lebensträume. Deutsch-deutsche Geschichte. Jahrzehnte zurückliegend. „Ob der Gerbald jemals was davon gehört hat?", überlegte er für sich im Stillen. „Der kommt ja aus'm Osten, aus Erfurt. Aber nee, der ist viel zu jung", sagte er sich und konzentrierte seine Aufmerksamkeit wieder auf das, was Robert Gerbald gerade vortrug. „Diese Beobachtungen und Hinweise, die wir also von unseren einstigen und aktuellen Beschäftigten kriegen, die sind neben der Technik die zweite Komponente des Nah-Schutzes für unseren Sonderkomplex. Und alle Informationen hier aus dem Saal 2, die gehen ebenso wie die aus Saal 1 zu den Auswertern. Da wird damit dann das Gesamt-Lagebild fortlaufend auf den neuesten Stand gebracht, und gegebenenfalls werden da auch Handlungs-Optionen erarbeitet", schloss Gerbald seinen Vortrag. Bertholdt stellte noch einige Nachfragen, dann bedankte er sich bei ihm und Kohlitz. Anschließend begab er sich wieder nach oben, ans Tageslicht.

Weil's nicht weit war, spazierte er kurz bei sich Zuhause vorbei. Mike holte „Heini" aus dem Zwinger. Und mit seinem prächtigen Hund an der Seite verbrachte er den Rest des Sonntags damit, Dienstaufsicht zu betreiben. In Todendorf, auf dem Übertage-Areal des Sonderkomplexes. In dem eingezäunten Gelände konnte „Heini" frei laufen. Wollte er aber nicht. Dem Tier war's offenbar zu warm. Kein Wunder, bei dem hochsommerlichen Wetter. Und das, obwohl es erst Juni war. Mike ging mit seinem Hund hinab zum langen Strand, wo fast immer ein erfrischendes Lüftchen wehte. Dieselbe Idee hatte vor ihm auch schon etwa ein Dutzend absolut durchtrainierter junger Männer. Alle zum KSM gehörend, dem

Kommando Spezialkräfte der Marine. Deutsche „Navy Seals". Top-Kämpfer. Heimat-Standort: Eckernförde. Eigentlich. Doch in Stärke eines Zuges, circa 35 Mann, dienten sie eben auch im Kreis Plön, in Matzwitz/Todendorf. Als besondere QRF, als „Quick Reaction Force" oder auch „Schnelle Eingreiftruppe". Jederzeit innerhalb von nur 20 Minuten einsatzbereit. Falls das mal nötig sein sollte zum Schutz der streng geheimen Anlage. Und wenn, dann selbstverständlich in Form einer „Black Op", wie man das im Militär-Jargon nennt. Heißt: „Schwarze Operation". Stets verdeckt und in der Regel riskant. Nirgendwo wird darüber etwas vermerkt. Keiner erfährt davon. Sollte es doch mal sein, dann sagen alle offizielle Stellen entweder gar nichts dazu oder sie dementieren die Sache.

Die Männer am Strand allerdings befanden sich gerade in einer Freischicht. Sie genossen die Sonne, spielten Beach-Volleyball, tranken Bier – erlaubt waren zwei Büchsen pro Kopf – und hörten Metal-Rock. Aus einer tragbaren Sound-Box, die sie mitgebracht hatten, knallte „Metallica" mit „Whiskey in the Jar", einer durchaus gelungenen Cover-Version des einstigen Thin-Lizzy-Hits. Natürlich bemerkten sie den General. Trotz seines zivilen Outfits wussten sie, wer er war. Sie hatten die Kommando-Übergabe und den Kommandeurs-Wechsel ja miterlebt. Die Soldaten unterbrachen ihr Spiel, stellten die Musik aus und grüßten. Mike stapfte durch den Sand kurz zu ihnen, lächelte, stellte sich überflüssigerweise als neuer Kommandeur vor und machte bei den Männern gleich Punkte. Ganz einfach, indem er sagte: „Auf gute Kameradschaft. Die Biere hier heute gehen auf mich. Sagen Sie denen das in der Kantine. Schönen Sonntag noch!" Mike pfiff nach „Heini" und kehrte um in Richtung der Unterkünfte. Weit hinten am Strand sah er noch Bettina von Draburg. Die Bundesgesundheits- und -sozialministerin nahm ein Sonnenbad. Oben ohne. Etwas abseits von ihr stand Niklas Köhler, ihr Personenschützer. Sie schien ihm die ganze Zeit über etwas zu sagen und räkelte sich dabei im Sand. Mike hörte nichts, war viel zu entfernt. Er gab auch nichts drauf. Eine Ministerin und ihr Bodyguard. Und? Völlig normal. Die KSM-Soldaten beachteten die Szene ebenfalls nicht. Sie waren längst schon wieder in ihr Beach-Volleyballspiel vertieft. Keiner bemerkte daher, dass wenige Minuten später etwas Ungewöhnliches geschah: Niklas Köhler cremte der Ministerin langsam knetend erst den Rücken ein, dann die nackte Brust. Und niemand hatte auch mitbekommen, dass sie ihn schon wieder heiß gemacht hatte.

Kapitel 36

Vor allem die kleineren Kinder waren völlig aus dem Häuschen. „Mama, Mama, guck' mal", rief ein Junge ganz begeistert. Bloß ein paar Schritte von ihm entfernt staunte ein Mädchen: „Die sind aber groß!". Das beeindruckte die vielleicht Vierjährige so sehr, dass sie einen Moment lang vergaß, weiter an ihrem Eis zu lecken. Gebannt schaute sie hinüber zu den grauen Riesen. Die kannte sie bisher nur aus ihrem Bilderbuch. Gerade fuhr einer von ihnen sogar seinen Rüssel aus, streckte ihn über den Absperrgraben hinweg zu den Besuchern. Eine besorgte Mutter reagierte sofort: „Paul, pass auf! Geh' da nicht so dicht ran!" Sogleich eilte die Frau zu ihrem Sprössling und zog ihn beiseite. Paul gefiel das gar nicht. Er fing an zu weinen. Die Lücke hinter ihm schloss sich sofort. Denn dicht an dicht drängelten sich vor dem Elefanten-Freigehege Männer, Frauen und Kinder. Eine regelrechte Menschentraube, umhüllt von fröhlichem Lärm. Hier lautes Lachen, da freudiges Gejauchze, dort gekünsteltes Grinsen in Handy-Kameras für Selfies und Videos. Doreen Huthmerlett, Rechercheurin beim MAGAZIN, der bundesweit führenden Info-Zeitschrift, mochte so viel Gewusel nicht. „Komm', wir gehen weiter", sagte sie zu ihrem Freund. „Okay, und wohin?", fragte er. Doreen blickte auf einen Übersichtsplan. Sie hatte ihn kurz zuvor zusammen mit den Eintrittskarten an der Kasse des traditionsreichen Tierparks gekauft. „Zu den Orang-Utans, gleich dahinten um die Ecke", antwortete sie.

Nicht nur über Matzwitz schien an jenem Sonntag strahlend die Sonne, auch in Hamburg herrschte prächtiges Wetter. Die Cafés, Restaurants, Strände und Spazierwege an der Elbe quollen fast über vor Ausflüglern. Doreen Huthmerlett und ihr Freund hatten ursprünglich auch vorgehabt, an die Elbe zu fahren. Ihr Lieblingsplatz war der Anleger „Teufelsbrück". Ein Ponton, eine schwimmende Stahl-Plattform, ungefähr so lang und breit wie ein Binnenkahn. Dieser Anleger war schräg gegenüber von Finkenwerder, wo Airbus in einem riesigen Werk Flugzeuge baute. Auf dem mächtigen Ponton gab es ein kleines Lokal. Eigentlich nur eine bessere Imbiss-Bude. Und auch bloß mit einfachen Stühlen, Tischen und Holzbänken. Aber es war ein Ort von besonderem Flair. Denn man war auf und direkt am Wasser mit seinem ganz eigenen Geruch. Fast immer wehte ein angenehm sanfter Wind, manchmal auch mit leichten Brisen, und dazu ein Hauch von weiter Welt. Jedenfalls mutete es so an, wenn der Blick weithin über Deutschlands größten Überseehafen wanderte, Versetz-Boote einen Lotsen an- oder ablieferten und Container-Schiffe, größer noch als Wohnblöcke, träge auf dem Strom vorüberzogen. In langsamer Fahrt und fast zum Greifen nahe. Noch dazu jaulten über diese Szenerie manchmal seltsam buckelige Jets in geringer Höhe hinweg. Spezielle Transport-Maschinen mit Zulieferteilen für Airbus, im Landeanflug auf den werkseigenen Flughafen gleich auf der anderen Flussseite.

Zudem vermischte sich in „Teufelsbrück" das Leben im Viertelstunden-Takt. Denn alle 15 Minuten legten Hafenfähren an- oder ab. Dabei wühlten sie tosend das graue Elbwasser auf. Das ließ den Anleger meist leicht schaukeln. Unter den Fahrgästen, die an oder von Bord gingen, waren Männer und Frauen, Junge und Alte, Touristen und Einheimische, Akademiker und Arbeiter, Deutsche und Ausländer. Kurzum: Ein stets buntes und interessantes Treiben an exponierter Stelle mit viel Futter für Augen und Ohren. Deswegen saßen Doreen und ihr Freund gern dort, mitunter stundenlang. Gemütlich tranken sie dann meist ein, zwei Pötte Kaffee. Derweil verfolgten sie, was vor sich ging, und redeten bisweilen mit wildfremden Menschen über Gott und die Welt. Das hatte das Pärchen eigentlich auch an diesem Sonntag tun wollen: Bis Doreens Freund auf eine noch bessere Idee kam: ein Besuch bei Hagenbeck. Von Wandsbek aus, das Stadtviertel, in dem sie wohnten, hatten sie sich per U-Bahn auf den Weg gemacht. Mit der U1 ging es ab der Station „Alter Teichweg" erst bis zum Hauptbahnhof, dort stiegen sie um in die U2, die sie nach Stellingen zur Station „Tierpark Hagenbeck" brachte. Während der Fahrt dachte Doreen wieder mal über den kniffeligen Auftrag nach, mit dem es bisher einfach nicht so recht voranging: die umfangreiche Recherche über die Verschuldung des Bundes. Darüber wollte das MAGAZIN eine mehrseitige Geschichte bringen. Sie und ihre zwei Kollegen sollten dazu möglichst neue Informationen herausfinden und den Redakteuren, die die Story dann schreiben mussten, zuliefern. Bloß – sie hatten noch keine.

Weil es am Elefanten-Freigehege so voller Besucher war, hatte sie mit ihm zu den Orang-Utans gehen wollen. Da sah's aber auch nicht besser aus. Großes Gedränge und Geschiebe. Halb Hamburg schien sich im Tierpark zu tummeln. Deshalb waren sie über eine kleine Brücke hinweg weiterspaziert zu den Riesen-Schildkröten. Ihren Freund, an der Uni der Hansestadt Paläontologe, also Saurierforscher, interessierten die aber nicht sehr. Sein Blick richtete sich quasi berufsbedingt auf etwas ganz anderes: auf lebensgroße Tierfiguren aus lang zurückliegender Vorzeit. Der erfahrene Experte erkannte sofort einen Apatosaurus. Über 20 Meter lang und etwa 30 Tonnen schwer soll er einst gewesen sein, ein friedlicher Pflanzenfresser. Nicht so der Deinosuchus, der mit seinem furchterregenden Maul aus einem Teich herausschaute, ein gefährliches Urzeit-Krokodil. Auch der Triceratops mit seinen drei Hörnern und dem mächtigen Nackenschild sah nicht gerade harmlos aus. Doreens Freund hatte dazu als Wissenschaftler freilich einen anderen Blickwinkel: „Ist das nicht faszinierend", meinte er, „dass es weit vor uns solche riesigen Tiere gab. Früher mal da und heute weg. Und wenn wir was von ihnen finden, dann meistens nur per Zufall." Doreen blieb wie angewurzelt stehen. „Was hast du gerade gesagt?" „Na, dass wir Überreste von Sauriern oft bloß zufällig entdecken", wiederholte ihr Freund. „Nein, das davor meinte ich", präzisierte sie. „Ach so, früher mal da und heute weg". Doreen war wie elektrisiert. Sie glaubte für ihre Recherche jetzt die Lösung zu haben.

Kapitel 37

Viertel nach sechs piepte ihr Wecker. So wie immer, wenn sie zur Arbeit musste. Doreen war sofort hellwach, erholt und gut gelaunt. Worüber sie sich etwas wunderte. Keine Unruhe und schlafraubenden Gedanken wie in den vergangenen Nächten. Lag's an dem Tierpark-Besuch gestern? Sie grübelte nicht lange darüber nach, sondern stand auf und machte sich fertig für den Start in die neue Woche. Ab ins Bad, danach Mini-Frühstück, Küsschen für ihren Freund und los ging's. Zehn vor acht traf sie im MAGAZIN-Hochhaus in der Hafen-City ein. Kurz nach ihr kamen fast zeitgleich auch ihre junge Kollegin Jenny und Ben, der Praktikant, ins Büro. Doreen setzte sich mit ihnen zusammen und eröffnete die kleine Konferenzrunde.

„Ihr wisst ja, in knapp zwei Wochen, übernächsten Sonntag, sind in Bayern Landtagswahlen. Wir sollen der Online-Redaktion dazu noch Material aufbereiten. Aber nach dem Recherche-Auftrag, den die uns geschickt haben, ist das nicht allzu viel Arbeit. Nur die muss eben auch gemacht werden. Was ich damit sagen will: Wir müssen jetzt noch mehr auf die Zeit achten, sonst schaffen wir die Recherche über die Bundes-Schulden nicht." Jenny, ihre junge Kollegin, stutzte. „Wieso? Wir sind doch gut auf Kurs. Was wir da zusammen haben, das reicht doch allemal, damit die 'ne längere Geschichte schreiben können." Sie meinte damit das Redaktionsressort Deutschland 1 und das Hauptstadtbüro des MAGAZINS. Von denen stammte der Recherche-Auftrag. „Ja schon, für 'ne Story über die Historie der Schulden haben wir tatsächlich genug Infos. Aber darüber ist ja in den letzten Jahren schon immer wieder mal was im Heft gewesen. Deswegen haben die ja auch extra betont, wir sollen nach was Neuem suchen. Und ich denke, da sind wir bisher vielleicht falsch vorgegangen." Ben, der Praktikant, Publizistik-Student im zweiten Semester, verzog fragend sein Gesicht: „Versteh' ich nicht. Wie meinst du das?" Doreen überlegte kurz, ob sie ihm und Jenny schildern sollte, welcher Geistesblitz ihr bei Hagenbeck gekommen war. Und unter welchen Umständen. Nee, muss nicht sein, befand sie. Käme womöglich bisschen bekloppt rüber. Huthmerlett entschied sich dafür, anders auf den Punkt zu kommen.

Sie schaute beide an, wollte von ihnen erfahren: „Wonach haben wir bislang geguckt?" Ben antwortete prompt: „Na, nach Zahlen, Summen, Ziffern und Beträgen, und ob dabei irgendwelche Muster erkennbar sind." Jenny nickte zustimmend. „Eben, lag bei Geld ja auch auf der Hand, so an die Sache ranzugehen", sagte Doreen. „Aber auf die Bezeichnungen der Etat-Titel und all der Ausgabenposten, darauf haben wir nicht geachtet. Und somit auch nicht darauf, ob da in den Haushalten irgendwann mal was gestanden hat, das später nicht wieder auftauchte. Also irgendwas, was es früher mal gab und das heute weg ist. Ich glaube, danach zu schauen, nach solchen Bezeichnungen, das könnte ergiebiger sein, als sich weiter bloß allein auf Zahlen zu konzentrieren. Deswegen arbeiten wir ab morgen anders", erklärte Doreen. An Jenny gerichtet fuhr sie fort: „Kümmer' du dich bitte erstmal um den Auftrag von den Onlinern. Den müsstest du bis morgen schaffen. Wie ich vorhin schon gesagt hab', ist das nicht so viel, was die von uns zur Bayern-Wahl haben wollen. Zur WGG haben die was angefordert und zum Roeder."

Julius Roeder. Ministerpräsident in Bayern. Außerdem Vorsitzender der BVP, der Bayerischen Volkspartei. Dort intern auch „Cäsar" genannt; weil er eben Julius hieß, so wie einst der berühmte römische Herrscher. Diesen Spitznamen hatte Roeder schon, als er noch Jugendlicher war. Damals bereits interessierte ihn Politik. Und zwar sehr. Die BVP jedoch gab es da noch nicht. Dafür die CSU. In Bayern sehr lange Zeit alleinige Herrscherin. Ohne Koalitionspartner, stets mit eigener Mehrheit. Rund 46 Jahre lang. Von 1962 bis 2008. Sogar seit 1957 schon stellte sie fortlaufend die Ministerpräsidenten. Der legendärste unter ihnen: Franz Josef Strauß. Ehemals Roeders Idol. Als andere Teenager ihre Zimmer mit großen Postern von Filmstars, Sängern, Bands oder Fußballer schmückten, da hatte Roeder bei sich Strauß an der Wand hängen. Sein politischer Aufstieg begann zwar noch in der CSU, aber nach äußerst brutalen Flügelkämpfen verließ er sie, wechselte zur BVP und machte dort weiter Karriere. Bis hinauf nach ganz oben. Ein Allein-Herrscher allerdings wie sein ehemaliges Vorbild war Roeder nicht. Seine Bayerische Volkspartei brauchte zum Regieren einen Koalitionspartner: die WGG, die Wählergruppen-Gemeinschaft. Ein Zusammenschluss verschiedener Verbände, Organisationen und Strömungen. Anfangs sind die lediglich auf kommunalpolitischer Ebene aktiv gewesen. Sie erzielten jedoch schnell große Erfolge. Daraufhin bündelten sie ihre Kräfte in Form einer landesweiten Partei. Die stand inzwischen stark rechts und bildete im Macht-Bündnis mit der BVP quasi das Abwehr-Bollwerk zum BDP, zum radikal-nationalistischen, teils auch extremistischen Bund Deutscher Patrioten. Die Grenzen dabei verwischten sich jedoch mehr und mehr. Im Hinblick auf die bevorstehende Landtagswahl in Bayern lautete daher denn auch eine der spannendsten Fragen, was würde sich dort am rechten Rand tun?

Jenny begann an jenem Montag sofort damit, Informationen zur WGG und zu Roeder für die MAGAZIN-Online-Redaktion zu sammeln. Derweil machten sich Doreen und Ben daran, erst einmal die Systematik für ihre knifflige und umfangreiche Recherche über die Schulden des Bundes umzuändern. Bei ihren weiteren Nachforschungen sollte es nun nicht mehr ausschließlich um Zahlen gehen, sondern um sich wiederholende Begriffe und Bezeichnungen von Ausgabenposten. Die mussten ihre Rechner aber erstmal erkennen können. Also hieß es, die Suchraster- und -masken entsprechend neu zu konfigurieren. Und das für sämtliche Datensätze aller Bundeshaushalte, die bislang nachträglich digitalisiert vorlagen. Das betraf rückreichend die Etats bis gegen Ende der 60er-Jahre. Alle aus der Zeit davor existierten immer noch lediglich als riesige Papier-Konvolute, verpackt in Kartons mit Aktenordnern aus dem MAGAZIN-Archiv. Im Gemeinschafts-Büro von Doreen, Jenny und Ben stapelten sich deswegen nach wie vor überall kleine Türme. Doch manchmal braucht es während einer Recherche auch einfach etwas Glück. Das sollten sie haben.

Kapitel 38

Berlin-Mitte, Ecke Scharnhorststraße/Invalidenstraße: Ein mehrstöckiger barock anmutender Verwaltungs-Klotz steht da. Einstmals errichtet als Kaiser-Wilhelm-Akademie für angehende Militärärzte. Heutzutage der Hauptsitz des Bundesministeriums für Wirtschaft. Mit Matthias Bäuer als Hausherr und Ressortchef. Der Regensburger lebte unter der Woche in Berlin, in einer edlen Loft-Wohnung. Und seine Personenschützer waren gleich nebenan untergebracht. Teuer, das Ganze. Aber größtenteils ja zu Lasten der Staatskasse. Längst selbstverständlich für den Politiker der Bayerischen Volkspartei. In seinem Ministerium saß er gerade am Schreibtisch. Ein grünes Lämpchen blinkte. Rechts von ihm. Die Gegen-Sprechanlage. Das Vorzimmer. Matthias Bäuer drückte auf eine Taste: „Ja, bitte!" Über Lautsprecher ertönte eine seiner Sekretärinnen: „Herr Minister, der Herr Staatssekretär Dr. Meierhoff ist da." „Schicken Sie ihn bitte herein, Frau Ermler", antworte der Bundesminister für Wirtschaft. Meierhoff trat ein. „Kleinen Augenblick noch. Ich komm' gleich zu Ihnen", sagte Bäuer, der weiter an seinem Schreibtisch saß, leicht hektisch in Akten blätterte und sich Notizen machte. Als engem Mitarbeiter fiel Meierhoff wieder gleich auf, wie seltsam fahrig Bäuer wirkte. So unkonzentriert und aufgedreht. Das hatte der Staatssekretär schon öfter bemerkt in den letzten Wochen. Auch dass sein Minister nicht mehr ganz so genau auf sein akkurates Äußeres achtete. Früher waren zum Beispiel Bäuers Schuhe immer blitzblank. Wie neu aus dem Laden. Inzwischen haftete schon mal Dreck dran. Oder seine Oberhemden. Vor noch gar nicht allzu langer Zeit stets picobello gebügelt. Mittlerweile hin und wieder knitterig. Matthias Bäuer lief wohlgemerkt keineswegs so rum wie ein Penner. Doch wer ihn näher kannte, dem blieben diese Veränderungen nicht verborgen. Besonders befremdlich aber fand Meierhoff etwas anderes. Nämlich, dass seinem Chef neuerdings öfter mal Worte nicht gleich einfielen, ja dass er ab und an sogar kleine Erinnerungslücken hatte. Natürlich dachte der Staatssekretär über die Gründe für all das nach. Ohne dass er von ihnen wusste, kam er zur selben Einschätzung wie in Matzwitz/Todendorf die ständigen Beobachter des Body-Trackers von Bäuer: Der Mann hat einfach zu wenig Schlaf und sehr viel Stress.

Ein Trugschluss! Denn die wahre Ursache waren erste kleinere Hirnschäden. Folge des hochbrisanten Koks-Meth-Gemischs, das er unwissentlich von den „Rattlesnakes" kaufte. Schon seit einer ganzen Weile zog er sich das Zeug regelmäßig rein. Aber das ahnte ja keiner. Daher erschien die andere Erklärungs-Variante für Bäuers Wandel durchaus plausibel. Zumal er wirklich jede Menge um die Ohren hatte. Da war der zehrende Job als Bundesminister, dem er nicht wirklich gewachsen war. Daraus wiederum resultierte sein schlechter Stand im Kabinett, ebenso bei der Kanzlerin. Parallel dazu sank sein bereits stark ramponiertes Ansehen in den Medien sowie in der Öffentlichkeit noch tiefer. Zudem musste er sich wenigstens ab und an um seinen Posten als BVP-Bezirksverbands-Vorsitzender der Oberpfalz kümmern. Hinzu kamen die Auftritte im laufenden Landtags-Wahlkampf in Bayern. Die zwangen ihn dazu, noch öfter als ohnehin schon zwischen Berlin und der bayerischen Provinz hin und her zu pendeln. Außerdem musste er sich zwischendurch immer häufiger etwas einfallen lassen, um Zeit klauen, damit er weiter seine Drogen-Sucht stillen konnte. Und zu all diesem obendrauf kam neuerdings auch noch der Ärger mit einem Sonder-Ausschuss des Bundestages. Genau darum sollte sich das Gespräch mit seinem Staatssekretär drehen.

Bäuer stand vom Schreibtisch auf, rückte dabei seine Brille zurecht, kam auf Meierhoff zu, reichte ihm die Hand und setzte kurz sein Plastik-Lächeln auf: „Schön, dass Sie kommen konnten. Nehmen Sie doch bitte Platz, Herr Dr. Meierhoff", sagte er, mit ausgestrecktem Arm auf eine lederne Sitzgruppe weisend. Es folgte das übliche Vorgeplänkel. „Darf ich Ihnen was anbieten, Kaffee, Saft oder Wasser?" Der Staatssekretär entschied sich für ein Fläschchen stilles Mineralwasser. Bäuer kam derweil zum Thema: „Nun, wie sieht's aus? Sie sind ja alle Unterlagen noch mal intensiv durchgegangen. Was sagen wir denen also in der nächsten Ausschuss-Sitzung? Wie kriegen wir da den Kopf aus der Schlinge?" Meierhoff wand sich etwas, bevor er antwortete. „Um ehrlich zu sein, Herr Minister: Das wird sehr schwierig." Anschließend legte er ihm gut eine halbe Stunde lang dar, warum sich die Sache so problematisch gestaltete.

Die Sache, das waren bereits abgeschlossene Vereinbarungen mit der Groß-Industrie. Und zwar zum Bau neuer staatlicher Infrastruktur-Systeme. Die Verträge darüber waren jedoch seitens der Regierung miserabel ausgehandelt worden. Gut möglich, dass die Steuerzahler für den Murks nachträglich noch mit gewaltigen Millionen-Beträgen belastet würden, wenn nicht gar mit über einer Milliarde. Dieses Desaster ging eindeutig auf das Konto des Wirtschaftsministeriums. Die Opposition hatte davon Wind bekommen, deshalb der Ausschuss. Und in dem stand Bäuer mächtig unter Druck, vor allem durch Gremiums-Vertreter des national-radikalen BDP, des Bundes Deutscher Patrioten. Deswegen hatte er seinen Staatssekretär damit beauftragt, nach einem Ausweg zu suchen. Bäuer spielte nervös mit seiner Brille, während Meierhoff redete. Beinahe hätte er das Gestell zerbrochen, als der Staatssekretär abschließend erklärte: „Nach meiner Einschätzung hilft hier bloß noch die Wahrheit. Sonst wird's nur noch schlimmer. Die Fehler müssen offen eingestanden werden. Das heißt, als Minister müssten Sie dafür auch die politische Verantwortung übernehmen." Matthias Bäuers Miene zuckte kurz. Er wollte aus der Haut fahren. Starr schaute er Meierhoff ins Gesicht. Bestimmt eine Minute lang. Keiner wich dem Blick des anderen aus. Beide schwiegen. Angespannte Stille. Ein Duell ohne Worte. In Bäuer brodelte es dabei immer stärker. „Was erlaubst du dir? Du willst doch nur auf meinen Stuhl? Politische Verantwortung übernehmen? Von wegen! So was gab's vielleicht früher mal! Kommt überhaupt nicht in Frage! " All das dachte Bäuer, sagte es aber nicht. Weil er seine Wut mit viel Mühe noch gerade so zügeln konnte. Das sah man ihm auch an. Gequält höflich, und nur der Form halber, verabschiedete er denn auch seinen Staatssekretär. Der erste Tiefschlag für Bäuer. Der zweite sollte gleich folgen an jenem Dienstagnachmittag.

Meierhoff war gerade gegangen, die Tür zu Bäuers weitläufigem Büro stand offen. Aus dem Vorzimmer kam eine seiner Sekretärinnen herein. „Ihre Post ist da, Herr Minister. Wo soll ich sie Ihnen hinlegen?", fragte sie. Bäuer zeigte auf eine Ablage links von seinem Schreibtisch. Es handelte sich nicht etwa um dienstliche Briefe, sondern um seine private Post. Die erhielt er immer erst nachmittags. Es war nämlich jene, die vormittags bei ihm Zuhause in Regensburg angelangt war. Und der Transport nach Berlin dauerte nun mal einige Stunden. Bevor dort die Umschläge auf seinem Tisch landeten, mussten sie außerdem auch stets erst durch die Sicherheits-Kontrolle. Man durchleuchtete sie, um so festzustellen, ob womöglich verdächtiges Pulver drin ist oder gar eine Briefbombe. Geöffnet allerdings wurden die Kuverts nicht. Eben weil es persönliche Post war. Diesmal bloß zwei kleine und zudem ein großer Umschlag. Von Bäuers heimischem Augenarzt. So lautete die Absender-Adresse. Bäuer machte ihn auf. Der Inhalt haute ihn um.

Farbfotos. Gestochen scharf. Neun Stück. Format DIN-A-4. Jedes mit Datum. Und ihm darauf. Beim Abholen seiner Kokain-Päckchen aus den toten Briefkästen. Beiliegend ein Blatt mit ein paar Zeilen, geschrieben an irgendeinem Computer: „Die Bilder muss niemand sehen. 100.000 Euro, dann gehören sie dir. Ebenso der Speicher-Chip." Danach noch einige Angaben, bis wann er das Geld besorgen sollte, in welchen Scheinen und wie der nächste Kontakt erfolgen würde. Mehr nicht. Kein Absender, kein Name, keine Unterschrift. Bäuer war trotzdem sofort klar, der Brief stammte nie und nimmer von seinem Augenarzt. Den meinte er daher auch gar nicht, als er leise vor sich hin fluchte: „Du miese Drecksau!". Das galt seinem geheimen Dealer in Regensburg. Nur der und kein anderer konnte dahinterstecken, glaubte Bäuer, immer noch unwissend, dass der Dealer längst aus dem Spiel war, einkassiert von den „Rattlesnakes". Zitternd drückte der Bundesminister für Wirtschaft auf seiner Gegensprech-Anlage die Taste fürs Vorzimmer: „Sagen Sie für heute alle restlichen Termine ab. Und ich möchte in den nächsten Stunden nicht gestört werden!"

Kapitel 39

„Hallo, Frau Kohlitz", rief Mike. „Moin, Herr Bertholdt. Na, was führt sie denn hierher?", schallte es freundlich zurück. „Ach, purer Zufall. Ich war gerade auf der Fahrt nach Lütjenburg, bisschen einkaufen, da hab' ich hier am Rand ihr Auto stehen sehen, und da wollte ich einfach mal gucken, wie Sie das so machen mit den Pferden", sagte Mike. Der Kommandeur des Regierungs-Sonderkomplexes war an jenem Donnerstag zivil unterwegs, entsprechend seiner Tarn-Legende als zugezogener Architekt. Nadja Kohlitz, die promovierte Psychologin in der geheimen Anlage, war zuvor auch in ihre „Zweit-Identität" geschlüpft, als Huf-Orthopädin. Der Wagen der 37-Jährigen parkte unter den schattigen Bäumen der Zufahrt zum Gut Panker, unweit von Matzwitz. Die Heckklappe ihres Dacia-Kombi stand offen. Im Laderaum jede Menge Werkzeuge, Büchsen und Dosen. Ein paar Meter daneben, am hölzernen Zaun einer Koppel, hatte sie einen Trakehner angebunden. Nadja Kohlitz schnitt dem Wallach, wie vom Besitzer bestellt, die Hufe.

„Ist das fürs Pferd jetzt Maniküre oder Pediküre?", scherzte Bertholdt. Nadja lachte kurz. „Beides", erwiderte sie. „Ich mach' ja vorn und hinten die Hufe. Das ist so, als würden wir Menschen uns die Finger- und die Fußnägel schneiden." Mike lehnte sich an den Zaun und schaute immer interessierter zu, wie Nadja arbeitete. Sie hob dem Tier das nächste Bein an und griff wieder zu ihren Messern und Zangen, Raspeln und Feilen. Bertholdt wunderte sich etwas über ihre derben Arbeits-Klamotten: Schwere Stiefel mit Stahl-Kappen, eine dicke Lederschürze und Ketten-Handschuhe wie sie auch Schlachter haben. „Scheint nicht ganz ungefährlich zu sein, was Sie da tun", sagte er. „Nee, isses auch nicht", antwortete ihm Kohlitz. „Die Messer sind richtig scharf. Ich bin mit denen schon öfter abgerutscht und hab' mich geschnitten, einmal sogar durch den Handschuh hindurch. Und die Stiefel verhindern Plattfüße. Hin und wieder glaubt so 'n Pferd nämlich, es könnte sich ganz gemütlich auf meine Zehen stellen. Sind ja nur paar hundert Kilo Lebendgewicht. Und manche schlagen auch aus. Da muss man schon aufpassen."

Nach knapp einer halben Stunde war Nadja fertig mit dem Trakehner. Sie packte ihre Sachen zusammen, um sie wieder in ihren blauen Kombi einzuladen. Berthold war immer noch da. „Kann ich Ihnen helfen?", bot er sich an. Er schien ganz vergessen zu haben, dass er nach Lütjenburg zum Einkaufen wollte. Oder etwa nicht? In Nadja Kohlitz wurde die Huf-Orthopädin wieder verdrängt von der erfahrenen Psychologin. Die hatte bereits minutenlang gespürt, dass den General in Zivil offenbar irgendwas belastete. Von allein mochte er aber wohl nicht darüber reden. Sie entschloss sich daher zum Überraschungs-Angriff, guckte ihm direkt ins Gesicht und sagte in ihrer robusten Art: „So, jetzt mal Budder bei die Fische, wie das hier heißt. Wo drückt Ihnen der Schuh, Herr Bertholdt?". Treffer. Mike war total überrumpelt. Damit hatte er nicht gerechnet. Erst druckste er herum, dann wollte er ausweichen. Nadja ließ ihm dazu aber keine Chance. Beharrlich bohrte sie nach: „Um was geht's? Worüber wollen Sie mit mir reden? Raus mit der Sprache!" Mike tat sich schwer damit, zu antworten. Es fiel ihm nicht leicht, sein Innerstes nach außen zu kehren. Als Offizier ohnehin nicht und schon gar nicht gegenüber einer deutlich jüngeren Person. Als ob sie Gedanken lesen könnte, baute Nadja ihm verständnisvoll eine Brücke: „Soldaten sprechen nicht gern über Gefühle. Und wenn, dann meist bloß untereinander. Kenn' ich sehr gut. Ich mach' meinen Job ja auch nicht erst seit gestern, Herr Bertholdt. Außerdem sind Sie mein Chef und älter als ich. Aber dazu sollten Sie wissen: Das spielt keine Rolle für mich als Psychologin. Ich hab' profunde Erfahrung, gerade mit Soldaten, glauben Sie mir. Und wie bei Ärzten gibt's auch bei mir die Schweigepflicht." Diese Ansage brach das Eis. Mike begann sich zu öffnen. Vorsichtig und behutsam. „Ich bin zwar noch nicht allzu lange hier, aber allein das, was ich bisher gesehen hab', das krieg' ich nicht so richtig einsortiert. Also, ob das wohl alles so richtig ist, meine ich?"

Ganz ehrlich war Mike damit nicht. Seine Zweifel plagten ihn nämlich bereits kräftiger, als er es bislang jemandem eingestehen wollte. Die Worte von Herbert Fuchs, seinem Vorgänger als Chef von Matzwitz, bewahrheiteten sich mehr und mehr. Bertholdts Gewissen meldete sich immer öfter. Er beruhigte es damit, dass er ja nichts Illegales tat. Doch eine Bestellung von Draburgs hatte ihn sehr ins Nachdenken gebracht. Aber noch war Mike nicht so weit, Nadja davon zu erzählen. Stattdessen fragte er: „Wie war das denn bei Ihnen, als Sie hier angefangen haben? Konnten Sie das alles gleich einfach so annehmen?" Nadja sagte ihm unverblümt: „Nein, und ich will das auch nicht annehmen. Aber auch ich hab' den Schwur von Matzwitz geleistet. Würd' ich nicht wieder machen. War 'n Fehler. Muss ich jetzt eben mit leben." Nun war es an Mike, weiter nachzuhaken: „Und wie kompensieren Sie das, dass Sie sich damals falsch entschieden haben?" Mit einem Hauch von Sarkasmus erklärte sie: „Mit Psychopharmaka. Jeden Tag einen Eimer voll. Nein, im Ernst, Herr Bertholdt: Ich kann ruhig schlafen. Ich kann immer noch reinen Herzens sagen, dass ich Menschen helfe."

Kapitel 40

Bernd Graumann ärgerte sich. Über Kai, den „Vice President". Er hatte ihm nun schon einige Male dargelegt, dass absolut nichts schiefgehen kann. Doch je näher der Termin für die Geldübergabe heranrückte, um so fickriger wurde sein Stellvertreter. Schon wieder fing er an. „Ich weiß nicht, Bernd. Irgendwie kommt mir das immer noch alles viel zu leicht vor. Ist nur so 'n Gefühl, aber da ist bestimmt noch was, woran wir nicht gedacht haben." Graumann platzte endgültig der Kragen. Der Boss der „Rattlesnakes" brüllte: „Du und deine Scheiß-Gefühle! Geh' kacken, Mann! Und halt' endlich deine Fresse! Es reicht jetzt! Du gehst mir echt so was von aufn Sack! Wie oft muss ich's dir denn noch sagen: Das klappt! Der Plan hat keine Lücken!" Die hatte er tatsächlich nicht. Die Erpressung des Bundesministers für Wirtschaft war allerbest durchdacht. Von Bernd Graumann höchstselbst, dem Chef der Regensburger Rocker-Gang. Ein lebendes Klischee. Über und über tätowiert. Und groß. Fast zwei Meter. Dazu muskelbepackt. Ein Koloss. Schnell aufbrausend, herrschsüchtig und brutal bis zum Mord. Kürzlich erst. Das heißt, eigentlich hatte „Susi" die Sache für ihn erledigt. Das Wappentier der „Rattlesnakes", eine Diamant-Klapperschlange. Der 52-Jährige hatte „Susi" bloß festgehalten, als sie ihre Giftzähne nach vorn klappte und sie blitzschnell versenkte. Im Ex-Dealer von Wirtschaftsminister Matthias Bäuer. Vorher hatten sie dem Mann im Keller ihres Clubhauses noch alles entlockt, was sie über seinen prominenten Koks-Kunden wissen wollten. Anschließend starb er. Ganz hässlich, sehr elendig und fürchterlich qualvoll. Er verreckte regelrecht. Und seine Leiche sah wirklich nicht gut aus. Die „Rattlesnakes" beseitigten sie nach einstiger Manier der italienischen Mafia. Sie steckten die Füße des Toten in einen Metall-Kübel und füllten ihn mit so genanntem Ruck-Zuck-Beton. Der war keine zwei Stunden später schon ausgehärtet. Danach verschwand der einstige Dealer noch in der Nacht seines Ablebens etwas außerhalb von Regensburg. Blubbernd versank er in einem der vielen Teiche nahe der B 8 zwischen Roith, Leiterkofen und Geisling.

So gewalttätig Graumann auch sein konnte, blöd war er nicht. Ganz und gar nicht. Sein Plan, Bäuer auszunehmen, war ebenso einfach wie genial. Eingefallen ist er ihm, als er intensiv analysierte, wie sich der Spitzenpolitiker in all den Wochen verhalten hatte, seitdem er zu ihrem Kundenkreis gehörte. Zu zwei wesentlichen Erkenntnissen kam er dabei. Die erste lautete, der Wirtschaftsminister ging offenkundig weiter davon aus, der Stoff käme von seinem alten Dealer. Denn immer wieder bestellte er nach, im selben Rhythmus wie zuvor, auf die gleiche Art und Weise, unverändert stets bloß mit verschlüsselten Kurz-Texten. Und überdies, ohne die Codes zu ändern. Graumanns Schlussfolgerung daraus: Bäuer hatte nichts bemerkt von dem Lieferanten-Wechsel. Der Boss der „Rattlesnakes" wollte das auch nicht ändern. Das sollte ganz bewusst so bleiben, sicherheitshalber. Die simple Überlegung dahinter: Warum aus der Deckung kommen und auf sich aufmerksam machen, dadurch womöglich ein Risiko eingehen, wenn's gar nicht sein muss? Somit stand für die Erpressung schon mal fest, sie musste anonym laufen, ohne jeden direkten Kontakt. Die zweite Erkenntnis erwuchs aus den heimlichen Beobachtungen, die die Rocker bei bislang sämtlichen Drogen-Übergaben an Bäuer gemacht hatten. Jedes Mal lenkte er mit kleinen Tricks kurz seinen Leibwächter ab. Neulich zum Beispiel hatte Bäuer während einer seiner Jogging-Runden eine Pause eingelegt, als er mit seinem Bodyguard an einem Kinderspielplatz angelangt war. Er müsse mal austreten, sagte er und ging zu einer hölzernen Kletterwand. Der Personenschützer, nur wenige Meter entfernt, drehte sich etwas weg, als der Minister urinierte. Derweil griff Bäuer an einen

Balken der Kletterwand. Er war am oberen Ende leicht ausgehöhlt. Einer seiner toten Briefkästen. Er nahm sich den Stoff raus und deponierte im Gegenzug das Geld. Wie immer blitzschnell und ohne, dass der Leibwächter etwas davon bemerkte. Bernd Graumann musste nicht lange überlegen, um darauf zu kommen, was das bedeutete: Die Personenschützer wussten schlicht und einfach nichts von der Sache. Und klar erkennbar sollten sie das auch nicht. Nur deswegen immer Bäuers Ablenkungs-Manöver. Das verschaffte dem Rocker-Chef die Überzeugung, dass er zahlen würde.

Daraufhin fing Graumann an, seinen Plan zu entwickeln. Immer, wenn er daranging, etwas Kriminelles auszutüfteln, galt grundsätzlich: HighTech-Reduktion! Möglichst wenig per Internet machen, über Handys, Tablets oder sonstige Gerätschaften, die anzapfbar sind oder elektronische Spuren hinterlassen. Die Ermittlungs-Behörden waren ihm inzwischen nämlich viel zu gut darin, dadurch Tätern auf die Schliche zu kommen. Seltsamerweise schien sich das immer noch nicht überall herumgesprochen zu haben. Daher wunderte er sich bisweilen darüber, wie viele dumme Leute es nach wie vor gab. Dabei hätte man doch nur mal gucken müssen, was die Polizei manchmal an Erfolgsmeldungen verbreitete. Im Sommer 2020 zum Beispiel hieß es, die europäische Polizeibehörde Europol habe das System eines Krypto-Handy-Anbieters geknackt. Dadurch sei sie an Hunderttausende ursprünglich verschlüsselter Chat-Nachrichten von Schwer-Kriminellen gekommen. Schön doof. Und selbst schuld, hatte sich Graumann damals gedacht. Zugleich sah er seinen Grundsatz „Elektronik-Minimierung" voll bestätigt.

Er hielt sich außerdem stets an ein weiteres Prinzip: Einfachheit. Denn wenn Pläne nicht so funktionieren wie vorgesehen oder gar scheitern, dann oft, weil sie zu kompliziert gewesen sind – seltener hingegen zu schlicht. Unter diesen Prämissen nahm die Erpressung schnell Formen an. Sie umfasste bloß zwei Kernpunkte.

Der erste musste logischerweise zu Beginn erledigt werden: Das anonyme Zustellen der Koks-Fotos und der Forderung an Bäuer. An ihn selbst wohlgemerkt, ja garantiert nur an ihn. Hierbei hatte es den Rockern in die Hände gespielt, dass die Schwester von Marcel, ihrem „Propect", beim Regensburger Augenarzt von Bäuer arbeitete. Sie ließ aus der Praxis einen DIN-A-4-Umschlag mit aufgedrucktem Absender mitgehen. Als Einwurf-Einschreiben, an Bäuer persönlich adressiert mitsamt der Aufschrift „Ärztlich/Vertraulich", landete der Umschlag erst in dessen heimischem Privat-Postkasten, noch am Nachmittag desselben Tages dann bei ihm in Berlin. Haargenau so war es eben auch geplant. Häkchen hinter Kernpunkt eins der Erpressung. Teil zwei der kriminellen Aktion stand noch aus: 100.000 Euro in bar abkassieren, ohne persönliche Begegnung. Auch das hatte sich der Chef der „Rattlesnakes" schlau überlegt. Dafür brauchte es lediglich ein wenig spezielle Technik. Er besaß sie schon und übte bereits mit ihr, genauer mit der dazugehörigen Steuer-Einheit.

Kapitel 41

Blümchen-Sex ist nie sein Ding gewesen. Er mochte es immer schon härter. Gern auch vulgär. Und mit Schmerzen, Unterwerfung sowie Dominanz-Spielchen. Genau wie jetzt gerade. Lang ausgestreckt lag er breitbeinig da, seine Hände und Füße gefesselt an die oberen und unteren Bett-Pfosten. Er hatte es selbst gewollt. Mit ihr ging das. Er meinte auf die Frau gestoßen zu sein, die verstand, wie er tickte. „Oohh ja, mir kommt's gleich. Mach' weiter", japste er. „Nein, du spritzt jetzt nicht ab. Ich bestimme, wann du das darfst", sagte die Frau. Ruhig und kalt lächelnd. „Erst mal sehen, was du noch aushältst." Sie fuhr total darauf ab, anderen weh zu tun. Je mehr, desto geiler wurde sie, bis hin zum Rausch. Sie blickte auf seinen erigierten Penis. Er ragte steil empor, leicht gebogen. Ähnlich wie ein Krumm-Dolch. Allerdings rot-violett angeschwollen. Blutstau. Durch Abbinden mit einem Gummiband. Um seine Hoden herum und um den Schaft seines Gliedes. Sie zog das Band noch ein bisschen straffer. „Aaargh", stöhnte er. Sein ganzer Körper spannte sich dabei. Und seine glänzende Eichel wurde noch praller. Gezielt schlug sie mit einer Reit-Gerte darauf. „So, jetzt pump' es raus." Vulgär befahl sie: „Zeig' mir, wieviel Sahne du in deinem Sack hast." Wieder ein Schlag mit der Gerte. Noch einer. Der Penis zuckte und pulsierte. Im hohen Bogen schleuderte er milchig-weiße Fontänen heraus. Kurze, dicke Strahle. Schnell hintereinander. Dreimal. Niklas Köhler war zutiefst erleichtert und befriedigt. Dieses Gefühl hielt aber nicht lange an. Keine Minute. Schnell gewann sein abgrundtief schlechtes Gewissen wieder die Oberhand. Denn er hatte ein Tabu gebrochen. Das wurmte den 38-Jährigen ungeheuer. Es ärgerte und enttäuschte ihn, dass er sein eigenes Selbstverständnis unterlaufen hatte. Er, der Berufssoldat mit brillanten Beurteilungen. Hauptfeldwebel der Feldjägertruppe. Hervorragender Personenschützer. Derart außergewöhnlich gut, dass er für Matzwitz ausgewählt wurde. Top-Profi. Stets kontrolliert, selbstbeherrscht und cool wie ein Eisberg. Und jetzt diese Nummer mit seiner Schutzperson: Bettina von Draburg, Bundesministerin für Gesundheit und Soziales. Bereits geraume Zeit hatte sie ihn immer wieder heiß gemacht. Stets dann, wenn sie beide allein waren. Seit jener Fahrt nach Matzwitz, als sie damit angefangen hatte, ging das schon so. Jedes Mal noch ein Stück raffinierter. Mit all seiner Willenskraft hielt Niklas Köhler ihrem Werben stand. Anfangs. Doch als sie andeutete, was sie so im Bett bevorzugte, begann sein Widerstand zu bröckeln. Weil sich dadurch in ihm etwas veränderte. Eine lang gehegte Hoffnung wuchs heran zur vermeintlichen Gewissheit: Endlich die sexuell Seelen-Verwandte! Kann auch sein, dass sein Trieb ihm das vorgaukelte. Jedenfalls dauerte es danach nicht mehr lang, bis auch der letzte Rest seiner moralischen Vorbehalte zerbröselte.

Vergnügt hatten sich Köhler und von Draburg übrigens während der Mittagszeit. Und zwar in Berlin-Lichtenberg, in der Zweitwohnung der Ministerin. Die befand sich in einem Plattenbau aus DDR-Zeiten. Sehr edel renoviert, doch im Kern wie früher mit reichlich Stahlbeton. So viel, dass die Signale ihrer beiden Body-Tracker nicht nach draußen gelangten. Deswegen erfuhr auch die Operationszentrale in Matzwitz nichts von dem, was in den zurückliegenden gut eineinhalb Stunden geschehen war. 13.30 zeigte die Uhr im Eingangsbereich des großen Plattenbaus. Wie für diese Zeit vereinbart, wartete vor dem Gebäude bereits der schwere Dienstwagen von Draburgs. Am Steuer saß Nicole Schweers, ihre zweite Personenschützerin. Sie gehörte nicht zur Bundeswehr, sondern zum Bundeskriminalamt. Von dem Regierungs-Sonderkomplex hoch oben im echten Norden, an Schleswig-Holsteins Ostseeküste, hatte sie nach wie vor nicht die leiseste Ahnung. Auch nicht von dem Verhältnis zwischen Köhler und der Ministerin. Die wollten eigentlich gerade raus aus dem mehrstöckigen Gebäude und zu ihr ins Auto steigen, als eine Stimme ertönte: „Ach, Frau Ministerin!" Der Hausmeister war's. Im Vorraum zum Treppenhaus, gleich neben den Fahrstühlen, hatte er ein kleines Büro, eigentlich mehr eine Rumpelkammer. Angefüllt mit Werkzeugen, Kabeln, Papier-Rollen, Besen, Ersatzlampen und, und, und. Eben mit allem, was man so braucht als Hausmeister. Zwischen all dem Zeug stand auch ein uraltes Koffer-Radio. Irgendein Oldie-Sender spielte gerade „Love Hurts". Einst, im Sommer 1960, ein Hit der Everly Brothers. Mitte der 70er in Europa gecovert von der Hardrock-Band Nazareth. Die Version jedoch, die da gerade im Hintergrund lief, stammte von der Amerikanerin Joan Jett. Der Hausmeister kam auf von Draburg zu. „Gut, dass ich Sie sehe. Ich hab' Ihnen ausm Baumarkt die Sachen besorgt, um die Sie mich neulich gebeten hatten. Hier, bitte sehr." Der sichtlich ältere Mann überreichte ihr einen Plastikbeutel. Bettina von Draburg hielt inne und fragte, wieviel er verauslagt habe. In der Handtasche kramte sie nach ihrem Portemonnaie und nahm 50 Euro heraus. Gönnerisch überreichte die Düsseldorferin den Schein an den Mann im grauen Kittel: „Stimmt so, Danke schön." Niklas Köhler, wieder ganz in seiner Funktion als Personenschützer, hatte den Vorgang sorgsam beobachtet. Kaum war der Hausmeister gegangen, wandte er sich an von Draburg: „Darf man fragen, was da drin ist in der Tüte?" Die Bundesministerin lächelte mokant und antwortete bloß: „Überraschung, mein Lieber."

Du kleiner Idiot, dachte von Draburg im Stillen, nachdem sie hinten in ihren Dienstwagen eingestiegen war. Womit sie nicht den Hausmeister meinte, sondern Köhler, der auf dem Beifahrersitz Platz genommen hatte. Jetzt hab' ich dich, du Schwachkopf. Werd' noch meinen Spaß mit dir haben, freute sie sich bereits. Der Sex mit ihm in ihrer Wohnung hatte der 51-Jährigen kaum etwas gebracht. Er war zu weich gewesen, zu harmlos, aber nötig, um ihn fürs nächste Mal als williges und leichtes Opfer vorzubereiten. Das hatte wunderbar geklappt. Und bald danach würde es für sie noch einen Höhepunkt geben. Bei „Mo" Beuk, dem Logistik-Chef in Matzwitz, hatte sie eine „Aktion Kolosseum" bestellt, einen Kampf auf Leben und Tod zwischen Mann und Bär. Genau das bedrückte Mike Bertholdt. Und zwar derart massiv, dass er kürzlich den Kontakt zur Psychologin Nadja Kohlitz gesucht hatte, wobei er ihr aber eben nicht offenbarte, was ihn tatsächlich so sehr belastete. Auch beruflich lief es gerade prächtig für Bettina von Draburg. Die Kanzlerin hatte ihr jüngst in einem Vier-Augen-Gespräch einen Karrieresprung in Aussicht gestellt. Nach Brüssel, zur Europäischen Kommission. Es ging um einen frei werdenden Kommissars-Posten bei der EU. Deutschland verfügte über das Recht der Nachbesetzung. Klar war schon, eine Frau sollte den Job kriegen. Und sie hatte dafür unter allen Ministerinnen und Ministern im Kabinett die besten Karten, wie ihr die Kanzlerin in dem Gespräch versicherte.

Einstweilen jedoch musste sie sich noch weiter in den Niederungen der Bundespolitik bewegen. Mit Köhler und Schweers fuhr sie von Berlin nach Wismar. Am frühen Abend sollte von Draburg dort eine Rede halten; als Ehrengast auf einer Fachtagung norddeutscher Kardiologen. Nicole Schweers sollte dann dort übernachten und tags darauf nach Berlin zurückkehren. Sie hingegen hatte vor, noch am selben Abend weiter nach Norden zu fahren. Allein mit Köhler. Nach Matzwitz. Das jedoch bedeutete, um die Anreise wie üblich zu verschleiern, zunächst eine der beiden Kfz-Wechsel-Stationen aufzusuchen. Diesmal allerdings nicht die in Hamburg, sondern jene bei Lübeck. Die lag dichter dran an Wismar. Mithin würden sie an diesem Freitag zwar erst sehr spät im geheimen Regierungs-Sonderkomplex ankommen, aber Bettina von Draburg freute sich schon unbändig darauf. Das hing zusammen mit der Baumarkt-Plastiktüte, die ihr in Berlin der Hausmeister übergeben hatte. Genauer mit dem, was drin steckte – ein Lötkolben, ein Strom-Verlängerungskabel und ein Fläschchen mit Öl.

Kapitel 42

Wer das jemals erlebt hat, zum Beispiel in einer tiefen persönlichen Krise, der weiß, wie zermürbend sie sein kann: starke innere Unruhe. Tag und auch nachts. Zunehmend heftiger. Der Appetit lässt mehr und mehr nach. An Schlaf ist kaum noch zu denken. Dazu das Gefühl, eine Katastrophe naht. Unaufhaltsam. Angst macht sich breit. Die Nerven flattern. Der Kopf arbeitet auf Hochtouren. Der Geist schaltet nicht ab. Immerzu kreisen die Gedanken. Ohne Unterlass. Stets um ein und dasselbe Thema. Eine sich immer schneller drehende Spirale.

Genau so ging es Matthias Bäuer. Seit Dienstagnachmittag. Nachdem er den Erpresserbrief gelesen hatte. Seither war der Bundesminister für Wirtschaft völlig durch den Wind. Stundenlang war er allein geblieben in seinem Dienstzimmer. Mal saß er, kurz nur, dann lief er umher. Immer wieder. Wie ein Tiger im Käfig. Völlig rastlos. Unfähig, noch klar zu denken. Am späten Abend dann ließ sich der Regensburger in seine Berliner Loft-Wohnung fahren, die er unter der Woche benutzte. Markus-Maria Roth und Karim Afarid, seine beiden Personenschützer, merkten natürlich, wie ungemein aufgewühlt er war. Aber sie sprachen ihn nicht darauf an. Das stand ihnen nicht zu. Sie dachten sich ihren Teil. Stress, purer Stress wird's wohl sein. Ist ja auch heftig, die Geschichte mit dem Bundestags-Sonderausschuss gegen ihn. Dazu noch der ganze andere Kram, inklusive seiner Auftritte im bayerischen Landtags-Wahlkampf. Der ist einfach total fertig, mutmaßten sie. Ebenso sahen das in Matzwitz auch immer noch die Analysten der Body-Tracker-Werte Bäuers. Seine körperlichen Daten, die ihnen dank der High-Tech-Kapsel unter seiner Haut übermittelt wurden, die ließen sehr zu wünschen übrig. Christian Burchard, der Oberstarzt im

Regierungs-Sonderkomplex, hielt sie sogar für bedenklich. Doch der erfahrene Bundeswehr-Mediziner war nun mal nicht Bäuers Hausarzt. Außerdem kannte nach wie vor keiner die wahre Ursache, die hinter der ganzen Geschichte steckte.

Allein in seiner edlen Zweit-Wohnung, probierte es Matthias Bäuer erst mit Alkohol, um wieder einigermaßen zur Ruhe zu kommen. Das dauerte allerdings seine Zeit. Danach schoss er sich mit Tabletten weg, um wenigstens etwas zu schlafen, wenn auch ziemlich unruhig. Mittwochfrüh galt sein erster Griff zum Handy. Er rief sein Vorzimmer an. Er fühle sich nicht gut, brauche eine kurze Auszeit. Batterien aufladen. Zuhause in Regensburg. Montag wär' er wieder da. Bis dahin alles wegstreichen an Terminen oder verschieben. Gleich danach schlürfte Bäuer hinüber zur weit kleineren Nachbar-Wohnung, zu seinen beiden Personenschützern. Karim Afarid, einer der beiden, öffnete ihm und erschrak ein bisschen. Darüber, wie kaputt Bäuer aussah. Afarid glaubte ihm daher sofort, dass er eine Pause benötige. Nachmittags solle es losgehen zu ihm nach Regensburg, sagte Bäuer noch und ging wieder zurück in sein Loft. Der 41-Jährige hatte hinter sich kaum die Tür geschlossen, als er sich ein Frühstück der besonderen Art gönnte: eine Linie Kokain seines vermeintlichen Dealers. Obwohl der ihn nun erpresste, wie Bäuer felsenfest glaubte, verzichtete er deswegen keineswegs auf das Zeug. Der Stoff kann ja nichts dafür. Außerdem wär's schade drum, so toll wie der ist, sagte er sich. Zumal er immerhin noch an die 60 Gramm davon liegen hatte. Als Reserve für Notfälle, abgezwackt von den zurückliegenden Lieferungen. Weitere würde er jetzt freilich nie mehr bestellen. Er wusste zudem nicht, woher auch, dass es sich bei dem weißen Pulver um ein hochgefährliches Koks-Meth-Gemisch handelte. Wohl hatte sich der Oberpfälzer darüber gewundert, dass er in letzter Zeit hin und wieder Aussetzer hatte im Oberstübchen. Doch dass das mit den Drogen und seinem exzessiven Konsum zusammenhängen könnte, das war ihm nicht in den Sinn gekommen. So zog er sich die

Linie rein. Die Wirkung ließ nicht lange auf sich warten.

Das Rauschgift brachte sein Hirn auf Touren. Zugleich sorgte es bei ihm für eine stark zwiespältige Stimmung. Einerseits fühlte er sich enorm agil, andererseits auch nach wie vor sehr ängstlich. Doch immerhin funktionierte sein Denkapparat wieder. Jedenfalls besser als am Vortag. Anfangs beschäftigten ihn vor allem drei Fragen: Warum ist der mir auf die Schliche gekommen? Woher wusste der, welchen Augenarzt ich habe? Wie hat der sich den Briefumschlag beschafft? Bäuer grübelte und grübelte. Bis ihm klar wurde, dass das zu nichts führte. Denn der zentrale Punkt lautete nun mal: Eingehen auf die Erpressung oder nicht? Was spricht dafür, was dagegen? Wieder und wieder kaute er gedanklich auf dieser Frage herum. Doch wie er sie auch drehte und wendete, zum Schluss stand stets des Teufels Alternative: Egal, wie er sich entscheiden würde, es konnte nur falsch sein. Zahlte er nicht, drohte ihm ein öffentlicher und damit hässlicher Absturz in die absolute Bedeutungslosigkeit. Das galt ebenso, würde er in die Offensive gehen und sich selber outen. Dann wär's vorbei mit seinem Ministeramt, dem Abgeordneten-Mandat sowie allen weiteren Posten und Pöstchen. Schluss mit den fürstlichen Diäten, den finanziell üppigen Aufwands-Entschädigungen, den Sitzungsgeldern und was es sonst noch so an Einnahmen gab. Entfallen würden dann natürlich auch alle Annehmlichkeiten, an die er sich so gewöhnt hatte. Insbesondere wäre sein Ruf im Eimer.

Und keiner würde ihn auffangen. Weder seitens seiner Familie, noch im Bekanntenkreis. Er hatte es sich mit allen verdorben. Durch seine unsägliche Art. Auch auf seine BVP konnte er nicht hoffen, die Bayerische Volkspartei. Dafür hatte er sich im Laufe seines Aufstiegs durch Tricks und Intrigen zu viele Feinde gemacht in der Partei. Die befand sich außerdem im Landtags-Wahlkampf. Der ging überdies in die heiße Endphase. Jetzt in den Medien ein großer Kokain-Skandal um ihn, den BVP-Bezirkschef in der Oberpfalz – einfach unvorstellbar! Zahlte er hingegen, dann wäre das wie ein

Eingeständnis: Ja, du hast mich in der Hand! Es würde dann auch bestimmt nicht bei den 100.000 bleiben. Er würde erneut abkassiert werden. Das war Bäuer sonnenklar. Aber er hatte nun mal bloß die Partei. Auf ihr ruhte für ihn alles. Sie war das Fundament seiner vermeintlichen Wichtigkeit, seines Ansehens, seines ganzen Daseins. Sie verlieh ihm Macht, Anerkennung und Einfluss. Es klang zweifelsohne pathetisch, doch die BVP bedeutete für ihn das Leben. Privat hatte er nämlich keines. Da konnte er auf rein gar nichts zurückgreifen. Also, alles einstürzen lassen, was er sich über viele Jahre aufgebaut hatte? Oder zahlen und das Risiko akzeptieren, weiter erpresst zu werden? Mittwochnachmittag war's, als sich Matthias Bäuer zu einer Entscheidung durchrang.

Paradox, aber wahr: Es ging ihm danach etwas besser. Vielleicht auch nur, weil er eine irrwitzig anmutende Hoffnung hegte. Die lief darauf hinaus, dass er meinte, noch eine letzte kleine Chance zu haben. Weil jede Erpressung nämlich einen besonders kritischen Punkt hat: die Geld-Übergabe. In Regensburg, seiner Heimatstadt, sollte sie über die Bühne gehen. Und zwar am bevorstehenden Wochenende. So stand's in dem Erpresser-Schreiben. Aber wann, wo und wie genau, das wusste Bäuer bisher nicht. Gleichwohl setzte er darauf, die Sache bei der Gelegenheit mit etwas Glück noch umbiegen zu können.

Er telefonierte kurz mit seinen Personen-Schützern, gleich nebenan in der Nachbar-Wohnung. Nach dem Gespräch am Vormittag hatten beide schon alles vorbereitet für die Tour nach Regensburg. Die Fahrt dorthin in der gepanzerten Dienst-Limousine verlief fast ereignislos. Bis auf den Anruf von Julius „Cäsar" Roeder, den Ministerpräsidenten des Freistaats Bayern. Er meldete sich allerdings nicht in dieser Funktion, sondern als Landesvorsitzender der BVP. Und er war hörbar aufgebracht. Darüber, dass sich Bäuer nicht wohl fühle und bis Montag alle Termine abgesagt habe. Das hatte sich aus Bäuers Vorzimmer inzwischen bis zu Julius Roeder rumgesprochen. Das ärgerte den bayerischen Regierungs- und

Parteichef gewaltig. Denn somit würden gleich vier größere Wahlkampf-Auftritte, die Bäuer als Bundesminister der BVP während des Wochenendes absolvieren sollte, ersatzlos entfallen. Das gehe einfach nicht, empörte sich Roeder. Alle müssten sich jetzt noch mal ordentlich ins Zeug legen, gerade die Promis der Partei. Da könne auf persönliche Befindlichkeiten keine Rücksicht genommen werden. Außerdem sei doch auch ihm bekannt, wie knapp die Umfragen stünden. Aber Matthias Bäuer blieb hart. Er ließ sich nicht umstimmen. Kein Wunder, schließlich hatte er Wichtigeres zu erledigen. Was er Roeder freilich nicht erzählen konnte. Rund eineinhalb Stunden danach, es dunkelte schon, erreichten der Bundeswirtschaftsminister und seine beiden Leibwächter ihr Ziel. Bäuer wünschte ihnen nur noch eine gute Nacht und verschwand sogleich nach oben, in sein Schlafzimmer.

Donnerstagvormittag fuhr Bäuer zu seiner Bank. Genauer gesagt, er ließ sich fahren. Von Markus-Maria Roth. Karim Afarid bewachte derweil weiter das Haus des Ministers. Ihre übliche Verfahrensweise, wenn sie sich in Bäuers Heim in Regensburg aufhielten: Einer blieb immer am Mann, der andere im Objekt. Der Chef der Bank-Filiale empfing Bäuer. Servil plauderte er zunächst mit dem Spitzenpolitiker, bevor er ihn zum Leiter der Privatkunden-Abteilung führte. Bei dem lag das Geld schon auf dem Tisch. Gleich nach seiner Entscheidung tags zuvor hatte Bäuer noch aus Berlin angerufen und darum gebeten. Nun sah er sie vor sich, die 100.000 Euro. Einige Stapel Scheine, alle jeweils mit Banderolen drumherum. Wie im Fernsehen. Für die meisten Menschen eine große Summe. Nicht für Bäuer. Er hatte noch mehr auf der hohen Kante. Teils geerbt, teils selbst verdient. Durch die ansehnlichen Diäten, die sehr guten Bezüge als Abgeordneter des Bundestages, dem er schon viele Jahre vor seiner Ernennung zum Minister angehörte, und eben durch das Regierungsamt. Bevor Bäuer das Geld an sich nehmen konnte, musste er noch etwas unterschreiben. Die Auszahlungs-Quittung. Der Leiter der Privatkunden-Abteilung schob sie ihm zu. Während Bäuer sich kurz setzte und aus der Innentasche seines Jacketts einen Füllfederhalter herauszog, konnte der Mann seine Neugier nicht länger zügeln. Er fand es sehr ungewöhnlich, dass ein ausgewachsener Bundesminister 100.000 Euro abholte. Also fragte er nach. Dezent und höflich, wie es sich für einen Banker gehörte, aber doch konkret. Weshalb es gebrauchte Scheine sein sollten? Wieso in bar? Und weswegen diese Stückelung: 400 Banknoten á 100 Euro, 800 weitere als 50er, 600 zu jeweils 20 Euro und nochmal 800 Stück als 10er? Bäuer überraschten die Fragen nicht. Er war nämlich davon ausgegangen, dass sehr wahrscheinlich welche kämen. Da er aber nicht den wahren Hintergrund offenbaren wollte, also dass es sich um Instruktionen eines Erpressers handelte, hatte er sich etwas anderes zurechtgelegt. Ebenfalls bereits vorher in Berlin, gleich nachdem er seine Bank angerufen hatte. Und diese Story spulte er nun ab. Man habe ihm ein tolles Grundstück angeboten, drüben in Tschechien, mit traumhaftem Blick auf die Moldau. Jetzt am Wochenende wolle er hin, um dort die erste Rate auf den Tisch zu legen. Der Eigentümer sei schon älter, ein bisschen schrullig, und der wolle die Bezahlung nun mal genau so, erzählte Bäuer. Wobei er dem Banker beim letzten Satz bewusst gekünstelt zuzwinkerte. Der lächelte verständnisvoll, damit war alles klar. Man war in Bayern, man kannte sich, man half sich.

Bäuer packte das Geld in seinem mitgebrachten ledernen Pilotenkoffer. Der war eigentlich zu groß. Denn aus allzu vielen Bündeln bestanden die 100.000 nicht. Zudem wogen sie erstaunlicherweise auch nicht viel. Alle zusammen nur 2,2 Kilo. Genau dieses Gewicht war auch schon vorher von jemandem berechnet worden. Weil es eine bedeutsame Rolle spielte für die Geldübergabe. Aber noch nicht an jenem Donnerstag. Ebenso wenig am darauffolgenden Freitag. Ab da, ab 15 Uhr, sollte sich Bäuer bereithalten. Und sein Extra-Handy, über das er während all der Wochen zuvor das Kokain bestellt hatte, eingeschaltet lassen. So hatte es in dem Erpresser-Brief gestanden. Bäuer befolgte diese Anweisung exakt so wie zuvor bereits jene zu den Mengen und Wertigkeiten der Geldscheine. Bloß, seither geschah nichts.

Kapitel 43

Stillstand in Regensburg an jenem Freitag, großer Fortschritt dagegen in Hamburg, im modernen Glas-Palast des MAGAZINS in der Hafen-City. Tags zuvor, am Donnerstag, hatte Ben sie als Erster entdeckt. Fünf Wörter. Für den Praktikanten in der Recherche-Abteilung zunächst nur eine weitere nüchtern-administrative Formulierung. Davon hatten er, seine Teamleiterin Doreen Huthmerlett und ihre Kollegin Jenny schon so einige gefunden während ihres zweiten Recherche-Durchlaufs. Doch diese war ihnen bisher noch nicht untergekommen. Abgemacht war, sich sofort gegenseitig zu informieren, sobald in den Suchfiltern ihrer Rechner etwas Neues hängenblieb. Das tat Ben.

„Ich hab' wieder was", sagte er. „Lass hören", erwiderte Doreen. Ben blickte auf seinen PC-Monitor: „Also, 'Mehrausgaben wegen vorab unkalkulierbarer Zusatz-Aufwendungen' steht hier." Jenny hakte nach: „Wo hast du das her?" „Aus'm Haushalt '79 der BfB", antwortete Ben und setzte hinterher: „Ich hab' bei Google schon nachgeguckt. Das war mal die 'Bundesmonopolverwaltung für Branntwein'". Die hatte es einst tatsächlich gegeben. Jahrzehntelang. Von März 1951 bis Ende 2018. Mit Hauptsitz im hessischen Offenbach, gleich neben Frankfurt am Main. Eine ehemalige Bundes-Oberbehörde, direkt dem Finanzministerium unterstellt. Doreen ergriff wieder das Wort: „Okay, hab' ich notiert. 'Mehrausgaben wegen vorab unkalkulierbarer Zusatz-Aufwendungen'. Weiter geht's!" Alle drei machten sich wieder daran, zunächst andere Formulierungen zu überprüfen, die sie bereits auf einer Liste gesammelt hatten. Das dauerte einige Stunden. Erst danach wurde deutlich, dass ihnen an diesem Donnerstagvormittag der Durchbruch gelungen war.

Schon seit Dienstag hatte das Trio nochmals die alten Bundesetats durchgearbeitet, ebenso alle Haushaltsvollzugs-Protokolle. Zeitlich Jahr um Jahr zurückgehend, nahmen sie sich dabei erneut jedes einzelne Ministerium vor. Sämtliche Ausgabenposten wurden wiederum durch die Suchraster ihrer Rechner gejagt. Zudem die Soll/Ist-Vergleiche, die sie anstellten. Dies hatten Doreen, Jenny und Ben auch schon in den Wochen vorher gemacht, im ersten Durchlauf ihrer Recherche. Inklusive einer Analyse der Riesenmenge an Ziffern, Beträgen und Summen aus all den Jahren. Alles jedoch vergeblich. Weil im Ergebnis letztlich nichts rauskam. Zumindest nichts, was dem MAGAZIN als Fakten-Basis hätte dienen können für eine grundlegend neue Geschichte über die immense Verschuldung des Bundes. Doch genau so lautete nun mal der Recherche-Auftrag. Er stammte vom Redaktions-Ressort Deutschland 1 sowie vom MAGAZIN-Hauptstadtbüro. Doreen hatte daraufhin die Idee gehabt, sich nicht mehr auf Zahlen zu konzentrieren, sondern auf die Bezeichnungen von Etat-Titeln. Vor allem auf solche, die es früher mal gab, heutzutage dagegen nicht mehr. Entsprechend änderten sie erst die Such-Kriterien für ihre Rechner. Anschließend machten sie sich abermals ans Werk, die gewaltigen Datensätze durchzuforsten. So gelangten sie zu der Liste mit den Begründungen und Formulierungen, aufgestöbert in all den Etats auf den jeweiligen Ausgabenseiten unter „Verwendungszweck". Es fraß Zeit, sie nach und nach abzuarbeiten. Bis Donnerstagnachmittag, als die Notiz „Mehrausgaben wegen vorab unkalkulierbarer Zusatz-Aufwendungen" auftauchte. Und nach zuvor langer und quälender Suche lief plötzlich alles ziemlich fix.

„Ist ja echt irre", entfuhr es Ben. Er hatte die Überprüfung in dem Etat fortgesetzt, wo er die Formulierung entdeckt hatte – im Haushalt der „Bundesmonopolverwaltung für Branntwein". „Ihr glaubt nicht, was ich gefunden habe", sagte er zu Doreen und Jenny. „Was denn?", kam es von beiden wie aus einem Mund zurück. „21-mal steht das hier drin, und das allein für 1979." „Hhmm, das ist aber seltsam", meinte Doreen. „Von den anderen Begriffen ist kein einziger so oft aufgetaucht. Wie sieht 's damit denn in den Haushalten davor und danach aus?" „Was vor '79 war, muss ich noch nachgucken. Aber in den Jahren bis dahin ist nichts gewesen", erklärte Ben. „Gut, dann schau dir jetzt die Zeiten davor an", wies ihn Doreen an. Ben nickte und arbeitete weiter.

Dabei stand dem jungen Publizistik-Studenten etwas Glück zur Seite. Anders formuliert, die Einfallslosigkeit früherer Finanz-Verwaltungen. Die ging darauf zurück, dass man dem deutschen Bürokratismus sicher viel nachsagen kann. So zum Beispiel, dass er sehr aufwendig und formal ist, pedantisch genau und wohl selbst noch nach dem Welt-Untergang funktionieren würde. Doch besonders kreativ ist er nicht. Eben deshalb hatte man sich auch nie was Neues überlegt für „Mehrausgaben wegen vorab unkalkulierbarer Zusatz-Aufwendungen". Diese Worte wurden Jahr für Jahr einfach übernommen. Das fiel damals auch nie auf. Denn einzeln gesehen umfassten die Ausgabeposten, die die Bezeichnung trugen, stets bloß relativ geringe Summen. Daher machte sich auch keiner die Mühe, sie sich mal näher zu betrachten. Viel zu viel Arbeit seinerzeit. Doch mit den Rechnern heutzutage war es nahezu ein Klacks, eine entsprechende Übersicht anzufertigen. Ben benötigte lediglich etwas über eineinhalb Stunden für alle übrigen Haushalte der ehemaligen Branntwein-Monopolverwaltung des Bundes. Anschließend wandte er sich abermals an Doreen und Jenny. Sein Stolz ließ sich nicht überhören, als er ihnen mitteilte: „So, ich bin fertig. Haltet euch fest: 84 Treffer mit 'ner Gesamtsumme von weit über einer Viertelmilliarde D-Mark. 273,2 Millionen, um ganz genau zu sein. Ich hab's extra nochmal gerechnet. Und alles aus nur drei Haushalten: '77, '78 und '79. Davor und danach Fehlanzeigen."

„Toll, klasse gemacht", lobte Jenny den jungen Studenten. Von Doreen hingegen kam nichts. Sie schwieg und dachte nach. Kurz darauf ließ sie ihre Kollegen wissen, was ihr durch den Kopf gegangen war: „Ganz schön dicke, 273 Millionen in drei Jahren für 'vorab unkalkulierbare Zusatz-Aufwendungen'. Warum haben die sich damals so kräftig vertan, und weshalb so oft? Worauf ich hinaus will: Das wird ja Gründe gehabt haben. Eigentlich müssten wir die jetzt recherchieren. Aber da ist noch 'ne andere Frage offen?" „Und welche?", drängelte Jenny. Doreen fuhr fort: „Wieso haben wir vorher bei den Ministerien nicht so was entdeckt? Das frag' ich mich! Weshalb sind wir quasi erst in der zweiten Reihe fündig geworden, bei dieser Bundes-Monopolverwaltung? Das war doch bloß 'ne nachgeordnete Oberbehörde des Finanzministeriums. Wir sollten vielleicht noch andere Oberbehörden unter die Lupe nehmen, die man inzwischen aufgelöst oder umgewandelt hat." Das waren nicht allzu viele. Am späten Freitagnachmittag hatten sie sie durch. Und waren ob ihrer Funde völlig perplex. Die Formulierung war in alten Haushalten noch drei weiterer Ex-Oberbehörden enthalten: und zwar in jenen des ehemaligen Bundeswehrverwaltungsamtes, des früheren Bundesamtes für Finanzen und der einstigen Bundesvermögensverwaltung. Alles in allem sage und schreibe 412 Treffer, samt und sonders aus den Jahren '77, '78 und '79. Die aufaddierte Summe der „Zusatz-Aufwendungen": 981,4 Millionen D-Mark, mithin knapp eine Milliarde. Was Doreen, Jenny und Ben an jenem Freitag noch nicht wussten: Sie waren dem größten Zahlengeheimnis Deutschlands auf die Spur gekommen – nämlich den enormen Kosten für den Bau und insbesondere die Technik des Regierungs-Sonderkomplexes Matzwitz/Todendorf.

Kapitel 44

„Geht's wieder?", fragte Oberstarzt Christian Burchard. Die junge Frau, kalkweiß im Gesicht, wischte sich den Mund ab. „Ja", sagte sie. „Tut mir leid. Eigentlich komm' ich mit so was klar. Aber das hier ist echt heftig." Die Frau gehörte zu den Rettungs-Sanitäterinnen in Burchards Medizin-Zentrum in Matzwitz. Gewimmer, Stöhnen, Eiter, Blut oder auch offene Wunden machten ihr nicht viel aus. Normalerweise. Doch diesmal nicht. Der Anblick des Opfers, insbesondere der Geruch dabei, hatten ihr den Magen umgedreht. Sie erbrach sich. Mitten auf den gekachelten Boden des Raumes. Genau jener, tief im Inneren der geheimen Bunkeranlage, in dem einige Wochen zuvor ein Flüchtling grausam ausgepeitscht worden war. Einfach aus Lust am ultra-brutalen Sadismus. Die Sanitäterin sammelte sich wieder und half Burchard, den Verletzten weiter zu versorgen. Vom Gang her, durch die offenstehende Tür, näherte sich derweil das Geräusch schneller Schritte.

Mike Bertholdt, der Kommandeur, eilte hinzu. Der Oberstarzt hatte ihn alarmiert, gleich nachdem er mit seiner Sanitäterin vor Ort eingetroffen war. „Was gibt's denn so Dringendes, Herr Dr. Burchardt?", rief Mike noch vom Gang aus, kurz bevor er in den Raum eintrat. Dann weiteten sich seine Augen. Er erschrak. Zugleich stieg ihm etwas in die Nase, das ähnlich roch wie angebranntes Schweinefleisch. Entsetzt fragte er: „Was zum Teufel ist hier passiert?" Christian Burchard, als Mediziner sonst stets auf professionell nüchternen Ton bedacht, fiel aus der Rolle. Fluchend und mit Abscheu antwortete er: „Dieses verdammte Drecks-Stück hat sich wieder ausgetobt. Das ist hier passiert." Es war eigentlich unnötig, dennoch wollte Mike wissen: „Sie meinen die Gesundheits- und Sozialministerin?" „Ja, die von Draburg", sagte Burchard.

„Jetzt können Sie selber mal sehen, wie krank die ist, dieses perverse Weib." Mike schaute hinab auf die Trage, zu dem Verletzten. Völlig nackt lag er da. Mit starrem Blick. Trotz der schon verabreichten Beruhigungs- und Schmerzmittel weiter zitternd. Total unter Schock stehend und fürchterlich entstellt. Mike, noch keinen Monat lang neuer Kommandeur, kannte ihn nicht. „Wer ist der Mann", wollte er daher wissen. „Einer von uns", klärte Burchard ihn auf. „Niklas Köhler. Hauptfeldwebel und Personenschützer von den Feldjägern. Von Draburgs Bodyguard." Das ist der arme Kerl jetzt nicht mehr, dachte Mike, mitfühlend und bedauernd zugleich.

Um Mitternacht herum. So spät war es zuvor gewesen, als Bettina von Draburg und Niklas Köhler in Matzwitz eintrafen. In Wismar hatte die Politikerin der Union Christlicher Demokraten in den Stunden vorher erst noch einen offiziellen Abendtermin erledigt, auf einem Ärzte-Kongress. Anschließend waren sie und ihr Leibwächter über die Ostsee-Autobahn, die A 20, nach Lübeck gefahren. In der Nähe der alten Hansestadt folgte zunächst das übliche Verschleierungs-Procedere mit Wagenwechsel und Maskierung, um die Anreise zum Regierungs-Sonderkomplex zu tarnen. Das dauerte seine Zeit. Danach absolvierten sie die letzte Etappe. Über die A 1 gen Norden, in Richtung Fehmarn, bei Oldenburg in Holstein runter auf die B 202 bis Lütjenburg, und von da dann die letzten Kilometer bis nach Matzwitz. Kurz vor dem Dörfchen, mitten in tiefster Dunkelheit, hätten sie beinahe noch einen Unfall gehabt. Mit einem Stück Damwild. Es war ihnen plötzlich vor den Wagen gesprungen, aus einem kleinen Waldstück heraus. Köhler reagierte jedoch blitzschnell. So wie er es in der Feldjägerschule Hannover gelernt hatte, beim dortigen Brems-, Ausweich- und Schleudertraining für Personenschützer. Daher geschah auch nichts. Nur ein Schreck. Der war aber schon tags darauf, am Samstagnachmittag, längst wieder vergessen, als sie sich beide zurückzogen. In ihr unterirdisches „Spielzimmer", wie es von Draburg nannte. Für Köhler wurde es zur Folterkammer.

Burchard und seine Sanitäterin hatten ihn inzwischen stabilisiert. Gleich würden ihn zwei Helfer mit der Trage ins Medizin-Zentrum bringen. „Wie sieht's aus, kommt er durch?", fragte Mike. „Ja, wird er wohl", sagte Burchard. „Aber ob er das psychisch jemals wegsteckt, da hab' ich so meine Zweifel. Der hat unvorstellbar gelitten. Außerdem ist er jetzt für den Rest seines Lebens gebrandmarkt, im wahrsten Wortsinn." „Was genau hat sich hier eigentlich abgespielt?", wollte Mike erfahren. Der Oberstarzt zeigte auf eine Längswand des komplett gekachelten Raumes. Zwei mannshohe schwarze Balken befanden sich da, in der Mitte schräg übereinander verschraubt, an den oberen und unteren Enden mit dicken Lederfesseln. „Das ist 'n Andreaskreuz. So heißt das in der BDSM-Szene. Fragen Sie mich nicht, wie die das hingekriegt hat, aber daran war Köhler nackt festgeschnallt. Und geknebelt hat sie ihn auch." Burchard wies auf eine auf dem Boden liegende Kugel aus Hartgummi, etwa von der Größe eines Tischtennisballs. Durch die Mitte verlief ein schmaler Riemen mit einem Dorn-Verschluss wie bei einem Hunde-Halsband. „Das ist ein sogenannter Ball-Knebel", erklärte Burchard. „Den hat sie ihm zwischen die Zähne geschoben und hinter seinem Kopf fest zugeschnallt. So konnte er nicht ganz so laut schreien. Und dann hat sie losgelegt." „Doch nicht etwa damit?!", sagte Mike, der völlig konsterniert zu einer Steckdose gleich neben dem Andreaskreuz hinüberblickte. Ein Verlängerungskabel lag da, das zu einem Löt-Kolben führte. „Doch, genau damit hat sie's gemacht. Gucken Sie mal vorne auf die Spitze, da klebt noch Haut dran." Nun wurde Mike auch klar, warum es immer noch so ekelhaft nach verbranntem Fleisch roch. „Das ist ja widerlich", entfuhr es ihm.

Burchard stimmte ihm zu. „Das ist viehisch, was die getan hat", sagte er und fing an zu erläutern: „Als er ans Kreuz gefesselt war, hat sie ihn erst mit Öl eingerieben. Da drüben steht die Pulle noch. Dann hat sie den glühend heißen Löt-Kolben offenbar langsam über seinen Körper gerollt." An den Innenseiten der Arme und Beine Köhlers hatte sich die Haut vielfach tiefrot verfärbt und Blasen gebildet. Ebenso in seinem Gesicht. An manchen Stellen war sie auch aufgeplatzt, so dass darunter angesengtes Gewebe zum Vorschein kam. „Das Schlimmste hat sie aber hier und hier angerichtet", fuhr der Oberstarzt fort, wobei er auf die Achselhöhlen und das Geschlechtsteil Köhlers zeigte. „Da hat sie ihn förmlich gebraten." Mike verzog sein Gesicht, als hätte er gerade in etwas sehr Saures gebissen. Die Penis-Spitze, blutig verkohltes Fleisch mit schwarzer schuppiger Kruste. „Dass der Junge dabei nicht kollabiert ist, das ist medizinisch schon erstaunlich", wunderte sich Burchard. „Der muss irre Schmerzen gehabt haben. Da, schauen Sie", sagte er zu Mike und wandte seinen Blick hin zum Boden vor dem Andreaskreuz. Dort lagen helle perlmuttfarbene Splitter. „So schlimm war das. Das sind seine Vorderzähne. Die hat er sich abgebrochen, als er wie von Sinnen auf den Knebel gebissen hat."

Während seiner Auslandseinsätze hatte Mike einiges an Verletzungen gesehen. Trotzdem brauchte er einen Augenblick, um zu verdauen, was mit Niklas Köhler geschehen war. Anschließend wollte er von Burchard erfahren: „Wie haben Sie das hier drin eigentlich überhaupt mitgekriegt?" „Durch die OPZ", antwortete der Arzt. „Denen war Köhlers Body-Tracker aufgefallen. Der hat extreme Körper-Belastungswerte gesendet, voll im roten Bereich. Minutenlang ganz am Anschlag. Lebensgefahr bedeutet das. Deswegen hatten die mich alarmiert. Und durch den Tracker konnte ja auch schnell lokalisiert werden, wo genau ich hin musste mit meiner Sanitäterin." Mike hatte noch eine Frage: „Als Sie hier ankamen, muss doch die Ministerin noch da gewesen sein, oder?" Burchards Reaktion darauf sprach Bände. Erst holte er tief Luft, dann wurde seine Miene derart grimmig, als wollte er gleich explodieren. „Ja, war sie", zischte er. „Und?" hakte Mike nach. „Die hat uns nur fies angegrinst, ohne ein Wort, und dann ist sie in aller Seelenruhe rausspaziert. Die weiß ganz genau, diese Mist-Sau, dass wir ihr nichts anhaben können."

Mike teilte die tiefe Empörung des Mediziners, aber als Kommandeur hielt er sich zurück. Er musste daran denken, wie sich sein Vorgänger Herbert Fuchs über die Verkommenheit in Matzwitz ausgelassen hatte. Beim abendlichen Essen in dem Fisch-Lokal im kleinen Hafen von Lippe. Er verstand ihn jetzt wesentlich besser. Nur es half ihm nichts. Er spürte in sich wütende Ohnmacht aufsteigen. Innerlich schrie es in ihm, das könne so nicht durchgehen. Von Draburg müsse zur Rechenschaft gezogen werden. Doch das ging nicht. Ihm waren die Hände gebunden. So wie allen anderen. Durch den Schwur von Matzwitz. Lachhaft daher, an polizeiliche Ermittlungen, geschweige denn an ein Strafverfahren auch nur zu denken. Der Regierungs-Sonderkomplex hatte nun mal seine eigenen Regeln.

Kapitel 45

Derselbe Samstag, einige Stunden später und gut 800 Kilometer weiter südlich, in Regensburg: Keine zehn Minuten hatten sie gebraucht. Jetzt war alles fertig montiert. Fehlte nur noch der Funktions-Check. Zunächst prüften sie die Propeller. Sofort erklang ein schrilles Sirren. Als ob gleich mehrere Zahnarztbohrer auf einmal liefen. Bloß deutlich lauter und mit noch höherem Ton. Doch das musste so sein. Auch die Steuerung arbeitete einwandfrei, ebenso die Mini-Kamera. Obwohl es bereits dämmerte, lieferte sie erstaunlich klare Bilder. Gleiches galt für das Nachtsichtgerät. Wenn man es trug und vor Augen hatte, sah zwar alles grünlich aus, aber das war typisch für derartige Optiken mit Restlicht-Verstärker. „Super, klappt alles prima", freute sich Bernd Graumann. Der Oberrocker der „Rattlesnakes" schaute auf seine Rolex. 21 Uhr 42 war es bereits. Und trotzdem noch nicht richtig Nacht um diese Jahreszeit gegen Ende Juni. „Wir warten noch 'n Augenblick, bis es wirklich dunkel ist. Dann geht's los", sagte Graumann zu seinem Helfer Marcel. Der junge Betonbauer, bei den „Rattlesnakes" im Rang eines „Prospects", quasi eines Rocker-Lehrlings, nickte nur. „Geh' schon mal zum Auto", wies sein Chef ihn an, „und bring' mir das Handy von unserem leider verstorbenen Freund." Graumann meinte damit den Ex-Dealer von Bundeswirtschaftsminister Matthias Bäuer. Das Gift von „Susi", einer Klapperschlange, hatte den Drogenhändler elend verrecken lassen. Vorher jedoch hatten sie den Mann noch ausgequetscht und ihm das Handy abgenommen, über das seine Koks-Geschäfte mit dem Minister gelaufen waren. Das würde Graumann gleich brauchen, um nach der Foto-Erpressung am Dienstag nun bei Bäuer Kasse zu machen.

Die Geld-Übergabe stand bevor. 100.000 Euro in bar. Fürs

Erste. Da dürfte sicher noch mehr drin sein, glaubte Graumann. Er betrachtete die Summe nur als Test. Wenn Bäuer einmal zahlte, würde er auch wieder zahlen. Daran hatte der Rocker-Boss keinen Zweifel. Selbstzufrieden lächelte er in sich hinein. Auch, weil er immer noch stolz darauf war, wie clever er alles ausgetüftelt hatte. In etwa einer dreiviertel Stunde würde er das Geld haben, ohne jeglichen direkten Kontakt. Dabei könnte er uns fast sehen, wenn er wüsste, wo wir sind, griente Graumann. Gemeinsam mit Marcel befand er sich in der tiefer werdenden Dunkelheit nämlich ganz in der Nähe von Bäuers Nobel-Bungalow; nicht mal 400 Meter entfernt, am Rand eines Parkplatzes. Mit einem großen Pick-Up Geländewagen, einem schwarzen Dodge RAM 3500, waren sie hergekommen. Hinten auf der Ladefläche, verdeckt von einer Plane, mit zwei Kisten spezieller Technik, die sie vorhin zusammengebaut und noch mal kontrolliert hatten. Es war eine Drohne.

Kapitel 46

Solch ein Gerät ist sachlich-nüchtern betrachtet schlicht ein unbemanntes Luftfahrzeug. Im englischen Sprachgebrauch gibt es dafür auch die Kürzel UAV und UAS. Sie stehen für „unmanned aerial vehicle" sowie „unmanned aircraft system". Gemeint jedoch ist in beiden Fällen dasselbe: Ein Flugapparat, der ohne Besatzung an Bord eigenständig per Computer agiert oder aber vom Boden aus ferngelenkt wird, mittels Funk- bzw. Satellitenverbindung. Meist allerdings ist heutzutage einfach nur von Drohnen die Rede. Ein Begriff aus der Biologie, aus der Welt der Insekten. Bei Bienen, Hummeln, Wespen und Hornissen werden die männlichen Exemplare so genannt.

Für unbemannte Fluggeräte wurde diese Bezeichnung angeblich in den 1930er Jahren übernommen. Angeblich deshalb, weil die Quellen-Lage nicht ganz präzise ist. Damals sollen US-Marineoffiziere bei der britischen Royal Navy zu Gast gewesen sein, und zwar bei Schießübungen zur Flugabwehr auf See. Wie es heißt, trainierten die Briten ihre Schützen damals mithilfe besonderer Ziele. Dabei handelte es sich um ausgemusterte Doppeldecker-Maschinen mit Typ-Spitznamen „Queen Bee" (Bienen-Königin). Bevor die zum letzten Mal starteten, via Katapult von Bord eines Schiffes aus, hatte man sie noch mit Funkfernsteuerung ausgestattet. So wurden sie dann ohne Piloten zum Abschuss vor die Rohre der MGs und Geschütze gelenkt. Die Amerikaner waren davon derart begeistert, dass sie begannen, ebenfalls ein solches Projekt zu entwickeln. Als Leiter ausgewählt wurde dafür ein Commander namens Delmar S. Fahrney von der US Naval Academy. Und er soll es gewesen sein, der das Wort „drones" (Drohnen) aufbrachte; in Anlehnung an die britische „Bienen-Königin", die den Anstoß geliefert hatte.

Die Historie der Drohnen als unbemannte Fluggeräte ist allerdings deutlich älter. In der einschlägigen, nicht wissenschaftlichen Geschichts-Schreibung findet sich bei manchen Autoren als Beginn der Dezember 1782 bzw. Juni 1783. Zu jener Zeit hatten die beiden französischen Brüder Montgolfier erstmals Ballons mit heißer Luft gefüllt und gen Himmel steigen lassen; an Seilen festgebunden und anfangs noch ohne Menschen. Als weiteres prägnantes Datum gilt der Sommer 1849. Das Königreich Österreich-Ungarn nutzte für Angriffe auf Venedig Ballon-Bomben. Es waren und sind übrigens vor allem kriegerische Zwecke, die die Drohnen-Entwicklung stetig vorwärts getrieben haben. Weltweit verfügen heutzutage die Streitkräfte von über 90 Ländern, wenn nicht noch mehr, über Drohnen. Teure High-Tech-Spezialmaschinen diverser Art und Größe. Die mächtigsten unter ihnen mit Spannweiten ähnlich jener mittleren Verkehrsflugzeuge und möglichen Einsatzhöhen von 10.000 Metern und mehr. Ob Aufklärung, Spionage, Überwachung oder Angriffe – es ist verblüffend und erschreckend zugleich, was derartige Drohnen heutzutage können und welchen technischen Standard sie haben. Auch faszinierend ist, wie sie gesteuert werden: bisweilen aus tausenden Kilometern Entfernung, einfach per Joy-Stick. Und das Ende der Fahnenstange ist dabei noch nicht absehbar. Glaubt man gut informierten Fachleuten, dann werden Drohnen die militärische Luftfahrt in Zukunft noch massiver revolutionieren, als sie es bisher schon getan haben. Freilich muss auch erwähnt werden, dass es in diesem Zusammenhang neue, bislang ungelöste Probleme und teils harsche Kritik gibt. Gemeint sind in erster Linie die so genannten Kollateral-Schäden bei Angriffen durch bewaffnete Drohnen, wie sie insbesondere die USA betreiben. Sie setzen sie nach verschiedenen Presse-Berichten auch für gezielte Tötungs-Aktionen ein, wobei unter den Opfern oft Unbeteiligte gewesen sein sollen.

Unbemannte Flugapparate haben sich in jüngerer Vergangenheit aber nicht nur im militärischen Bereich rasant entwickelt. Un-

geheure Fortschritte gab es auch im zivilen Sektor, im Gegensatz zu den Streitkräften natürlich mit weit kleineren Geräten. Vor allem auf dem Feld der Freizeit-Gestaltung sind sie enorm bedeutsam geworden. Mittlerweile kann sich jeder für relativ wenig Geld Drohnen mit Fähigkeiten kaufen, an die noch in den 90er Jahren nicht im Traum zu denken war. Beispielsweise an Wettflug-Rennen mit so genannten Speed-Drohnen, inklusive Übermittlung von Minikamera-Livebildern direkt in eine 3-D-Brille. Insgesamt hat sich da international ein gewaltiger Markt aufgetan. Allein in der Bundesrepublik bewegt sich der Jahresumsatz mittlerweile im dreistelligen Millionenbereich. Die Hauptgründe dafür: immer besser gewordene Digital-Elektronik, größere Leistungs-Kapazitäten, verschärfte Werbung, gestiegenes Allgemein-Interesse, höhere Stückzahlen und nicht zuletzt gesunkene Preise. Wer dazu den globalen Handelsplatz Nr. 1, das Internet, aufsucht, der ist schnell überwältigt vom Angebot sowie der großen Vielfalt der Geräte, den unzähligen Communities, die sich mit dem Thema beschäftigen, und den Verwendungs-Möglichkeiten von Drohnen. Häufig nutzt man sie zu Hobby-Zwecken wie Luft-Aufnahmen oder spielerischen Kunstflügen. Doch auch professionell sind sie oft im Einsatz. Zu Hilfszwecken bei Feuerwehren und Suchdiensten zum Beispiel, bei Firmen zur Inspektion großer Bauten wie Windkraft-Anlagen, oder auch im Naturschutz und im Agrabereich, um weite Flächen von oben einzusehen. Alles in allem schätzte der „Verband unbemannte Luftfahrt" die Zahl der Drohnen in Deutschland im Jahr 2020 bereits auf gut eine halbe Million.

Kapitel 47

Bernd Graumann hatte sich mit seinen „Rattlesnakes" etwas Besonderes besorgt: einen so genannten Oktokopter. Eine Drohne mit acht Rotoren. Kein Spielzeug aus irgendeinem Elektronikmarkt, sondern ein Profi-Gerät. Entwickelt mit Blick auf die Land- und Forstwirtschaft sowie die Industrie. Tragkraft: bis zu 7,5 Kilo. Weit mehr als genug für das Gewicht der 100.000 Euro. Die Scheine in der Stückelung, wie Graumann sie in seinem Erpresserbrief angeordnet hatte, brachten gerade mal 2,2 Kilo auf die Waage. Zudem verfügte die Drohne über eine Top-Kamera inclusive Sender, ferner über LED-Beleuchtung und eine große Steuerungs-Reichweite von nahezu 800 Metern. Ihr Preis: an die 13.000 Euro.

Die waren von den „Rattlesnakes" natürlich nicht bezahlt worden. Stattdessen hatten sie ausgekundschaftet, wo ein Oktokopter mitsamt allem nötigen Zubehör zu holen war und ihn dann schlicht geklaut. Nicht so das Nachtsichtgerät. Das stammte für 350 Euro aus einem kleinen Laden für gebrauchte Elektronik. Eines jener Geschäfte, wie es sie in fast jeder größeren Stadt gibt und deren Inhaber nicht viel fragen, wieso und wofür man dies oder das kauft. Als alles beisammen war, übte Bernd Graumann, die Drohne nachts und mit Gewichten daran, zwei vollen Wasserflaschen, zu fliegen. Nach einigen Stunden beherrschte er das problemlos. Nun sollte die Geld-Übergabe über die Bühne gehen. 22 Uhr 17. Dunkel genug, befand der President der „Rattlesnakes". Er machte das Handy an, das Marcel ihm aus dem Pick-Up-Geländewagen geholt hatte. Im üblichen Code tippte er eine Nachricht ein und schickte sie ab. Ein Fehler, den er noch bitter bereuen sollte. Zugleich verstieß Graumann damit gegen sein Grundprinzip, bei krummen Dingern möglichst wenig Elektronik einzusetzen. Er hielt das Risiko jedoch für vertretbar. Insbesondere, wie er wusste, weil Bäuer nach wie vor davon ausging, es wär' sein Ex-Dealer, der ihn um die 100.000 Euro erleichtern wollte.

Endlich. Sein geheimes Handy, auf lautlos gestellt, vibrierte. Schon seit Freitagnachmittag hatte Matthias Bäuer darauf gewartet. Und immer wieder aufs Display geguckt. Umsonst. Die ganze Zeit über war das Gerät eingeschaltet, wie im Erpresser-Schreiben gefordert. Doch nichts geschah. Quälend langsam waren seither die Stunden vergangen. Bäuer tat derweil immer noch so, als wäre er total fertig und ausgebrannt. Meist blieb er in der oberen Etage, in seinen privaten Zimmern. Die beiden Leibwächter in seinem Haus, Markus-Maria Roth und Karim Afarid, sollten ja nichts merken. In Wahrheit stand er unter Hoch-Spannung. Alle paar Minuten blickte er auf die Geldbündel, die er am Donnerstag aus seiner Bank abgeholt hatte, und fühlte sich wie auf heißen Kohlen sitzend. Daran änderten auch die zwei Linien Kokain-Meth-Gemisch, die er zwischendurch konsumierte, kaum etwas. Das seltsame Zucken und Taumeln, das ihn während seines Rausches kurz mal befiel, registrierte er gar nicht. Doch jetzt war ja endlich was angekommen auf dem Handy. Bäuer las die vier Sätze der Nachricht: „Pack' das Geld in eine Plastiktüte. Exakt 22.35 Uhr stehst du damit im Garten. Ganz unten, linke Ecke. Nimm' das Handy mit und lass es an."

Bäuer hatte keine Plastiktüte. Um sich eine zu holen, ging er die Treppe hinab in die Küche, vorbei am offenen Aufenthaltsraum. Von Roth war nichts zu sehen. Der BKA-Beamte schlief schon, in seinem Zimmer im Keller. Er würde die zweite Hälfte der Nacht Wache halten. Karim Afarid hingegen saß wach da, schaute sich im Fernsehen Fußball an, bemerkte Bäuer aber, als er auf dem Flur vorbeikam. „Kann ich Ihnen helfen, Herr Minister", fragte der Bundeswehr-Personenschützer und erhob sich. „Nein, ich will mir nur 'n Glas Wasser holen. Für 'ne Tablette. Mir ist nicht gut", log Bäuer. „Ich geh' deswegen auch gleich noch mal raus in den Garten, bisschen frische Luft schnappen", setzte er hinterher. Afarid wunderte sich zwar etwas, machte sich aber nicht weiter Gedanken darüber. Der sieht ja auch echt scheiße aus, dachte er sich, so schlapp und mit den dunklen Augenringen. Bäuer füllte sich in der Küche ein Glas Wasser ein, nahm sich aus einer der Schubladen eine Tüte, was Afarid nicht sehen konnte, und verschwand nach oben. Kurz darauf kam er wieder herunter. Er trug einen weiten Kapuzen-Pulli, hielt darunter das Handy sowie die Tüte mit dem Geld versteckt, und ging über die große Terrasse seines Bungalows in den nächtlichen Garten hinaus. Er marschierte das steile Hang-Grundstück hinab in die untere linke Ecke.

Genau pünktlich. 22 Uhr 35. Bäuer hörte ein Sirren in der Luft, schnell näher kommend. Er guckte hoch und erschrak. Schattenhaft schwebte im Dunkeln über ihm plötzlich eine Art laut surrendes Riesen-Insekt. Eine weiße LED-Lampe ging an und beleuchtete ihn von oben herab wie ein Mini-Strahler. Das vermeintliche Insekt sank langsam tiefer, bis knapp über Kopfhöhe. Zeitgleich vibrierte abermals das Handy. „Häng' die Tüte an den Haken unter der Drohne. Sofort!", lautete die Text-Nachricht. Bäuer tat es. Der Oktokopter stieg fix wieder auf und entflog in die Nacht. „Neeeiiin!", schrie Bäuer unwillkürlich mit wutverzerrtem Gesicht. „Nein, Nein, Nein!", brüllte er. Seine letzte Chance war dahin. Er hatte sich voll und ganz an die Hoffnung geklammert, die Sache noch irgendwie für sich entscheiden zu können. Bei einer persönlichen Übergabe. Und wenn er seinen Dealer, wie er weiterhin glaubte, dafür hätte erwürgen müssen. Doch nun diese Drohne. Matthias Bäuer, seit Tagen unter Stress stehend und nahezu ohne jeden Schlaf, brach zusammen. Heulend, zitternd und geistig völlig wirr kauerte er gekrümmt auf dem Rasen, das eingeschaltete Handy neben sich liegend. So fand ihn Karim Afarid. Und zwar, nachdem ihn die Matzwitzer Operationszentrale aufgeregt kontaktet und ihm befohlen hatte, unverzüglich nachzuschauen, was mit dem Minister los sei.

Kapitel 48

Dieses Geschehnis in Regensburg bildete quasi den Auftakt für eine höchst dramatische Phase. Sie dauerte nur wenige Tage. Gleichwohl war es die turbulenteste Zeit für den Regierungs-Sonderkomplex an der Ostsee seit dem mysteriösen Tod Uwe Barschels. Sie begann gleich am Tag nach Bäuers Zusammenbruch. Sonntagfrüh, Punkt 08.00 Uhr in Matzwitz. Die übliche Morgenlage. Wie immer im Stabsgebäude. Das passte so gar nicht in das norddeutsche Dörfchen. Der graue Holzbau kurz vorm Ortsende fiel stilistisch völlig aus dem Rahmen. Er sah aus wie ein US-amerikanisches Landhaus. Total deplatziert. Andererseits beste Tarnung für Mike Bertholdt und sein Führungsteam. Der General saß mit seinem Stab, nur Nadja Kohlitz fehlte, im Konferenzraum. Gespannt blickten alle auf den großen Flach-Bildschirm am Kopfende. Der flimmerte erst, dann stand die Ton- und Bildleitung. Geschützt durch modernste Technik, absolut nicht anzapfbar. Aus den Lautsprecher-Boxen an der Wand erklang eine jedem Deutschen bekannte Stimme: „Guten Morgen aus Berlin", sagte sie. Stellvertretend für alle Anwesenden im Konferenzraum antwortete Mike als ranghöchster Offizier: „Guten Morgen, Frau Bundeskanzlerin."

Die zurückliegende Nacht war anstrengend gewesen in Matzwitz. Man hatte auf ein bisschen Ruhe gehofft nach der grausamen Misshandlung von Niklas Köhler nur wenige Stunden vorher. Doch um 22.37 Uhr gab es wieder Alarm in der OPZ, im Führungs-Leitstand. Erneut ausgelöst durch einen Body-Tracker. Diesmal jedoch war es der High-Tech-Chip unter der Haut von Matthias Bäuer. Wie zuvor bei Köhler meldete auch dessen Tracker minutenlang extreme Werte. Die Daten-Schnellanalyse ergab, dass sich im Körper des Wirtschaftsministers gerade ein biochemisches Desaster vollzog. Daraufhin startete der diensthabende Schichtleiter in der OPZ sofort das vorgeschriebene Notfall-Verfahren.

Dazu gehörte, umgehend nähere Details zu erfahren. Daher wurde als Erstes eine Sprechverbindung zu Karim Afarid hergestellt, zu Bäuers Bundeswehr-Personenschützer in dessen Regensburger Privathaus. Nur wusste der in dem Moment noch gar nicht, was los war. Denn es lag gerade mal ein paar Minuten zurück, dass ihm der Minister gesagt hatte, er fühle sich nicht wohl und wolle deshalb im nächtlichen Garten noch etwas frische Luft schnappen. Doch offenkundig war mit ihm irgendwas passiert. Afarid sprang auf, noch während des Anrufs aus Matzwitz, und griff nach seiner dienstlichen Taschenlampe. Er beendete das Gespräch, zog seine Pistole und rannte hinaus. Auf dem Rasen hockend entdeckte er Matthias Bäuer, ganz und gar verstört, und auch dessen bislang geheimes Drogen-Handy. Afarid steckte es ein, schleppte den Politiker zurück ins Haus und setzte eine kurze Meldung an die OPZ ab. Danach befragte er Bäuer. Der war so fertig, dass er ihm fast alles beichtete.

Seinen starken Extra-Kokainkonsum ebenso wie die Erpressung und die Geldübergabe. Bloß dass er noch einen restlichen Koks-Sondervorrat hatte, das behielt er für sich.

Kurz nach 23 Uhr leitete Karim Afarid all die Informationen weiter nach Matzwitz. Als sie dort in der OPZ eintrafen, war inzwischen auch Mike Bertholdt anwesend. Es gehörte nämlich mit zum Notfall-Procedere, über derart gravierende Vorkommnisse möglichst schnell den Kommandeur ins Bild zu setzen. Mike stellte Afarid noch einige Fragen. Er wollte von ihm unter anderem erfahren, wie er die Sicherheitslage vor Ort sehe und in welchem Zustand Bäuer sei. Die Antworten befriedigten Mike nicht. Deswegen ordnete er an, sofort einen der beiden Hubschrauber, die zum Regierungs-Sonderkomplex gehörten, startklar zu machen. Der NH 90 sollte sicherheitshalber und unverzüglich Verstärkung nach Regensburg fliegen: Drei Marine-Kommandosoldaten, während ihrer Freischicht hatte Mike sie neulich am Strand getroffen, ferner zwei als Kriminalisten geschulte Feldjäger und ein Rettungssanitäter. Insgesamt sechs Mann. Profis aus seiner QRF in Matzwitz, der Quick-Reaction-Force oder auch schnellen Eingreiftruppe. Spezialisten für verdeckte Operationen. Alle zivil gekleidet, um nicht aufzufallen. Aber mit Waffen. Anschließend rief Mike seine Chefin an, Bundesverteidigungsministerin Margarethe Groß-Guthmann. Die informierte das Kanzleramt. Während der Nacht folgten noch Dutzende weitere Telefonate. Im Ergebnis führten sie dazu, dass die Kanzlerin selbst die Sache in die Hand nahm und Anweisungen erteilen wollte. Sonntagfrüh. An Mike. In der Morgenlage. Per Video-Schalte. Gerade hatten sie sich begrüßt, nun ging es weiter.

„Meine Damen, meine Herren", fuhr die Kanzlerin fort, „die Situation ist wirklich sehr angespannt. Staatspolitisch ist die Lage derart ernst, dass ich aus übergesetzlicher Notwendigkeit gezwungen bin, von Ihnen Taten zu fordern, die Ihnen moralisch vermutlich recht zweifelhaft vorkommen werden. Damit Sie besser verstehen, was ich meine, möchte ich etwas weiter ausholen." Die Regierungschefin machte eine kleine Pause. Auf dem Flachbildschirm war zu sehen, wie sie zu einem Glas Wasser griff, das neben ihr stand, und einen Schluck trank.

„Sie wissen, dass unsere Verfassung die zentralen Normen und Werte beinhaltet für unser aller Zusammenleben. Dafür allerdings braucht es gewissermaßen auch so etwas wie ein stabiles Fundament. Das bröckelt jedoch bedenklich. Seit einer ganzen Weile schon. Um im Bild zu bleiben: Mittlerweile stellen die Schäden die weitere Tragfähigkeit dieses Fundaments in Frage. Denn gleich drei wesentliche Grundpfeiler unseres Gesellschafts-Systems sind stark erodiert. Ich rede von der Akzeptanz der parlamentarischen Demokratie, der sicherheitspolitischen Souveränität Deutschlands und von der wirtschaftlichen Prosperität unseres Landes. Auf lange Sicht werden wir ohne diese Grundpfeiler nicht weiter so leben können, wie es in unserer Nationalhymne besungen wird: nämlich in Einigkeit und Recht und Freiheit. Und ich will Ihnen nachdrücklich sagen, all dies ist stärker in Gefahr als Sie vielleicht glauben. Das hat natürlich vielfältige Gründe. Die hauptsächlichen Ursachen aber sind, dass das alte Europa immer mehr an Bedeutung verliert, in vielen Ländern wieder der Nationalismus erblüht, leider auch bei uns, und unsere langjährige Schutzmacht, die USA, als Partner nicht mehr zuverlässig ist. In diesem Strudel stecken wir als Bundesrepublik mittendrin." Ziemlich große Worte, dachte Mike. Er hörte der Kanzlerin, wie ihre Vorgängerin aus dem Osten stammend, ebenso konzentriert zu wie der Rest seines Stabes. Doch niemandem im Raum war bislang wirklich klargeworden, worauf sie eigentlich hinauswollte. Auch mit ihren nächsten Sätzen änderte sich das nicht.

„Lassen Sie mich zunächst kurz auf den globalen Wandel der Wirtschaft eingehen. Die ökonomische Macht verlagert sich ja bereits seit geraumer Zeit in Richtung Fernost, vor allem nach China. Das ist ein Prozess, der nicht mehr aufzuhalten ist. Hier sollte sich auch niemand etwas anderes vormachen. Europa hinkt immer stärker hinterher. Die Folgen spüren wir schon längst. Und künftig werden sie noch weit drastischer ausfallen. Deswegen ist es politisch nötig, wenigstens so etwas wie hinhaltenden Widerstand zu leisten. Bloß ein Land allein kann das natürlich nicht. Das müssen wir als Europäer gemeinsam und entschlossen tun. Genau da aber liegt das Problem."

Die Kamera in Berlin zeigte, dass sich die Kanzlerin leicht vorbeugte. Auch ihre Mimik wurde leicht grimmiger. Ganz so, als wollte sie dadurch ihren nachfolgenden Worten noch mehr Gewicht verleihen: „Ich kann hier ja ganz offen mit Ihnen reden. Schauen Sie sich doch nur mal an, wie es um die großen Bündnisse und Kooperationen steht. Um die NATO zum Beispiel. Bestimmt erinnern Sie sich, was 2019 Frankreichs Präsident Macron dazu gesagt hat: die NATO sei hirntot. Und wissen Sie was? Er hatte damit gar nicht mal so ganz unrecht. Auch heutzutage ist Europa in punkto Militär immer noch nicht richtig gut aufgestellt. Das gilt genauso für die Sicherheitspolitik. Konkret für die Terrorismus-Bekämpfung sowie die Abwehr internationaler Kriminalität, insbesondere von Angriffen per Internet. Ich erkenne zwar durchaus an, dass es da Fortschritte gegeben hat. Aber trotzdem könnten und müssten wir auf diesen Feldern sehr viel weiter sein. Was jedoch noch schlimmer ist, das ist der Zustand der EU. Und das nicht nur wegen des Austritts Großbritanniens. Insgesamt gibt es viel zu viele Egoismen einzelner Staaten. Sie können sich denken, welche ich meine. Deswegen sind wir von wirklich einheitlichem Handeln weiter entfernt denn je. Stattdessen driften mehr und mehr Länder, auch wir, in die nationalistische, ja sogar extremistische Ecke ab. Das ist tief erschreckend und macht mir ziemliche Sorge."

Abermals hielt die Regierungschefin inne und nahm ein Schluck Wasser zu sich. Mike nutzte die Gelegenheit, um höflich nachzufragen: „Mit Verlaub, Frau Bundeskanzlerin, ich vermag noch nicht zu erkennen, inwiefern uns das aktuell hier in Matzwitz betrifft. Diese Video-Schalte mit Ihnen, die läuft doch, weil es gestern die Vorfälle mit Herrn Minister Bäuer und Frau Ministerin von Draburg gegeben hat. Und Sie haben zu Beginn erklärt, Sie sähen sich gezwungen, von uns moralisch vielleicht zweifelhafte Taten einzufordern. Was heißt das?"

„Das will ich Ihnen jetzt erklären, Herr General", lautete die Antwort aus Berlin. „Mit meinen Ausführungen eben habe ich aufzeigen wollen, dass Europa auf keinem guten Weg ist. Es geht nicht bergauf, es geht bergab. Und die Talfahrt kann womöglich noch sehr rasant werden. Leider steht durchaus zu befürchten, dass unser Deutschland von dieser Entwicklung mitgerissen werden könnte. Mitsamt größeren Unruhen, gewaltsamen Aufständen, eventuell auch Anschlägen und Attentaten. Sie wissen ja, die Stimmungslage im Volk ist in weiten Teilen ohnehin schon äußerst radikal. Es ist einfach ein Trugschluss zu glauben, unsere innere Stabilität wäre absolut unerschütterlich und dieses Land könnte daher auch niemals zerfallen. Ein solches Risiko existiert sehr wohl."

Mike hob langsam seine Hand, um somit der Kanzlerin zu signalisieren, dass er etwas sagen wollte. Sie ignorierte das jedoch und kam auf das zu sprechen, worauf im Konferenzraum alle längst warteten – auf klipp und klare Befehle. „Vor dem geschilderten Hintergrund kann es durchaus sein, Herr Bertholdt, dass Ihr Regierungs-Sonderkomplex wieder zu dem Zweck gebraucht werden wird, für den er ursprünglich ja mal gebaut wurde, also als sicherer Rückzugsort für die Arbeit des Bundeskabinetts. Deswegen erteile ich Ihnen hiermit folgende drei Anweisungen. Erstens: Matzwitz ist weiterhin strengstens geheim zu halten. Unter allen Umständen, komme was da wolle. Zweitens: Akzeptieren Sie, wie Frau von Draburg ist, was sie tut und haben möchte. Das gilt auch für den von ihr bestellten Kampf, von dem Sie mir erzählt haben." Das ließ jemanden aufhorchen unter den Zuhörern in der Runde. Und zwar „Mo" Beuck, den S 4 in Matzwitz. Der Teilbereichsleiter für Logistik hakte nach: „Ich soll also einen Bären besorgen und einen Mann rekrutieren, der gegen das Tier antritt?" „Ja", antwortete ihm die Kanzlerin und ergänzte: „Falls Sie dabei Skrupel haben sollten, dann bedenken Sie: Der Kampf ist freiwillig. Wir üben da ja keinerlei Zwang aus. Außerdem hat ihn Frau von Draburg als Bedingung dafür genannt, anschließend nach Brüssel zu wechseln, ins Amt einer EU-Kommissarin. Sie ist gesetzt für den Posten. Mit ihr als direkter Verbindungsperson kann ich dann unmittelbar Einfluss nehmen auf die weitere Entwicklung der Europäischen Union. Vorhin hab' ich Ihnen ja bereits dargelegt, dass diesbezüglich dringend anders gehandelt werden muss."

Die Kanzlerin holte kurz Luft und fuhr fort: „Damit zur dritten und letzten Anweisung. Heute in einer Woche, am nächsten Sonntag, ist die Bayern-Wahl. Deren Ausgang könnte zu einem wirklich schweren politischen Erdbeben führen. Wenn nämlich die Sache mit Herrn Bäuer ans Licht kommt. Bekanntlich gehört er ja zur Bayerischen Volkspartei von Julius Roeder, zur BVP; meinem Koalitionspartner hier im Bund und in Bayern die stärkste Kraft, noch jedenfalls. Aber was, wenn sie diese Position verliert? An den Bund Deutscher Patrioten, an diese Nazis? Ich nenne sie hier ganz bewusst so. Leider haben die ja allen Umfragen zufolge gute Aussichten. Wüssten die von Bäuers Drogengeschichte, die würden das hemmungslos für sich ausschlachten. Sehr wahrscheinlich sogar mit großem Erfolg. Doch sollten sie tatsächlich siegen, wäre das womöglich erneut der Todesstoß für die Demokratie bei uns Deutschland. Erstmals seit der Reichstagswahl 1933 wären dann Nazis hierzulande wieder ganz legal die führende Partei in einem Parlament. Zwar nur in einem Landtag, aber in dem von Bayern, eben in München, wo einst ja Hitlers Aufstieg begann. Stellen Sie sich nur mal vor, was das international für Schlagzeilen gäbe. Das darf einfach nicht passieren! Will sagen, Herr Bertholdt, sorgen Sie dafür, dass über Herrn Bäuer und sein Problem nichts publik wird. Rein gar nichts. Finden Sie heraus, wer ihn erpresst und erledigen Sie die Angelegenheit. Prüfen Sie vor allem auch, ob er im Zuge seiner Sucht eventuell irgendwas über Matzwitz verraten hat. Und wenn ja, an wen? Wie Sie das alles machen, überlasse ich Ihnen."

Inzwischen ging es auf 08.30 Uhr zu. Die Kanzlerin kam zum Ende: „Sie und Ihre Leute haben freie Hand, Herr Bertholdt. Wenn Sie was brauchen, wenden Sie sich direkt an mich. Außerdem möchte ich, dass Sie mich kontinuierlich auf dem Laufenden halten. Meine Damen, meine Herren, eigentlich versteht es sich ja von selbst, trotzdem will ich zum Schluss doch noch betonen: Dieses Gespräch hat es nie gegeben. Ich hab' Ihnen keine Anweisungen erteilt!" Die Kanzlerin verschwand vom Bildschirm. Kein Bild und Ton mehr aus Berlin. Die Schaltung war vorbei. Gleich danach fing Mike an, sich wegen der Anweisungen mit seinem Stab zu beraten. Schnell wurde dabei deutlich, vorrangig musste sich um Bäuer gekümmert werden. Derweil braute sich in Hamburg, in einem Hochhaus in der dortigen Hafen-City, ein weiteres Problem zusammen.

Kapitel 49

Die Erfahrung haben sicher viele schon mal gemacht: Man stößt auf irgendetwas Merkwürdiges und hat sofort das Gefühl, hier stimmt was nicht. Genau so ging es Doreen Huthmerlett, ihrer MAGAZIN-Kollegin Jenny und Ben, dem Praktikanten im Recherche-Ressort der Zeitschrift. Das Trio war voll im journalistischen Jagdfieber. Gepackt hatte es sie vor drei Tagen, am zurückliegenden Freitag. Als sie nach wochenlangen und mühevollen Nachforschungen endlich etwas Vielversprechendes gefunden hatten zum Thema Schulden des Bundes. Material für einen Scoop, für eine wuchtige und exklusive Enthüllungs-Story. Nur ließ die sich bislang nicht erkennen. Denn es fehlte dafür noch der Rahmen, der dazugehörige Kontext. Deshalb schimmerte Doreen, Jenny und Ben zu jenem Zeitpunkt auch nicht mal ansatzweise, welcher Sensation sie da auf die Spur gekommen waren: den über Jahrzehnte hinweg verschleierten Baukosten für den hochgeheimen Regierungs-Sonderkomplex an der schleswig-holsteinischen Ostseeküste. Aber sie betrachteten ihre Recherche ja auch noch nicht als abgeschlossen.

Wie üblich an jedem Montagmorgen saßen sie gerade beisammen, um die neue Woche zu planen und ihr weiteres Vorgehen abzustimmen. „Ich fasse mal kurz zusammen, was wir haben", eröffnete Doreen als Teamleiterin die kleine Konferenzrunde. „Also, da ist diese Summe von fast einer Milliarde D-Mark. 981,4 Millionen, um genau zu sein. Die ergibt sich aus 412 Einzelposten. Alle sind jeweils verbucht als 'Mehrausgaben wegen vorab unkalkulierbarer Zusatz-Aufwendungen'. Alle stammen sie aus den Haushalten inzwischen aufgelöster Bundes-Oberbehörden und alle bloß aus den Jahren 1977, '78 und '79", erklärte Doreen. „Das sind die Fakten. Und die können wir auch klar belegen", ergänzte sie. „Aber wir können sie noch nicht einordnen. Weil wir bisher keine Ahnung haben, was dahintersteckt. Da müssen wir jetzt vorwärtskommen." Und sie legte auch sogleich dar, wie sie sich das vorstellte: „Ihr erinnert euch sicher an diesen Journalistik-Professor Michael Haller. Von dem stammt eines der Standard-Werke über methodisch-strukturierte Recherche. Wir haben uns danach mit unserer Arbeit bisher auf der Sachverhaltsebene bewegt. Was auch völlig in Ordnung war, um erstmal Informationen zu gewinnen und sie zu überprüfen. Das ist erledigt. Jetzt müssen wir auf die Deutungsebene wechseln. Das heißt, nun wird es darum gehen rauszukriegen, wer genau ist damals für die Ausgaben verantwortlich gewesen? Und vor allem, warum gab es die? Aus welchen Gründen? Lasst uns dazu mal ein Brain-Storming machen: Sagt mir zunächst einfach, was euch so an Fragen in den Sinn kommt!"

Ben fing an: „Mir fallen da gleich mehrere ein. Weshalb gab's diese Mehrausgaben nur in den drei Jahren? Warum nicht davor und danach? Wieso hat man dafür immer ein und dieselbe Formulierung benutzt? Wie erklärt sich ..." „Moment, Ben, nicht so schnell", bremste ihn Doreen. Sie kam nicht so flott damit hinterher, seine Fragen aufzuschreiben. Sie notierte sie mit einem dicken Filzstift auf Papierbögen einer großen Flipchart-Tafel. Somit wurde das Brain-Storming visualisiert. Dadurch entstand für das Trio ein besserer Überblick. „Okay, mach' weiter", forderte Doreen Ben auf. „Was ich sagen wollte, wie erklärt sich diese komische Wortwahl bei der Formulierung? Die riecht doch förmlich nach Vertuschung. Und warum sind es so auffallend viele Einzelposten, 412 Stück?" Jenny, die Dritte im Bunde, hatte bislang bloß zustimmend genickt, während Ben redete. Nun schaltete auch sie sich ein und warf zwei weitere Fragen auf: „Mich wundert ja nach wie vor, dass wir nicht schon in den einzelnen Etat-Vollzugsberichten der Ministerien auf diese knappe Milliarde an Mehrausgaben gestoßen sind, sondern zufällig bei den nachgeordneten Oberbehörden. Wieso erst da? Und zudem diese Jahre '77, '78 und '79: Da war ja Helmut

Schmidt Bundeskanzler, mit seiner SPD-FDP-Koalition. Wie ihr wisst, damals noch in Bonn. Vielleicht ist das jetzt ein bisschen weit hergeholt, aber gibt's da womöglich irgendeinen Zusammenhang mit dem, was wir bisher rausgefunden haben?"

Ohne Kommentar vermerkte Doreen auch dies auf der Flipchart-Tafel. Anschließend drehte sie sich wieder um. „Noch weitere Fragen?" Jenny und Ben verneinten. „Gut, ich weiß im Moment auch keine mehr. Wenn uns später noch welche einfallen, dann können wir die ja problemlos hinzufügen." Ein lautes Ratsch ertönte. Doreen riss den Papierbogen mit den aufgelisteten Fragen ab. Sie ging wenige Schritte zur Seite, pinnte ihn mit Nadeln an eine mobile Stellwand und kehrte zurück zu der dreibeinigen Flipchart-Tafel. „Auf zum nächsten Punkt", kündigte sie an. Dazu schrieb sie mit ihrem Filzer dick die beiden Worte „Potentielle Quellen" auf das neue Blatt an der Tafel. „Wo oder von wem könnten wir Antworten kriegen auf unsere Fragen? Welche Ideen habt ihr?"

Wieder war es Ben, der sich als Erster zu Wort meldete: „Na, ist doch klar", meinte er. „Wir müssen an die Bundesregierung ran, und zwar ans Finanzministerium." Doreen hielt dagegen: „Das stimmt schon, Ben. Natürlich müssen wir da nachhaken. Aber noch nicht. Wir wissen bislang ja fast nichts über die Hintergründe dieser Mehrausgaben. Überleg' mal: Könnte doch sein, dass das Finanzministerium seinerzeit vielleicht irgendwie mitverwickelt war in diese ganze Geschichte, oder? Der Verdacht liegt ja nahe bei so viel Geld, um das es da ging in jenen drei Jahren. Wenn wir jetzt schon bei denen anklopfen, was würde wohl ..." Ben unterbrach sie: „Stimmt, hast recht. Ist noch zu früh. Für ein konfrontatives Interview hätten wir nichts in der Hand. Wir würden nur schlafende Hunde wecken." „Genau", sagte Doreen. „Wir brauchen erst noch weitere Fakten zu den Umständen dieser seltsamen Zahlungen damals." Jenny hatte derweil über andere Quellen nachgegrübelt. Sie dachte erst an Finanz- oder Verwaltungswissenschaftler. Dann schlug sie sich selbst mit der flachen Hand an die Stirn, so wie es manche Menschen machen, wenn sie einen Geistesblitz haben: „Ich hab's!", rief sie. „Der Bundesrechnungshof." „Super, Jenny!", lobte Doreen. „Da haben wir ja 'nen guten Informanten sitzen."

Kapitel 50

Adenauerallee 81 in 53113 Bonn: Die Adresse des Bundesrechnungshofes, kurz BRH. Seit 1950 gibt es ihn. Jahrzehntelang war er in Frankfurt am Main angesiedelt. Seit 2000 hat er seinen Sitz in Bonn, im einstigen Bundespostministerium. Über 1.100 Bedienstete zählt der Bundesrechnungshof. Eine Behörde sehr spezieller Art. Nicht nur, weil sie auf der gleichen Stufe steht wie das Bundespräsidialamt, das Bundeskanzleramt und die Ministerien. Sie weist noch eine Besonderheit auf: Sie ist ein unabhängiges Organ der Finanzkontrolle und lediglich ihrem eigenen juristischen Regelwerk verpflichtet, dem Bundesrechnungshofgesetz.

In das klassische System der Gewaltenteilung lässt er sich nicht so recht einordnen, der BRH. Er gehört nicht zur Bundesregierung und ist kein Teil der Exekutive. Die Legislative kann ihm ebenfalls nichts vorschreiben. Und anders als die Judikative kann er in einem gewissen Rahmen selbst bestimmen, womit er sich thematisch befasst. Kurzum: Eine ziemlich autonome Großbehörde. Ihre Aufgabe ist es, der Berliner Politik in punkto Geld auf die Finger schauen. Anders formuliert: Der Bundesrechnungshof prüft, ob die Haushalts- und Wirtschaftsführung des Bundes ökonomisch und ordnungsgemäß ist. Konkret geht es dabei um die alljährlichen Einnahmen und Ausgaben. Ferner hat der BRH auch die Sozialversicherungsträger im Auge. Überdies achtet er darauf, was der Bund bei privatrechtlichen Unternehmen, an denen er beteiligt ist, so macht.

Insgesamt hat die Behörde neun Prüfungs-Abteilungen. Die agieren auf mehr als 50 Gebieten. Bauprojekte und die Landwirtschaft gehören unter anderem dazu, ferner die Bundeswehr, Arbeit und Soziales oder auch Forschung und Entwicklung und noch viele andere Bereiche. Basierend auf seinen Erkenntnissen berät der BRH zudem beispielsweise das Parlament sowie staatliche Stellen. Überdies unterrichtet er den Bundestag, den Bundesrat und die Regierung über seine wichtigsten Prüf-Ergebnisse. Und die werden auch veröffentlicht, als sogenannte Bemerkungen. In den Medien finden sie oft großen Widerhall.

Dass das so ist, dürfte dem Bundesrechnungshof sicher nicht unangenehm sein. Denn trotz seiner außergewöhnlichen Stellung ist er eigentlich – salopp gesagt – ein zahnloser Tiger. Kay Scheller, der Präsident der Behörde, hat dies auch offen eingeräumt. In einem Online-Text schrieb er: „Der Bundesrechnungshof hat weder Weisungsbefugnisse noch Sanktions-Möglichkeiten. Zur Durchsetzung seiner Empfehlungen ist er allein auf die Überzeugungskraft seiner Argumente angewiesen." Offenbar funktioniert das. Laut Scheller werden die Vorschläge des BRH nämlich größtenteils angenommen. Was im Kehrschluss heißt: Es werden nicht immer alle befolgt.

Kapitel 51

„Hartmann", meldete sich die schon ältere Männerstimme. „Guten Tag, Herr Doktor Hartmann. Huthmerlett hier vom MAGAZIN", sagte Doreen. „Freut mich, mal wieder von Ihnen zu hören", antwortete der Mann. „Ist ja schon eine Weile her, dass wir zusammen telefoniert haben."

Doreen sprach mit Wilfried Hartmann. Der promovierte Jurist gehörte schon sehr lange zu den Informanten des MAGAZINS. Ein Redakteur des Blattes hatte ihn zur stillen und verdeckten Zulieferung überreden können, indem er ihn einst geschickt bei seiner Eitelkeit packte. Zu jener Zeit saß der Bundesrechnungshof noch in Frankfurt/Main. Hartmann war jung, politisch links-liberal eingestellt und fühlte sich stark geschmeichelt, dass sich ein MAGAZIN-Redakteur so intensiv für ihn interessierte. Dazu muss man wissen, dass die Zeitschrift seinerzeit konkurrenzlos gewesen ist in der deutschen Medienlandschaft. Zudem verfügte sie noch über weit größeres Ansehen als heute. Journalistisch war sie das Maß aller Dinge. Und zwar jede Woche wieder. Immer gleich zu Beginn. Denn die jeweils neue Ausgabe erschien stets montags. Der galt als MAGAZIN-Tag. Und der war oft gefürchtet. Insbesondere in Bonn, der damaligen Bundeshauptstadt, während der Regentschaft von Helmut Kohl. Was würde das Blatt wohl diesmal enthüllen? Diese bange Erwartungshaltung der Politik nutzte ehemals die Marketing-Abteilung der Zeitschrift für einen witzigen Kino-Werbespot. Im Mittelpunkt dabei: die „Bonn Town Rats". Eine Rockband, bestehend aus Puppen, aber mit Gesichtern von Kohl und Co. Musik fängt an. Ein bekanntes Gitarren-Intro. Die dickliche Kanzler-Puppe, ganz in Leder, tritt ans Mikro. Und in genau jener ganz eigenen Mundart, wie der Pfälzer Polit-Koloss sie hatte, singt die Figur die erste Song-Textzeile: „Monday morning feels so bad". Ein richtig gut gelungener Reklame-Gag, konnte doch jeder gleich assoziieren, warum sich die Kohl-Puppe Montagmorgen so mies fühlte: Das aktuelle Heft des MAGAZINS kam raus. Mit beigetragen zum Erfolg des Werbespots hat aber wohl sicher auch, dass es sich bei dem ausgewählten Lied um einen Rock-Klassiker handelte: „Friday On My Mind". Das Original, aus dem Jahr 1966, stammte von der australischen Band „The Easybeats". Seither wurden reichlich Cover-Versionen dieses Songs produziert. Eine der besten Kopien ist fraglos jene, die 1987 der irische Gitarrist Gary Moore veröffentlichte.

Wilfried Hartmann blieb dem MAGAZIN immer verbunden als Informant, über sein gesamtes Berufsleben hinweg. Derweil wurde er hochrangiger Beamter im Bundesrechnungshof. Er brachte es bis hin zum Leiter einer Prüfabteilung. Mittlerweile befand er sich allerdings schon einige Jahre in Pension. Doch trotz seines Ruhestandes wusste er nach wie vor recht gut darüber Bescheid, was in der Behörde passierte. Seine Ex-Kollegen hielten ihn nämlich auf dem Laufenden. Und einiges davon berichtete er auch immer noch weiter an die Hamburger Zeitschrift, an die Recherche-Redaktion. Von daher kannte ihn Doreen.

Sie tauschte mit ihm zunächst ein paar freundliche Sätze aus, dann kam sie zur Sache: „Was ich Ihnen jetzt erzähle, Herr Doktor Hartmann, bitte ich vertraulich zu behandeln. Wir haben was gefunden aus der zweiten Hälfte der 70er Jahre, darauf können wir uns derzeit noch absolut keinen Reim machen. Ich hoffe, Sie können uns da weiterhelfen." „Na, dann schießen Sie mal los", forderte er sie auf. Doreen schilderte ihm, wie die Recherche gelaufen war und was sie bislang erbracht hatte. Sie war damit noch nicht ganz am Ende angelangt, als Hartmann überraschend sagte: „Je mehr Sie reden, desto deutlicher erinnere ich mich wieder."

Doreen reagierte perplex: „Sie kennen diese seltsamen Buchungen?" „Ja", erwiderte der Pensionär, verbesserte sich aber gleich darauf: „Das heißt, nicht direkt. Ich hatte damals nämlich gerade erst meine Stelle angetreten, aber trotzdem wusste ich von diesen 'Mehrausgaben wegen vorab unkalkulierbarer Zusatz-Aufwendungen'." „Woher?" hakte Doreen nach. „Aus der Kantine, von Tischgesprächen beim Essen. Das war 'ne ganze Weile das Top-Thema. Weil es seinerzeit viel Ärger gab um diese Summen. Unsere Behördenspitze hatte dazu bei der Regierung immer wieder Akteneinsicht angemahnt, doch nie gekriegt. Schon das war recht merkwürdig. Richtig außergewöhnlich jedoch ist was anderes gewesen. Und nach allem, was mir bekannt ist, hat es das seitdem auch nie wieder gegeben." „Und was war das?", wollte Doreen erfahren. „Nun, der damalige Bundespräsident hatte sich in den Konflikt eingeschaltet. Aber der teilte unserem Haus nur mit, es gehe um hochgeheime Interessen. Deshalb könnten keinerlei Unterlagen zur Prüfung vorgelegt werden. Nach dem Haushaltsjahr '79 würde Schluss sein mit den Mehrausgaben, was dann ja wirklich der Fall war. Und im Interesse Deutschlands sollten wir in unseren Publikationen, in den sogenannten Bemerkungen, auch nichts veröffentlichen über diese ganze Angelegenheit."

Doreen staunte. „Aber selbst das deutsche Staatsoberhaupt kann dem Bundesrechnungshof doch keine Vorschriften machen!", merkte sie an. Daraufhin erklang in der Telefonleitung erst ein leicht zynisches Lächeln. Anschließend sagte Hartmann: „Ja, ja. Schon richtig. Nach dem Gesetz kann er das nicht. Aber Sie kennen sicher den berühmten Unterschied zwischen Theorie und Praxis. Und Sie wissen wohl auch, was Partei-Zugehörigkeiten bewirken können, gerade in Ämtern und Behörden. Jedenfalls war danach Ruhe. Für mich war das der Beleg, dass es da um was ganz Großes gegangen sein muss." „Haben Sie denn in etwa eine Vorstellung davon, was das gewesen sein könnte?", fragte Doreen. „Leider nein", antwortete er ihr, „darüber kann ich auch nur spekulieren. Aber mir ist gerade jemand eingefallen, von dem man vielleicht Näheres erfahren könnte. Ein Kommilitone von mir und guter

Freund. Der war bis 2018, als er in Pension ging, persönlicher Referent von Ole Schultz, dem Finanzminister. Den könnte ich anrufen. Vorausgesetzt, Sie gestatten es mir, ihn in Ihre Recherche einzuweihen. Damit er besser versteht, um was es geht. Wären Sie damit einverstanden?"

Doreen zögerte. Erst vorhin hatte sie Ben erklärt, wieso es wichtig ist, nicht allzu schnell an die wahrscheinlichen Haupt-Protagonisten einer Geschichte heranzugehen. Auch ihr Bauchgefühl sagte nein, mach' es nicht. Ist noch zu früh für einen solchen Vorstoß. Ex-Referent des Bundesfinanzministers, der ist zu dicht dran am Kern der Story. Wenn da jetzt schon was rauskommt, bringt das vielleicht alles in Gefahr. Doch andererseits winkte ihr hier die Chance, mit der Recherche eventuell einen entscheidenden Schritt voran zu kommen. Deshalb wollte sie sich vergewissern, ob der frühere Referent auch schweigsam ist. „Bevor ich Ihnen antworte, Herr Doktor Hartmann, erlauben Sie mir zunächst die Frage: Kann Ihr Freund unsere Arbeit wirklich für sich behalten?" „Selbstverständlich", bekam sie zu hören. „Er ist ein erfahrener Jurist, wie ich auch. Und wie gesagt, wir kennen uns schon seit gemeinsamen Studienzeiten. Außerdem sind wir beide 'Alte Herren' unserer früheren Studenten-Verbindung. Der ist absolut zuverlässig. Wenn ich ihm was im Vertrauen erzähle, dann bleibt das auch unter uns. Da machen Sie sich mal keine Sorgen!"

Doreens Zweifel waren damit zwar nicht komplett zerstreut, aber sie gab Hartmann trotzdem grünes Licht für den Anruf bei seinem Freund. Ein Fehler, der noch eine riesige Lüge über die jüngere deutsch-deutsche Geschichte nach sich ziehen sollte.

Kapitel 52

Nadja Kohlitz, die Truppen-Psychologin in Matzwitz, erschien bestens gelaunt zum Dienst. Sie hatte Sonntag frei gehabt und den Tag genutzt, um ihrer Seele etwas Besonderes zu gönnen. Einen frühen Ausritt direkt an der Ostsee. Kurz vor halb sechs war sie losgefahren, mit ihrer braunen Stute Paola im Pferde-Anhänger. Ihr Ziel, nur rund zwanzig Minuten entfernt von Matzwitz: die Hohwachter Bucht, genauer der Sehlendorfer Strand.

Als sie ankam, hatte sie ihn für sich allein. So wie erhofft. Weit und breit kein Mensch. Bloß Möwen, Enten und vereinzelt auch ein paar Gänse. Sie ruhten noch schläfrig im Sand oder dümpelten träge vor sich hin, in den sanft auslaufenden Wellen mit ihren rhythmisch plätschernden Gischt-Kronen. Dies alles bei schon angenehmer Wärme im Licht der Morgenröte. Nadja lud ihr Pferd aus, sattelte Paola und führte sie vom Parkplatz vorbei an einigen noch geschlossenen Andenkenläden und Imbissbuden hin zum Strand. Dort angelangt, schwang sie sich auf das Tier. Los ging es zunächst im langsamen Schritt-Tempo. Anschließend gemütlicher Trab, dann scharfer Galopp. Die wirbelnden Hufe der Stute ließen das Wasser unter ihr hoch aufspritzen. Sehr zu Nadjas Freude. Die stand der 37-Jährigen förmlich ins Gesicht geschrieben. Während des Ritts lud sie kräftig ihren persönlichen Akku auf. Dabei huldigte sie auch diesmal einem leicht verrückten Ritual; wie immer, wenn sie mit Paola unterwegs war. Es bestand darin, dass sie via Handy und über kleine Innenohr-Kopfhörer bestimmte Musik genoss. Sozusagen ihre ganz persönliche Playlist. Alles Songs, die irgendwas mit Pferden oder Reiten zu tun hatten. Gerade lief „Fliegende Pferde" von Achim Reichel. Der Refrain passte auch prima zu ihrem euphorischen Hochgefühl und dem Ort, an dem sie sich befand: *„Fliegende Pferde landen am Strand. Sie kamen übers weite Meer, keiner weiß woher. Fliegende Pferde laden dich ein, auf ihrem Rücken mit der Welt Eins zu sein."*

Nun begann wieder ihr Alltag. Die Uhr zeigte an diesem Montagvormittag bereits kurz vor zehn. Nadja war verspätet. Sie hatte vorher noch einen Termin gehabt. In Kiel, in der Nähe vom Alten Markt, in der Dänischen Straße. Bei ihrem Zahnarzt. Früher mal der ihres Vaters. Der hatte ihn stets hoch gelobt, weil er ihn fachlich hervorragend fand. Daraufhin ließ sich erst Nadjas Schwester Sophie von ihm als Patientin behandeln. Und als die sich danach ebenfalls ganz angetan zeigte, ging auch Nadja zu ihm. Von Kiel aus war sie dann gleich nach Matzwitz gefahren. Gerade betrat sie das Stabsgebäude. Auf dem Weg zu ihrem Dienstzimmer kam sie wie immer am Büro von „Mo" Beuck vorbei. Seine Tür stand offen.

„Moin, Mo!", rief sie ihm zu. Der S 4 und somit Teilbereichsleiter für die Logistik grüßte zwar zurück, aber äußerst brummelig. Nadja stutze. Sie hielt inne, drehte sich um und ging zu ihm. „Is' was?", fragte sie. „Ja, klar!", platzte es aus ihm heraus. „Ich hab' so 'n dicken Hals! Das ist doch alles irre im Quadrat! Was hier abgeht, das glaubt einem keiner!

Der ganze Laden steht mir bis hier oben", empörte sich „Mo" lautstark und zeigte mit der Handkante an seinen Hals. Er war in Fahrt. Richtig verärgert. So wie er gerade aussah, mit grimmigem Gesicht, stämmiger Figur, stark tätowiert, Vollbart und wilder Mähne auf dem Kopf, hätte er glatt in jedem Film von Quentin Tarantino mitspielen können. Als übler Fiesling. Zumal auch seine raue Sprache dazu passte. Wenn es sein musste, konnte er sich zwar wohlformuliert ausdrücken. Aber nicht, wenn er sich ärgerte. Dann gab's von ihm Klartext. Bisweilen sehr saftig. Er polterte auch immer noch: „Weißt du, was das Beste ist: Diese elende Drecksau darf einfach so weitermachen wie bisher. Als ob überhaupt nichts gewesen wär'. Zur Belohnung soll ich dieser kranken Fotze sogar noch ihren Spezial-Wunsch erfüllen, obwohl sie Niklas fast tot gegrillt hat. Aber das ist ja egal. Kein Wort hat sie über ihn verloren. Null Mitleid. Echt ey, im Moment könnte ich gar nicht so viel fressen, wie ich kotzen möchte", schloss „Mo" seine Schimpf-Tirade.

Nadja hatte ihm zugehört, doch nicht so ganz verstanden, was ihn derart aufregte. „Okay, bin zwar blond, aber ist angekommen bei mir: Du bist gerade stinksauer. Jetzt komm' mal runter und erzähl' mir, wieso du eigentlich so 'ne miese Stimmung hast?", forderte sie ihn auf. „Mo" schaute zunächst leicht irritiert, bevor ihm wieder einfiel, dass sie tags zuvor dienstfrei gehabt hatte. „Ach, stimmt ja. du warst ja gestern bei der Morgenlage nicht dabei", begann er. „Also, in Berlin ist die Kacke ganz schön am Dampfen. Die Kanzlerin höchstpersönlich war nämlich zugeschaltet und hat uns 'ne Kurs-Ansage gemacht." Nadja zog erstaunt ihre Augenbrauen hoch. Es kam nämlich nur sehr selten vor, dass die Kanzlerin per Live-Stream an der Morgenlage teilnahm. Und natürlich wollte sie nun erfahren, wie die Kurs-Ansage lautete.

„Mo", der sich inzwischen wieder beruhigt hatte, erläuterte sie ihr: „Wir sollen uns um drei Sachen kümmern. Erstens: Matzwitz weiterhin unter allen Umständen streng geheim halten. Das machen wir ja sowieso. Aber sie hat dazu außerdem erklärt, unsere Anlage hier könnte eventuell wirklich wieder als sicherer Arbeitsort für die Bundesregierung gebraucht werden. Zweitens: Wir sollen Bäuer den Arsch retten und seine Scheiße wegmachen. Hast du ja noch mitgekriegt am Wochenende, dass dieser dumme Sack erpresst wird. Wir sollen nun rausfinden von wem, den Typen finden und ihn platt machen. Und zwar schnell, rückstandslos und ohne dass auch nur irgendwas davon rauskommt. Hat sie extra betont. Weil sonst die BVP am nächsten Sonntag vielleicht die Bayern-Wahl verlieren könnte, meinte sie. Jedenfalls dürften in München wegen Hitler nicht diese Neu-Nazis vom BDP gewinnen. Und Drittens, deswegen war ich eben gerade so auf 180: Die von Draburg, dieses Stück Dreck, wird auch noch belohnt. Die kriegt bald 'nen Super-Job bei der EU. Bis dahin sollen wir sie so nehmen, wie sie ist. Und ausgerechnet ich als S 4 muss ihr auch noch diesen Kampf organisieren, den sie unbedingt sehen möchte. Angeblich hat sie das als Bedingung genannt für ihren Wechsel nach Brüssel. So hat's die Kanzlerin uns jedenfalls gesagt. Aber zu der Sache mit Niklas, zu der hat sie nichts gesagt. Rein gar nichts. Die hat nicht mal gefragt, was mit ihm ist."

Nadja kannte Niklas Köhler nicht direkt. Doch sie wusste natürlich, was Bettina von Draburg ihrem bisherigen Personenschützer Schreckliches zugefügt hatte; vor zwei Tagen, am Samstag, wenige Stunden vor dem Desaster mit Bäuers Erpressung und der Geldübergabe. In Anspielung auf den Medizin-Chef in Matzwitz, Christian Burchard, fragte sie „Mo" daher: „Hat in der Morgenlage denn der Doc was dazu gesagt, wie's ihm geht?" „Ja. Niklas liegt natürlich immer noch bei ihm im SanZentrum. Ist ja wie in 'ner Klinik da. Er ist stabil und bei Bewusstsein, aber er wird immer noch vollgepumpt mit Schmerzmitteln. Ist ja auch kein Wunder nachdem, was dieses verfluchte Miststück mit ihm gemacht hat. Was dem Doc allerdings Sorge macht, ist dass er nicht redet. Der spricht einfach nicht. Und er guckt angeblich immer weg, wenn jemand bei ihm im Zimmer ist. Immer so zur Seite. Der kann keinen anschauen."

Das wunderte Nadja ganz und gar nicht. Als promovierter Psychologin und Sozialpädagogin war ihr sofort klar, was das bedeutete. Köhler hatte nicht nur mit den fürchterlichen Wunden sowie der Verstümmelung seines Geschlechts zu kämpfen, sondern überdies auch noch mit einem äußerst schweren Trauma. Daran würde sie mit ihm umgehend arbeiten müssen. Das gehörte schließlich mit zu ihrem Job in Matzwitz. Wichtiger aber war vorerst die weitere medizinische Behandlung.

Daher fragte sie „Mo" noch etwas anderes: „Sag' mal, dieser Kampf, den du da für die von Draburg vorzubereiten hast, was soll das denn werden, wie muss ich mir das vorstellen?" Sie erntete zunächst einen schiefen Blick. Dann setzte „Mo" hinterher: „Weißt du das etwa nicht?" „Nee", sagte Nadja. „Hat mich bisher nie interessiert, und ich hab' mir das auch nie angeguckt." „Okay", begann „Mo", „also, ausgetragen wird der Kampf bei uns im Kolosseum." Das wiederum kannte Nadja. Es gehörte mit zu den schier unglaublich anmutenden Einrichtungen für den elitären Kreis der zeitweiligen Gäste aus Deutschlands Spitzenpolitik. Der ovale Bau befand sich auf dem weitläufigen Areal des Schießplatzes Todendorf, dem oberirdischen Teil des Regierungs-Sonderkomplexes. Dort war das auf alt getrimmte Amphi-Theater auf besondere Weise getarnt worden. Errichtet nämlich hatte man es einst in einer eigens ausgehobenen Bodensenke, an den Rändern umsäumt von hohen Bäumen. Zudem ließ es sich wie manch modernes Fußballstadion verschließen, mit einem bepflanzten Riesen-Schiebedach. Ihrer Größe nach hatte die Arena etwa ein Drittel der Ausmaße des Kolosseums in Rom, wenn überhaupt. Vom Stil her jedoch sah sie verblüffend ähnlich aus. Neuzeitliche Gladiatoren allerdings traten dort nicht gegeneinander an. Bloß Kämpfe zwischen Mann und Tier gab es.

„Was wird's denn diesmal sein?", wollte Nadja von „Mo" wissen. „Ein Braunbär", antwortete er. „Ja klar, 'n Bär. Kann man in Deutschland ja auch ganz einfach in jedem Heimtier-Markt kaufen", meinte Nadja leicht zynisch. „Natürlich nicht", erwiderte „Mo" und erläuterte: „Wir besorgen den woanders. Da gibt's so viele, das fällt gar nicht auf, wenn da einer weg ist." „Junge, du sprichst in Rätseln. Mal Budder bei die Fische: Was heißt das?", hakte sie nach. „Gegenfrage", sagte „Mo": „Wo kann man Sachen besorgen, an die man offiziell hier in Deutschland entweder nur schwer oder überhaupt nicht rankommt?" „Im Darknet!", fiel Nadja ein. „Nicht schlecht. Aber überleg' mal, wo noch?", forderte „Mo" sie auf. Sie grübelte eine Weile nach, bevor ihr eine Idee kam: „In Osteuropa!?"

Es ist erstaunlich und erschreckend zugleich, wie einfach und billig in Staaten des früheren Ostblocks gewisse Dinge zu haben sind. In Rumänien beispielsweise. Einst hatte der neo-stalinistische Diktator Ceausescu das Land unter seiner Knute, bis zu seiner Exekution Ende 1989. Recht lange her. Seitdem hat sich dort vieles verändert. Doch trotz allen Wandels gibt es auch reichlich Armut, insbesondere in strukturell schwachen Regionen. Und wo wirtschaftliche Not herrscht, blüht oftmals Kriminalität. Rumänien bildet da keine Ausnahme. Im Gegenteil. Die Verbrecher-Szene dort ist weitläufig verzweigt, gut organisiert, teils sehr brutal und kennt fast keine Skrupel. Für sie ist es ein Klacks, an einen Braunbären zu kommen. Zumal die Tiere massenhaft da sind. Rumänien hat die größte Population solcher Bären in Europa außerhalb Russlands. Einige tausend Exemplare sind's, die dort noch in freier Wildbahn leben. Vor allem in den Waldgebieten der Karpaten.

Die Beschaffung vor Ort lief über einen Kontaktmann, einen ergrauten Offizier a. D., ehemals Oberst der rumänischen Luftwaffe. Er betrachtete seine Pension nach mehreren Jahrzehnten Dienstzeit als unverschämt niedrig. Daher nutzte er seine alten Verbindungen zu ziemlich düsteren Figuren der ehemals gefürchteten Geheimpolizei Securitate für kleine Geschäfte nebenbei. Dieser Deal allerdings war für seine Verhältnisse beileibe nicht klein. Er umfasste nämlich das Mehrfache der sonst üblichen Summe für ein derartiges Raubtier. Zusätzlich winkte eine fette Extraprämie nach erfolgreicher Abwicklung des Projekts. Überdies gab es die feste Zusage, nötige Schmier- und Schweigegelder zu erstatten. Dafür jedoch waren zwei Bedingungen zu akzeptieren. Eine davon lautete, dass der Bär zu einem bestimmten Zeitpunkt, der erst kurzfristig mitgeteilt werden würde, reisefertig zu sein hatte. In einer Transportkiste und Langzeit-narkotisiert. Blieb noch die andere Bedingung. Sie stellte für den Ex-Oberst der Luftwaffe allerdings kein allzu großes Problem dar. Für die Reise des Bären sollten Start- und Landerechte besorgt werden, auf dem Militär-Flugplatz Fetesti, rund eineinhalb Autostunden östlich der Hauptstadt Bukarest. Außerdem wurde verlangt, in den Unterlagen und Speicher-Medien der Airbase die Kennung der deutschen Transall, die die Kiste abholen sollte, zu verschleiern. Dass die Transportmaschine von einer Sonder-Crew geflogen werden würde, das brauchte niemand zu wissen. Auch nicht, dass ihr Ziel ein Flugplatz der Bundeswehr in Norddeutschland war: Hohn bei Rendsburg. Natürlich würden dort alle sonst üblichen Formalitäten einfach entfallen. Nach der Landung, nachts, sollte dann ein Lkw den sedierten Bären abholen und nach Matzwitz fahren. Für die komplette Aktion war knapp ein Tag veranschlagt.

An all dem arbeitete „Mo" als Logistik-Chef gerade mit seinen Leuten aus der S 4-Abteilung. Oberste Prämisse – wie üblich in Matzwitz – war auch dabei die Geheimhaltung. Deswegen wurden falsche Accounts, frisierte Mails, abgeänderte Papiere und falsche Namen benutzt. Zudem diverse Tarnfirmen sowie verdeckt operierende Mittelsmänner. Zahlungen liefen bloß zum Schein über Konten. Geld floss samt und sonders nur in bar. So hätte keiner zurückverfolgen können, woher es kam. Das Team um „Mo" hatte aber noch eine weitere Baustelle. Und Nadja Kohlitz, die immer noch in seinem Büro saß, interessierte es auch, wie es auf der aussah. „Habt ihr denn schon jemanden, der im Kolosseum gegen den Bären antreten wird?", fragte sie. „Jou, haben wir", sagte „Mo" und grinste. „Den könnten wir fast zusammen mit dem Bären hierherbringen. Ist zufälligerweise nämlich einer aus Moldawien. Liegt ja gleich um die Ecke von Rumänien." Es mag seltsam anmuten, aber für solche Kämpfe fanden sich bei Bedarf ganz leicht junge Männer. Rekrutiert wurden sie oft in runtergekommenen Gegenden Osteuropas. Bei der Anwerbung, mittels einheimischer Helfer, ging man mit ihnen relativ offen um. Natürlich erfuhren sie nie, wo sie kämpfen sollten. Aber dass sie es mit einem Bären oder einer Raubkatze zu tun kriegen würden, das sagte man ihnen schon. Auch, dass sie Angriffe lediglich mit einer einzigen Waffe abwehren könnten, einem Messer. Doch das bräuchten sie ja vielleicht gar nicht, hieß es dann immer. Darauf folgte dann im Gespräch meist eine kleine Pause. Die Überleitung zu einer rhetorisch geschickten Wende. Denn anschließend erzählte man ihnen stets, der Kampf würde nicht auf Leben und Tod gehen, sondern auf Zeit. Sogar nur sehr kurze Zeit. Bloß 120 Sekunden. Zwei Minuten. Dann wär's auch schon vorbei. Also nicht viel. Auf keinen Fall länger. Und wer weiß, möglicherweise verhält sich das Tier ja ruhig. Das wär' doch wirklich leicht verdientes Geld. 500.000 Euro kriegst Du dafür. Allein für dich. Was ließe sich damit alles anstellen. Überleg' mal, eine halbe Million. Damit sieht die Welt doch völlig anders aus. Auf diese Art und Weise wurden die in der Regel armen jungen Männer geködert. Natürlich sagten die meisten trotzdem nein. Und die, die das nicht taten, willigten auch nur selten gleich ein. Doch einer war bislang noch immer darunter, der das enorme Risiko für die Aussicht auf ein besseres Leben in Kauf nahm.

Nadja wollte gerade mit „Mo" darüber diskutieren, wie verwerflich und abscheulich sie das alles fand. Da räusperte sich eine Frauenstimme. Heike Jensen, Mike Bertholdts Sekretärin, stand in der offenen Bürotür. „Entschuldigung, wenn ich störe", sagte sie, „aber der Chef hätte Sie gern mal gesprochen, Frau Kohlitz." Nadja verabschiedete sich von „Mo" und folgte ihr zu Bertholdts Dienstzimmer. Heini, Mikes Hund, empfing sie. Noch bevor sie eintrat, lief ihr der mächtige Rüde schon entgegen. Mike nahm den Schäferhund-Leonberger-Mischling oft mit ins Büro. So häufig, dass man ihn im Stabsgebäude spaßeshalber bereits als seinen Adjutanten bezeichnete. Neugierig schnüffelte er an Nadja. Bertholdt rief ihn zurück: „Schluss, Heini! Geh' auf deinen Platz!" Aber Nadja erwiderte: „Ach, lassen Sie ihn mal. Der will Sie doch bloß beschützen und nur wissen, wer ich bin." Zusammen mit ihrer Schwester Sophie war Nadja von Kindesbeinen an mit einem Hund groß geworden. Daher hatte sie auch keine Angst vor solchen Tieren, Respekt hingegen wohl. Sie kannte die Zeichen, auf die bei Hunden geachtet werden sollte, und verhielt sich auch danach. Heini machte es ihr leicht. Er befand sie für gut, zeigte ihr das und hatte absolut nichts dagegen, sich von ihr da kraulen zu lassen, wo es nahezu jeder Hund gern mag – hinten auf der Kruppe und zwischen den Vorderläufen, auf der Brust über dem Herzen.

Mike schmunzelte. Ihm imponierte, wie seine Truppen-Psychologin mit dem Tier umging. Zumal es Heini auch längst nicht jedem gleich immer gestattete, dass man ihm so nahekam. „So, fertig. Das war's. Auf gute Freundschaft, du Kuschelbär", sagte Nadja und blickte zu Bertholdt. Der bot ihr an, auf dem Ledersessel vor seinem aufgeräumten Schreibtisch Platz zu nehmen. „Kaffee, Saft oder Wasser, was hätten Sie gern?", fragte er sie, versehen mit einem charmanten Lächeln. Er meinte es nur freundlich. Nadja spürte dennoch mehr. Etwas, dass in ihr schon mal aufgeblitzt war. Erst neulich, auf Gut Panker. Als er ihr dort bei ihrem Tarn-Job, der Hufpflege, zugesehen hatte und sie teils dienstlich, teils auch privat miteinander ins Gespräch gekommen waren. Angenehm ist das gewesen. Mehr als das. So ein Gefühl nach erstem Vertrauen. Aber vielleicht bildete sie sich das auch nur ein. Außerdem war er ihr Chef und deutlich älter als sie. Schnell schob Nadja ihre Gedanken beiseite und antwortete ihm: „Wasser, bitte."

Mike öffnete eine Flasche, goss ein Glas voll, stellte es ihr hin und kam zur Sache: „Sie wissen ja, Frau Kohlitz, was am Wochenende passiert ist. Deswegen hatte sich gestern die Kanzlerin in unsere Morgenlage dazugeschaltet." „Ja, ich hab' schon davon gehört. Herr Beuck hat's mir vorhin erzählt", warf Nadja ein. „Na, dann sind Sie ja wohl auch schon darüber im Bilde, was derzeit das größte Problem ist: die bevorstehende Wahl in Bayern und diese leidige Sache mit Herrn Wirtschaftsminister Bäuer. Ich hab' daher schon Sonnabendnacht gleich ein paar Leute zu ihm nach Regensburg geschickt. Sein Haus ist jetzt erstmal absolut sicher. Außerdem sind die auch schon dran, nach Ansätzen zu suchen, um die Hintergründe aufzuklären. Aber der Kanzlerin geht es nicht fix genug. Sie will, dass wir diese Erpressungs-Geschichte schnellstens aus der Welt schaffen. Deswegen wird Herr Gerbald nachher runterfliegen, und Sie, Frau Kohlitz, hätte ich auch gern dabei. Wegen Herrn Bäuer. Wie die OPZ von unserem Trupp unten erfahren hat, ist seine seelische Verfassung offenbar immer noch miserabel. Ich will da auf Nummer sichergehen und möchte, dass Sie sich um ihn kümmern."

Kapitel 53

Regensburg hat tatsächlich einen Stadtteil namens Galgenberg, dazu auch eine Galgenbergstraße. Echt witzig, befand einst Bernd Graumann, der Boss der „Rattlesnakes". Und so kam es, dass er sich ganz dort in der Nähe mit seinen Rockern niederließ. In einem Gewerbegebiet direkt an der A 3. Dort hatten sie sich den hinteren Teil einer leerstehenden Lagerhalle umgebaut zum Clubhaus. Nach ihrem Coup am Wochenende hatten sie darin eine wilde Party gefeiert, die zu einer regelrechten Orgie ausartete. Selbst jetzt, am Montagmittag, roch es noch nach Rauch, Bier und Schweiß.

Graumann hatte seine Leute einbestellt, um ihnen seine weiteren Pläne darzulegen. „Ich hab' euch ja gesagt, dass der das Geld abdrückt. Hat auch prima geklappt", lobte der 52-Jährige sich selbst. Schließlich hatte er die ganze Erpressung ausbaldowert und auch die Idee mit der Drohne gehabt. „Genauso machen wir das auch beim nächsten Mal. Bäuer zahlt wieder, jede Wette. Aber dann muss er 250.000 'überschieben", erklärte Graumann. Sein Stellvertreter, „Vice President" Kai, meldete sich. Mit einem leichten Kopfnicken erteilte ihm Graumann das Wort: „Bernd, die 100.000, die wir jetzt haben, das ist ja vielleicht heiße Kohle. Kann doch sein, dass die Nummern der Scheine registriert sind, oder?" Der Rocker-Boss lächelte überlegen: „Keine Sorge, mach' dich locker. Ist überhaupt kein Problem. Hab' ich schon vorher geregelt. Mit unseren italienischen Freunden. Die waschen uns die Kohle." Graumann kam sich richtig toll vor. Größer, mächtiger und unangreifbarer denn je. Und was Cleverness anging, konnte ihm keiner das Wasser reichen. Glaubte er.

Doch er hatte die Rechnung ohne Markus-Maria Roth gemacht. Bevor der erfahrene BKA-Personenschützer Matthias Bäuer zugeteilt wurde, den er gerade in dessen Privathaus in Regensburg bewachte, hatte er bereits auf viele andere Polit-Promis aufgepasst. Es gab fast nichts, was ihn in dem Geschäft noch groß hätte überraschen können. Bis letzten Samstag. Bis zu dem spätabendlichen Geschehen in Bäuers Garten und dem völligen Zusammenbruch des Bundesministers für Wirtschaft. In dessen weitläufigem Bungalow herrschte seither der Ausnahmezustand, freilich ohne dass das dem modernen Bau von außen anzusehen war. Für Roth und seinen Kollegen Karim Afarid, den Personenschützer aus Reihen der Bundeswehr, war noch in derselben Nacht Verstärkung eingetroffen. Sechs Mann. Schlank, gepflegt, auffallend geschmeidig und durchtrainiert. Für jemanden, dem bekannt ist, worauf man achten muss, leicht als Profis erkennbar. Alle in zivil. Mit diversen Taschen, Koffern und kleinen Kisten. Was die enthielten, sagten sie nicht. Die Männer stellten sich auch nicht großartig vor, sondern nannten lediglich ihre Vornamen: Hannes, offenbar der Anführer, Marc und Timur sowie David, Alkan und Lukas. Dass sie aus Matzwitz kamen, verrieten sie nicht. Afarid jedoch schien mit ihnen bestens vertraut zu sein. Das reichte Roth vollkommen, um sich einen Reim darauf zu machen, um was für Leute es sich handelte. Damit lag er auch nicht daneben. Er kooperierte sofort mit ihnen, wobei seine Zugehörigkeit zum BKA recht hilfreich war.

Schon kurz nach ihrer Ankunft nämlich fingen die Männer an, quasi den Tatort aufzunehmen, Spuren zu sichern und Bäuers Drogen-Handy, das Afarid neben ihm im Garten entdeckt hatte, auszuwerten. Außerdem befragten sie ihn immer wieder, rekonstruierten daraufhin den Vorfall mehrere Male, versuchten ferner das mutmaßliche Umfeld aufzuhellen und informierten über alles kontinuierlich die OPZ in Matzwitz. Kurzum: Eine ganze Menge Arbeit seit der Nacht von Sonnabend auf Sonntag. Inzwischen war es später Montagnachmittag. In Kürze, so hatte es Matzwitz mitgeteilt, sollten Vize-Kommandeur Robert Gerbald und die Truppen-Psychologin da sein. Bis dahin wollte das Team in Bäuers Haus noch damit warten, gemeinschaftlich zu erörtern, was die jüngsten Nachforschungen ergeben hatten und wie der aktuelle Stand der Dinge lautete.

Derweil ließ sich der Bundeswirtschaftsminister selbst kaum mal blicken. Matthias Bäuer weilte seit seinem Kollaps vorletzte Nacht die meiste Zeit in den oberen Räumen seines prachtvollen Bungalows. Aber nicht allein. Timur war bei ihm, einer der beiden Sanitäter aus dem Sechs-Mann-Trupp. Er sollte den BVP-Politiker im Auge behalten. Sicherheitshalber. Denn Bäuer sah richtig schlecht aus. Wie ein Mann, der resigniert hatte und dem alles egal war. Er ließ sich auch merklich gehen. Struppiges Haar, tiefdunkle Augenringe, nicht geduscht und unrasiert. Dazu extreme Stimmungs-Schwankungen. Mal aggressiv, mal apathisch, mal wie ein Häufchen Elend. Trotzdem telefonierte er gerade. Julius „Cäsar" Roeder hatte ihn angerufen, Bayerns Ministerpräsident und Landesvorsitzender der BVP, der Bayerischen Volkspartei. Er hatte natürlich überhaupt keine Ahnung von all dem, was passiert war. Wie auch? Daher bedrängte er Bäuer abermals und sehr vehement, sich für die BVP in der Endphase des Landtags-Wahlkampfes noch kräftig ins Zeug zu legen. „Nein, Julius, ich kann nicht. Es geht wirklich nicht", wehrte sich Bäuer. „Du Sturkopf, dann sag' mir jetzt doch endlich mal, warum?", zürnte Roeder. „Das möchte ich nicht", antwortete ihm Bäuer mit ängstlicher Stimme. Das brachte den bayerischen Polit-Machthaber nur noch mehr in Rage: „Pass auf, Matthias, es steht Spitz auf Knopf. Du weißt, wie eng diesmal die Umfragen sind. Auch und vor allem in deinem Bezirk. Wenn nächsten Sonntag die Wahlkreise da bei dir an diese Nazi-Arschlöcher vom BDP gehen, dann gnade dir Gott. Ich versprech' dir, Junge, dann mach' ich dich fertig." Ohne jedes weitere Wort beendete Roeder die Verbindung. Bäuer stand da, das Handy noch am Ohr, schaute sichtlich verstört zu Timur und zitterte wie in Eiseskälte. Plötzlich klingelte es. Eine Etage tiefer, an der Haustür. Timur erhob sich, ging aus dem Zimmer und die Treppe hinab. Bäuer hingegen blieb oben, verschwand in seinem Badezimmer und schloss hinter sich die Tür ab.

Wie angekündigt, standen Robert Gerbald und Nadja Kohlitz unten vor dem Eingang. Doch nicht Timur ließ sie herein, sondern Hannes, der befehlshabende Offizier der Vorab-Truppe. Er war ihm zuvorgekommen. Die Begrüßung fiel kurz aus. Man kannte sich. Zudem drängelte die Zeit. Robert, Nadja und Timur folgten Hannes in den größten Raum des Hauses, Bäuers Wohnzimmer. Fast 90 Quadratmeter Fläche, verteilt über zwei Ebenen. Wie kaum anders zu erwarten, sehr chic eingerichtet: modern, elegant, stilvoll und teuer. Darauf achtete aber niemand. Denn das weitläufige Zimmer diente seit der Drohne Sonnabendnacht einem anderen Zweck. Es war umfunktioniert worden in ein provisorisches Lagezentrum. Gemeinsam mit Timur setzte sich Nadja etwas abseits von den anderen, um sich von dem Sanitäter über Bäuers körperlichen Zustand und dessen seelische Verfassung ausführlich informieren zu lassen.

Unterdessen fing der Rest der Runde damit an, den neuesten Stand des Falles aufzuarbeiten. Unausgesprochen war dabei klar, wer jetzt vor Ort das Sagen hatte: der Vize-Kommandeur von Matzwitz, Robert Gerbald. Ohne lange Vorrede setzte er die Männer zunächst darüber in Kenntnis, wie die Anweisungen der Kanzlerin lauteten und dass deswegen nun erhöhter Druck herrschte. Gleich im Anschluss wandte er sich an den bisherigen Gruppenchef Hannes, der ihm daraufhin die aktuelle Lage vortrug. „Das Wichtigste vorweg", begann der Korvettenkapitän. „Wir haben während unserer Nachforschungen einen Ansatz gefunden, der sich inzwischen weiter verdichtet hat. Wir können nun durchaus von einem Verdacht reden. Und der konzentriert sich auf eine Rockerbande hier aus der Stadt. 'Rattlesnakes MC' nennt die sich." Robert reagierte verblüfft. „Wie sind Sie denn auf die gekommen?", fragte er. „Dadurch, dass wir uns in zwei Teams aufgeteilt haben. Und dank Markus-Maria. Ohne seine Unterstützung hätten wir sicher nicht so schnell erfahren, was wir jetzt wissen", sagte Hannes zu dem BKA-Personenschützer blickend. Auch Robert schaute ihn an. Er reichte dem Mann, der nicht zu seinem Trupp gehörte, die Hand und nickte ihm anerkennend zu. „Dann verraten Sie mir mal", forderte er ihn auf, „wie Sie vorgegangen sind und was Sie rausgekriegt haben."

Markus-Maria Roth tat, was von ihm gewünscht wurde: „Wie Hannes eben schon sagte, haben wir zwei Teams gebildet. Die eine Gruppe nahm alles unter die Lupe, was hier im und am Haus passiert ist. Dieses Team hat quasi die Tatort-Arbeit erledigt. Die andere Gruppe hingegen, die befasste sich sozusagen mit dem Tat-Umfeld. Das war unsere Aufgabe. Die von David und Marc, also von Ihren zwei Leuten, und von mir. Wir sind der Frage nachgegangen, wie es eigentlich so um den Drogenmarkt steht hier im Großraum Regensburg. Dabei half es uns, dass ich vom BKA bin. So konnten wir kurze Drähte nutzen", erzählte Roth, „um zügig fundierte Einblicke in die Szene zu bekommen." Die erhielten sie von Rauschgift-Experten des Landeskriminalamtes Bayern sowie von der Kripo Regensburg, von deren verdeckten Ermittlern und Drogenfahndern. Was sie allerdings von diesen Fachleuten erfuhren, das passte nicht so ganz zu der Erpresser-Version, die ihnen Matthias Bäuer zuvor geschildert hatte. Deswegen wurden sie sehr hellhörig als es hieß, ja, da sei zwar mal ein neuer Dealer aufgetaucht, aber nur kurz. Der sei dann auch plötzlich wieder weg gewesen. Keine Ahnung, wieso. Jedenfalls sei der schon vor einigen Wochen wieder von der Bildfläche verschwunden. Und seitdem, so die Beamten, sei wieder alles wie vorher. Nämlich dass der Drogenmarkt in der Oberpfalz einzig und allein von den „Rattlesnakes" beherrscht werde. Die seien gefährlich und hätten wahrscheinlich auch Verbindungen zur sizilianischen Mafia. Dafür gebe es auch Indizien, doch leider noch viel zu wenig Beweise. Deshalb habe man bislang auch nicht zugeschlagen. „Da ist uns der Name dieser Rocker, dieser 'Rattlesnakes' zum ersten Mal untergekommen", sagte Roth zum Schluss seiner Ausführungen.

Auch Nadja Kohlitz und Timur, der Sanitäter, beendeten zufällig gerade ihr Gespräch. Sie hatten sich in einen hinteren Teil des Raumes zurückgezogen und sich dort über den gesundheitlichen Status quo Bäuers ausgetauscht. Nun gingen sie beide in den Flur hinaus und über die Treppe nach oben, um sich wieder um den Minister zu kümmern.

Robert Gerbald hakte nach: „Nachdem, was Sie eben ausgeführt haben, Herr Roth, sind Ihnen die Rocker ja offenbar nochmals aufgefallen. In welchem Zusammenhang denn?" Doch diesmal antwortete ihm nicht der BKA-Mann, sondern wieder Hannes, der Korvettenkapitän: „Wenn Sie gestatten, erzähle ich Ihnen das. Das ist dann nämlich in unserem Team passiert. Meine Kameraden Lukas und Alkan und ich, wir waren die Gruppe, die die Tatort-Arbeit gemacht hat. Als Erstes hatten wir die Tatmittel untersucht, also den Erpresserbrief und den Umschlag, in dem er verschickt worden war. Da ließ sich aber nichts feststellen; keine DNA und auch keine Fingerabdrücke. Anschließend haben wir das geheime Drogenhandy ausgewertet, das Sonnabendnacht neben Herrn Bäuer im Garten gelegen hatte. Das brachte uns einen wichtigen Schritt weiter." Hannes erklärte Robert, dass es sich um ein modifiziertes Pre-Paid-Handy handelte, ohne jede Absender- oder Empfänger-Kennungen. Und dass es offenkundig recht häufig benutzt wurde für Kokain-Käufe, aber nie in Form von Anrufen, sondern stets nur via verschlüsselter Text-Nachrichten. „Wundert mich nicht", meinte Gerbald. „Der Minister musste ja stark auf der Hut sein, so wie der im öffentlichen Rampenlicht steht. Ich frage mich nur, warum wir nie was bemerkt haben? Aber egal. Das ist jetzt nicht wichtig. Sagen Sie mir lieber, wieso Ihnen das Ding trotzdem weitergeholfen hat." Daraufhin kam Hannes auf den Speicher des Handys zu sprechen. Der hatte genau registriert, zu welchen Zeiten Text-Zeilen versendet wurden oder angekommen waren. Das galt auch für die beiden letzten Nachrichten vom späten Sonnabendabend. Um 22 Uhr 17 und 22 Uhr 35 waren sie eingegangen. Jene Worte, die den Zweck hatten, Bäuer im Dunkeln in seinen Garten gehen zu lassen und den Plastikbeutel mit den 100.000 Euro an die Drohne zu hängen. Von wem die Text-Zeilen stammten, ließ sich freilich nicht feststellen. Dafür aber etwas anderes. Aus technischen Gründen sogar zwangsläufig. Es kann demnach gar nicht anders gewesen sein, als dass zum Zeitpunkt des Nachrichten-Eingangs auch derjenige, der die Drohne lenkte, in der Nähe von Bäuers Haus war. In einem Radius von vermutlich bloß ein paar hundert Metern. Das nämlich entsprach der gängigen Reichweite der Funkfernsteuerungen solcher Flugobjekte.

Überdies bedachte das Team um Hannes noch einen weiteren Aspekt. Nach Bäuers Aussagen, der die Drohne direkt über sich hatte schweben sehen, war es kein Kinder-Spielzeug, sondern ein größeres Gerät. Das musste nach der Geld-Abholung sicherheitshalber schnell zurückkehren und wegtransportiert werden, sehr wahrscheinlich wohl per Auto. Diese Überlegung führte zu der Idee, abermals die guten polizeilichen Kontakte von BKA-Mann Markus-Maria Roth zu nutzen. Zwar ging das nur über mehrere Ecken, sprich verschiedene Dienststellen-Leiter, aber dennoch ziemlich rasch. Hannes' Gruppe wurde erlaubt, sich direkt an Beamte der Regensburger Verkehrsüberwachung zu wenden. Von denen wollten sie erst wissen, ob es entlang der größeren Straßen in der Nähe von Bäuers Wohnhaus Kameras gäbe, was bejaht wurde. Daraufhin fragten sie, ob vom Sonnabendabend noch Aufzeichnungen da seien, etwa so von 21 Uhr bis 23 Uhr 30. Auch dies bejahten die Beamten der Verkehrsüberwachung. Sie erfuhren natürlich nicht, dass mitten in dem Zeit-Korridor ein hochprominenter Bundespolitiker aus ihrer Stadt Opfer einer Erpressung geworden war. Anschließend bat man sie, sich die Videos anzuschauen. Dabei sollten sie vor allem auf Wagen achten, die zweimal erscheinen, als ob sie auf Hin- und Rückfahrt gewesen wären.

Es dauerte nicht lange bis zur Rückmeldung. Weil auf den betreffenden Straßen nicht allzu viel los gewesen ist am Sonnabendabend, hatte es nicht mal eine Stunde gebraucht, die Videos im Schnell-Durchlauf zu sichten. „Drei Fahrzeuge waren dabei aufgefallen", sagte Hannes, dessen Schilderung nun auf ihren Höhepunkt zusteuerte. „Halter-Abfragen dazu hat die Verkehrs-Überwachung freundlicherweise auch gleich gemacht. Uns hat besonders erstaunt, wem dieser Pick-Up hier gehört", erklärte der Marine-Offizier, wobei er Robert Gerbald ein Farbfoto-Ausdruck des Videos über den Tisch hinweg zuschob. Ein schwarzer Dodge RAM 3500 war darauf zu sehen, mit zwei Männern in der Fahrerkabine. Hinten aus der nicht ganz abgedeckten Ladefläche lugte etwas heraus, was sie erst nicht genau erkennen konnten. Dafür war die Körnung des Bildes einfach zu schlecht. Mithilfe eines speziellen Computer-Programms nachbearbeitet, entpuppte es sich als Teil der Drohne. „Wer ist denn der Halter des Wagens?", fragte Robert. „Bernd Graumann, der Chef der 'Rattlesnakes'", antwortete Hannes.

Gerbald grübelte erst noch kurz nach, bevor er die gesamte Besprechungsrunde bilanzierte: „Okay, ich fasse mal zusammen: Diese Nummer mit dem unbekannten Dealer als Minister-Erpresser, die kann nicht stimmen. Laut LKA und Kripo Regensburg ist der ja schon seit Wochen weg. Ich glaube nicht, dass der so lange untergetaucht war, um am letzten Wochenende kurz wieder hoch zu kommen und die 100.000 einzusacken. Das macht keinen Sinn. Aber nach dem Datenspeicher in seinem Handy wurde der Minister zwischenzeitlich trotzdem mit Kokain versorgt. Sogar mehrere Male. Allerdings wohl kaum von dem Dealer. Ich denke, das liegt auf der Hand, von wem der Stoff tatsächlich kam. Der Drogen-Markt hier in der Gegend steht unter totaler Kontrolle dieser Rocker. Und ihr Boss treibt sich am Abend der Erpressung hier um das Haus herum. Das ist mit Sicherheit kein Zufall gewesen." Gerbald setzte gerade dazu an, seinen Leuten darzulegen, wie er sich das weitere Vorgehen vorstellte, als Nadja Kohlitz aus der oberen Etage laut rief: „Robert, komm' mal hoch! Schnell!"

Kapitel 54

„Gut, dass das jetzt vorbei ist. Danke, Herr Gersdorff", sagte Bettina von Draburg in arrogant-kühlem Ton. „Keine Ursache. Gern geschehen, Frau Ministerin", erwiderte der Anwalt unterwürfig. Die Spitzenpolitikerin und der Jurist verabschiedeten sich. Während der zurückliegenden Wochen war er ihr Rechtsbeistand gewesen, in einer privaten Angelegenheit. Und in der betreffenden Sache hatte es soeben den letzten Akt gegeben. Am Amtsgericht ihrer Heimatstadt Düsseldorf, genauer vor dem dortigen Familiengericht. Der Termin ging schnell über die Bühne. Die Anwälte beider Seiten hatten vorher schon alles geregelt. Jetzt war Bettina von Draburg geschieden. Erleichtert verließ die Rheinländerin den betongrauen Behördenbau. Die 51-Jährige strebte gut gelaunt auf ihren Dienstwagen zu, der im Innenhof des Gerichts bereits auf sie wartete. Plötzlich stellte sich ihr jemand in den Weg. HaJo, eigentlich Hans-Joachim, nunmehr ihr Ex-Mann. Zwölf Jahre älter als sie. „Lass uns so nicht auseinandergehen, Bettina", sagte er zu ihr. „Komm', wir umarmen uns noch mal." Das lehnte sie jedoch brüsk ab. „Nein HaJo, keine Sentimentalitäten. Ich hab' dafür auch keine Zeit. Mach's gut, tschüss!" Sie ließ ihn einfach so stehen, gab ihm nicht mal mehr die Hand. Hans-Joachim von Draburg wandte sich ab. Mit hängenden Schultern und trauriger Miene ging er langsam davon. Für den Hochschullehrer war ein Stück seiner Welt zusammengebrochen. Schon lange Zeit hatten sie zwar nur noch wie Brüderchen und Schwesterchen nebeneinander her gelebt, aber trotzdem war sie für ihn bis zuletzt ein Teil seiner selbst. Aus und vorbei. Er fühlte sich, als ob man ihm etwas amputiert hätte.

Der Bundesministerin für Gesundheit und Soziales war es egal. Ohnehin fehlte es ihr völlig an Empathie. Sie machte die letzten zwei Schritte auf ihren Dienstwagen zu. Ein markanter Mittdreißiger in dunklem Anzug öffnete ihr den Fonds des Autos. Er hatte die Szene eben gerade direkt miterlebt. „Nur noch peinlich, dieser alte Kerl", sagte sie abfällig zu ihm, womit sie ihren gewesenen Gatten meinte. Der Mann nahm das ohne jeden Kommentar zur Kenntnis. Er war der Ersatz für Niklas Köhler. Ebenfalls ein Bundeswehr-Personenschützer. Ausgesucht und zugeteilt von Sophie Kohlitz. Die Personal-Chefin in Matzwitz/Todendorf hatte ihm allerdings nichts darüber erzählt, was seinem Vorgänger Schreckliches widerfahren war. Der Neue sollte davon unbelastet bleiben, fand sie. Dafür jedoch schärfte sie ihm nachdrücklich ein, sich ausschließlich auf seine Aufgabe als Leibwächter zu konzentrieren. Nachdem Bettina von Draburg eingestiegen war, schloss er die Tür, setzte sich auf den Beifahrersitz, und schon rauschte der schwere BMW davon.

„In die Innenstadt", wies die Ministerin ihre Fahrerin an. Nicole Schweers saß am Lenkrad. Die Personenschützerin vom BKA wunderte sich zwar über ihren neuen Kollegen, fragte aber nicht weiter, wieso Niklas Köhler weg war. Interna der Bundeswehr gingen sie nichts an. „Ich muss in der Königsallee noch kurz was abholen", ergänzte von Draburg. Sie nannte Schweers die Adresse eines edlen Schneider-Ateliers in der „Kö", wie Düsseldorfs bekannteste Straße auch knapp genannt wurde. Während der kurzen Fahrt dorthin erlaubte sie sich einen kleinen Rückblick auf ihre Ehe. Wahre Liebe ist dabei nie im Spiel gewesen, jedenfalls nicht von ihrer Seite. Sie hatte ihn noch als Studentin kennengelernt, er war gerade Professor geworden. Mithin eine standesgemäße Partie für sie. Damals. Das vor allem war ihr wichtig. Sein Ansehen und Renommee halfen ihr nämlich sehr, als sie sofort nach ihrem Uni-Abschluss damit begann, ihre politische Karriere in Angriff zu nehmen. Deswegen wollte sie auch auf gar keinen Fall Kinder. Er hätte sehr gern welche gehabt. Das Thema Sex allerdings ist in ihrer Beziehung sowieso schnell vorbei gewesen. Ihren im Lauf der Zeit immer schlimmeren Hang zum brutalen Sadismus lebte Bettina von Draburg woanders aus. Zwar hatten sie gemeinsame Interessen, aber bloß recht wenige. Außerdem waren die auch bald aufgebraucht. Und je höher sie in der Politik aufstieg, um so seltener wurden ihre privaten Momente als Paar. Zudem verbog sich derweil ihr von Anfang an krummer Charakter noch mehr. Trotz allem gab es von ihm nie ein böses Wort. Aus unerfindlichen Gründen stand er zu ihr. Nicht mal im Traum dachte HaJo von Draburg an Scheidung. Sie dagegen sehr wohl. Sogar schon seit einer ganzen Weile. Er war für sie schlicht nutzlos geworden. Auch immer langweiliger. Nur noch ein Klotz am Bein. Überhaupt nicht passend zu einer künftigen EU-Kommissarin. Gottlob bin ich ihn noch rechtzeitig losgeworden, dachte sie gerade mit einem kalten Lächeln auf ihren Lippen, als Nicole Schweers den Dienstwagen sanft abbremste und in eine Parklücke fuhr. Sie hatten ihr Ziel erreicht.

„Rolf & René" stand in geschwungenen Lettern auf dem goldenen Schild neben der Eingangstür. Mehr nicht. Das war aber auch nicht nötig. Denn das Geschäft lief bereits seit vielen Jahren ohne jede Werbung äußerst prächtig. Wer in den höchsten Kreisen des Rheinlandes modisch etwas auf sich hielt, kannte das Pärchen einfach. Rolf, der deutlich ältere Teil des Duos, galt als brillantester Schneider weit und breit. Das spiegelte sich natürlich auch in seinen Preisen wider. Aber Geld spielte bei der Klientel, die das Atelier von „Rolf & René" aufsuchte, ohnehin keine allzu große Rolle. Man hatte es einfach. So wie Bettina von Draburg. Knapp 5.600 Euro zahlte die Bundesministerin für das Kleid, das sie abholte. Ein absolutes Einzelstück, exklusiv nur für sie, Stich für Stich sauber handgenäht und selbstverständlich aus allerbestem Stoff. Doch es wirkte leicht altbacken und ziemlich simpel. Trotzdem ganz zur Zufriedenheit der Spitzenpolitikerin. Genau so wollte sie sie haben: eine Tunika nach altrömischem Vorbild. Damit würde sie in Kürze stilecht im nachgebauten Kolosseum an der Ostsee Platz nehmen, in der prunkvollen Kaiserloge. Und sich ungeniert selbst befriedigen beim Kampf Mann gegen Bär.

Kapitel 55

Das hat sich gar nicht gut angehört, als Nadja Kohlitz eben nach ihm rief. Panisch klang sie zwar nicht, aber doch sehr besorgt. Robert Gerbald reagierte sofort. Abrupt drehte er sich um, hastete aus Bäuers Wohnzimmer in den Flur, hin zu der elegant geschwungenen Treppe. Er nahm jeweils drei Stufen auf einmal. Oben angelangt, hörte er zunächst hektische Wortfetzen. Von Nadja und Timur, dem Sanitäter. Sie kamen offenbar aus dem Badezimmer des Bundeswirtschaftsministers. Robert eilte schnurstracks dorthin. Die Tür zum Bad stand weit offen, allerdings mit zersplittertem Rahmen auf Höhe des Schlosses. Gerbald bremste ab und blieb wie angewurzelt stehen. Irgendwas Schreckliches war passiert. Er blickte auf Nadja und Timur. Sie versuchten Bäuer zu helfen, der seltsam verdreht auf dem gefliesten Boden lag. Seine ganze rechte Körperhälfte schien wie abgestorben. Schlaff baumelte der Arm herab, das Bein hing nutzlos an der Hüfte. Beide Extremitäten gehorchten ihm nicht mehr. Zudem war Bäuers Gesicht fratzenhaft verzerrt. Rotz lief ihm aus der Nase. In langen Fäden tropften überdies Schleim und Speichel aus seinem Mund. Er lallte vor sich hin. Wirres Zeug, kaum zu verstehen. Bis auf zwei Worte, die er paar Mal dumpf wiederholte: „Mein Kopf, mein Kopf", brabbelte Bäuer. Timur, der Rettungssanitäter, ahnte Schlimmes. „Das sieht aus wie ein schwerer Schlaganfall. Der Minister muss schnellstens in eine Klinik. Geben Sie Ihr Einverständnis dafür?", fragte er Robert, der ja im Haus das Kommando hatte. „Ja, natürlich", sagte er. „Los, leiten Sie sofort alles in die Wege". An Nadja gewandt, ergänzte er: „Fahr' du bitte mit ins Krankenhaus. Melde dich, sobald du von den Ärzten Näheres weißt. Und kümmere dich unbedingt darum, dass da nichts nach draußen dringt. Auf gar keinen Fall!"

Robert hatte gerade sein Okay gegeben, als sein Handy klingelte. Die Operationszentrale rief an. Matzwitz. Der Schichtleiter war dran. Ein Oberstleutnant Andreas Blaschert. Der Bodytracker in Bäuers Körper hatte der OPZ erneut extrem hohe Werte übermittelt; nach der Drohnen-Geschichte am zurückliegenden Samstagabend schon zum zweiten Mal binnen weniger Tage. Der Offizier wollte jetzt den genauen Grund dafür erfahren. Und zwar gemäß Vorschrift von einer Bundeswehr-Quelle aus dem direkten Umfeld des Ministers. Mit knappen Worten schilderte Gerbald dem Oberstleutnant das Geschehen. Der würde anschließend unverzüglich den Chef, Mike Bertholdt, informieren. Deshalb schenkte Robert es sich, Blaschert extra darauf hinzuweisen. Es wäre auch gar nicht nötig gewesen. Denn das Personal in dem geheimen Regierungs-Sonderkomplex war hochprofessionell, bestens aufeinander eingespielt und wusste auch so, was es zu tun hatte.

Bäuer wurde in die Regensburger Uni-Klinik gebracht. Nadja Kohlitz begleitete den Transport und sorgte vor Ort für strengste Diskretion. Gerbald setzte sich derweil mit Timur zusammen, um von ihm zu hören, was sich abgespielt hatte. „Ich hab' noch mitgekriegt, dass Herr Bäuer mit Herrn Roeder telefoniert hat, also mit dem Ministerpräsidenten, und dabei ist es wohl ordentlich zur Sache gegangen, glaub' ich. Danach jedenfalls hat mich Herr Bäuer ziemlich erschüttert angeguckt. Er hat sogar gezittert. Das konnte ich deutlich sehen. Dann hat es unten an der Tür geklingelt. Ich bin runter, da kamen Sie ja. Gleich anschließend hab' ich mit Frau Kohlitz unten im Wohnzimmer alles Wichtige beredet, was Herrn Bäuer betraf. Als wir damit fertig waren, sind wir beide gleich wieder hier hoch gegangen. Da war der Minister aber schon im Bad." Robert unterbrach Timur: „Und haben da bei Ihnen nicht gleich die Alarmglocken gebimmelt?" „Nein, wieso?", erhielt er zur Antwort. „Wir haben einfach gedacht, der sitzt aufm Klo. Auch ein Bundesminister muss doch mal ... Sie wissen schon, was ich meine. Deswegen haben wir ihn erstmal in Ruhe gelassen." „Wie lange denn?", hakte Gerbald nach. „Ich hab' nicht auf die Uhr geguckt", sagte der Sanitäter, „aber das werden wohl so circa sechs bis sieben Minuten gewesen sein. Dann hat erst Frau Kohlitz nach ihm gerufen. Nichts. Nach ihr hab' ich es probiert. Auch nichts. Ich bin hin zur Badezimmertür, hab' angeklopft. Wieder keine Reaktion. Das haben wir nochmal gemacht, lauter, aber erneut kein Pieps von ihm. Ich hab' die Klinke runtergedrückt. Abgeschlossen. Frau Kohlitz meinte dann, ich sollte die Tür aufbrechen. Das hab' ich auch sofort gemacht, und da lag er vor dem Whirlpool, wie Sie das ja vorhin selbst gesehen haben. Ich vermute mal, dass er sich ein bisschen zu viel gegönnt hat", beendete Timur seine Schilderung. „Was wollen Sie damit sagen?", fragte Robert. Sein Gegenüber erzählte ihm daraufhin von dem, was sie auf dem Rand des Whirlpools gefunden hatten: ein verchromtes Röhrchen, nicht ganz so dick und auch nur etwa halb so lang wie ein Strohhalm, sowie einen Handspiegel mit verräterischen Rückständen eines weißen Pulvers. Es handelte sich um den Rest des Gemisches aus Koks und Meth, geliefert von den „Rattlesnakes", das Bäuer sich reingezogen hatte. Seine letzte Linie für alle Zeiten.

Kokain steigert die Gefahr, einen Schlaganfall zu bekommen, enorm. Das ist tatsächlich so. Laut US-Forschern erhöht sich das Risiko um das Fünffache. Das gilt umso mehr, wenn parallel noch zusätzliche Drogen eingenommen werden. Matthias Bäuer musste seinen Konsum nun gesundheitlich äußerst bitter bezahlen. Nicht ganz 25 Minuten waren seit seiner Einlieferung in die Uni-Klinik vergangen, als sich Nadja Kohlitz wie vereinbart bei Gerbald meldete, noch aus der Notfall-Aufnahme heraus. „Schlechte Nachricht, Robert", begann sie das Gespräch. „Bäuer hat 'n weiteren Schlaganfall gehabt; noch im Rettungswagen, aufm Weg hierher. Der Chefarzt hat ihn gerade untersucht. Da ist nichts mehr zu machen. Große Teile des Gehirns sind irreparabel geschädigt. Er lebt zwar noch, aber er ist ein sabberndes Wrack. Und das wird er wohl für immer bleiben."

Kapitel 56

Einige hundert Kilometer weiter nördlich, im Stabsgebäude von Matzwitz, schlug Mike Bertholdt verärgert mit der Faust auf den Tisch. So heftig, dass Heini, der auf einer Decke neben seinem Schreibtisch gedöst hatte, ruckartig aufschreckte. Verwirrt blinzelte der Hund ihn an. Laut stöhnend hob Mike die Hände vor sein Gesicht. Er hatte gerade ein Telefonat beendet. „So viel Mist auf einmal, das darf doch nicht wahr sein. Wie beschissen soll's denn noch werden?", fluchte der General in seinem Dienstzimmer. In Kürze wollte sich bei ihm auf dem Übertage-Gelände in Todendorf Bettina von Draburg an einem Kampf zwischen Mann und Bär aufgeilen. Dazu jetzt die fatale Entwicklung mit Bäuer. Die neuesten Details dazu hatte ihm eben sein Stellvertreter Robert Gerbald per Anruf aus Regensburg mitgeteilt. Und überdies, kurz vorher, auch noch diese andere, höchst alarmierende Hiobs-Botschaft. Demnach bestand für die strikte Geheimhaltung von Matzwitz allergrößte Gefahr.

Vor etwas über zwanzig Minuten hatte Mike davon erfahren. Die Eil-Info, eingestuft als streng vertraulich, stammte aus Berlin und kam direkt von Bundesfinanzminister Ole Schultz. Der spröde Hanseat aus Bremen, zur Partei Sozialer Demokraten gehörend, hatte ihm eine DIN A 4-Seite geschickt. Auf dem Blatt standen lediglich 14 Zeilen. Aber jede einzelne, die Bertholdt las, steigerte rasant seine Besorgnis. Der Grund dafür: Schultz zufolge war das MAGAZIN den einstigen Baukosten für Matzwitz aus den späten 70er-Jahren auf die Spur gekommen. Die Polit-Zeitschrift wusste aber offenbar noch nicht, wofür die fast eine Milliarde D-Mark damals tatsächlich verwendet wurde. Genau das wollten die MAGAZIN-Rechercheure nun auch noch herausfinden, so der Minister.

Das habe ihm sein ehemals persönlicher Referent glaubhaft zugetragen. Der sei inzwischen pensioniert, doch weiter absolut loyal zu ihm stehend. Der Mann sei vertraulich kontaktet und gefragt worden, ob er helfen könne. In dem Zuge habe er von den Details der Recherche erfahren, hieß es in der Eil-Info.

Hier rächte es sich für MAGAZIN-Mitarbeiterin Doreen Huthmerlett, nicht auf ihr warnendes Bauchgefühl gehört zu haben. Und zwar zum Schluss ihres Gespräches mit ihrem Informanten Wilfried Hartmann, dem Ex-Prüfabteilungsleiter im Bundesrechnungshof. Als sie zugestimmt hatte, dass er jemanden in die Recherche einweiht. Einen, der die noch unklaren Hintergründe vielleicht erhellen könnte. Ein guter Freund und alter Studienkamerad, wie er ebenfalls Jurist, dem könne man vertrauen, hatte ihr Informant versichert. Irrtum. Sein Freund, der einstige Minister-Referent, fühlte sich Hartmann gegenüber weit weniger verbunden als seinem früheren Chef Ole Schultz. So erstattete er dem Finanzminister Rapport. Daher war man nun in Berlin und in Matzwitz darüber im Bilde und zugleich alarmiert, an welcher Enthüllung das MAGAZIN arbeitete. Keine Frage: Darauf musste reagiert werden. Schnell, gezielt und unbedingt noch vor Veröffentlichung der Geschichte. Dafür brauchte es den Segen von ganz oben. Deswegen war es eigentlich überflüssig, was Schultz persönlich zum Schluss seiner Zeilen mit grüner Chef-Tinte am Rand des Blattes vermerkt hatte: „Kanzlerin hat Kopie. Erwünscht unverzüglich Ihre Rücksprache!" Bertholdt war damit gemeint. Diese Aufforderung hätte er aber auch noch aus einem anderen Grund nicht gebraucht: wegen der durch Bäuer zugespitzten Lage. Eben deshalb musste er sich ohnehin bei der deutschen Regierungschefin melden an diesem Montagabend.

Sie ging gleich ran. „Ja", hörte Mike bloß. Bei anderen mochte er das ganz und gar nicht. Einfach nur „Ja". Er fand das unpersönlich, kühl und bisweilen überheblich. Doch in ihrem Fall hütete er sich natürlich davor, dagegen etwas einzuwenden. Also sagte

Mike: „Guten Abend, Frau Bundeskanzlerin. General Bertholdt hier. Sie wünschten unverzüglich Rücksprache, hat Minister Schultz mir mitgeteilt." Ohne auf diese Worte auch nur mit einer Silbe einzugehen, legte die Kanzlerin gleich los: „Wie ich Ihnen bereits gestern aufgetragen habe, Herr Bertholdt, ist Matzwitz weiterhin und unter allen Umständen strengstens geheim zu halten. Um der Gefahr durch das MAGAZIN zu begegnen, wird jetzt der Notfall-Plan aktiviert, der für derartige Bedrohungen sicherheitshalber immer schon vorgehalten wurde." Die Kanzlerin wollte gerade damit anfangen, ihm die näheren Details zu erläutern, als Mike sie unterbrach: „Entschuldigen Sie bitte vielmals, aber ich muss Sie vorher unbedingt noch über eine andere Entwicklung aufklären. Ich habe eben selber erst davon erfahren." Mike schilderte der Regierungschefin, was Bäuer widerfahren war. Außerdem berichtete er ihr, dass die Erpressung des bisherigen Bundesministers für Wirtschaft sehr wahrscheinlich auf das Konto der „Rattlesnakes" ging.

Die Kanzlerin schaltete schnell. Bloß wenige Augenblicke brauchte sie, um die veränderte Situation zu analysieren. Eiskalt und berechnend erklärte sie anschließend: „Bäuer hat es sich selbst zuzuschreiben, was passiert ist. Aber gut, dass es Schlaganfälle waren. Die kann man auch tatsächlich so der Öffentlichkeit verkaufen. Wieso er die gekriegt hat, muss ja keiner wissen. Nur vor der Bayern-Wahl nächsten Sonntag, Herr Bertholdt, darf niemand davon erfahren. Bäuer war viel zu unbeliebt, als dass sein Ausfall jetzt Roeder und der BVP noch irgendwie Pluspunkte durch Mitleid bringen könnte. Im Gegenteil: Es gäbe wohl reichlich Häme und Schadenfreude. Und glauben Sie mir: Diese neuen Nazis vom BDP, die würden das mit Sicherheit hemmungslos für sich ausschlachten, so kurz vor der Abstimmung. Also, absolutes Stillschweigen darüber! Und zwar bis kommenden Montag, Herr General! Dann ist die Wahl vorbei. Und noch was: Ziehen Sie umgehend diese Rocker aus dem Verkehr! Die haben ja nach wie vor die Fotos von Bäuer. Und sie könnten von seiner schweren Kokain-

Sucht erzählen. Setzen Sie die Bande sofort fest, vorerst ebenfalls bis Montag. Dann sehen wir weiter."

Im Anschluss daran kam die Kanzlerin auf den Punkt zurück, über den sie bereits anfangs hatte sprechen wollen: über den Notfall-Plan für Matzwitz. Der beinhaltete im Kern ein gewaltiges Täuschungs-Manöver. Zudem hatte er mit den jungen Jahren von Herbert Fuchs, Bertholdts Vorgänger, zu tun. Vor allem aber basierte der Plan auf einem Teil spektakulärer deutscher Nachwende-Geschichte.

Kapitel 57

"Terroristen-Hort DDR: Stasi & RAF" – "Festnahme in Magdeburg" – "RAF-Terroristen in der DDR verhaftet": Medien-Schlagzeilen aus dem Juni 1990. Damals war im anderen Teil Deutschlands, das unter der einzig frei gewählten Regierung de Maizière gerade auf die Einheit mit dem Westen zusteuerte, schier Unglaubliches geschehen: Innerhalb von bloß zwölf Tagen wurden seinerzeit in der untergehenden DDR zehn steckbrieflich gesuchte Mitglieder der Rote-Armee-Fraktion (RAF) gefasst. Männer und Frauen, einst Bürger und Bürgerinnen der alten Bundesrepublik. Sie hatten ihr Herkunftsland, dessen System und einige der führenden Figuren aus linksextremistischer Verblendung heraus äußerst brutal bekämpft, bis sie nach und nach verschwanden. Für so einige Jahre. Dann auf einmal ihre Festnahmen. In deren Nachgang offenbarte sich eines der wohl überraschendsten Kapitel der jüngeren deutsch-deutschen Vergangenheit: Die DDR, wohlwissend, um wen es sich handelte, hatte diesen Terroristen Unterschlupf gewährt. Wie üblich im einstigen SED-Staat hoch konspirativ.

Der Geheimdienst der DDR, die Staatssicherheit, hatte schon früh großes Interesse an der RAF, nämlich bereits in der ersten Hälfte der 70er Jahre. So steht es nachzulesen in einem Bericht des Bundesbeauftragten für die Stasi-Unterlagen. Demnach gab es zwar schon damals direkten Kontakt. Anfangs aber konzentrierten sich die Ost-Schlapphüte zunächst darauf, über die Terroristen Informationen zu sammeln und deren Aktivitäten im Westen zu beobachten. Dennoch wurde RAF-Mitgliedern zum Beispiel bereits erlaubt, den Ost-Berliner Flughafen Schönefeld ebenso zu benutzen wie die Transit-Strecken durch die DDR. Zur engeren Verbindung kam es dann gegen Ende jenes Jahrzehnts. Zuvor hatte die

Terror-Organisation eine schwere Niederlage hinnehmen müssen. Die Rede ist vom besonders blutigen Jahr 1977 mit dem sogenannten „Deutschen Herbst" als Höhepunkt. Es war desaströs für die Rote-Armee-Fraktion. Die Zeit danach schien für einige ihrer Mitglieder offenbar eine Art Knackpunkt oder Wendemarke gewesen zu sein. Welche Motive bei ihnen im Einzelnen genau dahintersteckten, steht dahin. Der damals sehr hohe Fahndungsdruck sowie Rivalitäten untereinander mögen eine Rolle gespielt haben oder das nervenaufreibende Leben in der Illegalität, zudem vielleicht die ständige Furcht vor Entdeckung und langer Gefängnisstrafe. Eventuell war es auch eine Mischung aus all dem. Fakt ist jedenfalls: Sie sind damals in der Deutschen Demokratischen Republik untergetaucht.

Die Wegbereiterin dafür war Inge Viett, ebenfalls eine Terroristin. Ursprünglich gehörte sie zur „Bewegung 2. Juni", bevor sie zur RAF stieß. 1978 war es, als Viett in Ost-Berlin erstmals Harry Dahl begegnete. Der hatte im Ministerium für Staatssicherheit (MfS) den Rang eines Obersts und leitete dort die Abteilung für Terrorabwehr. 1980 trafen sich die beiden erneut; nach Angaben der Online-Enzyklopädie Wikipedia diesmal in einem Haus in der Nähe von Königs Wusterhausen, etwas außerhalb von Ost-Berlin. Dabei soll Viett ihn zunächst um die Mithilfe der DDR gebeten haben, ausstiegswillige RAF-Mitglieder in irgendeinem sozialistischen Land unterzubringen. Nach mehreren Gesprächen hat dann angeblich die Staatssicherheit überraschend den Vorschlag gemacht, man könne sie auch bei sich im Arbeiter- und Bauernstaat aufnehmen. Diese völlig außergewöhnlichen West-Ost-Übersiedlungen gingen anschließend relativ zügig über die Bühne. Bereits im Spätsommer 1980 wechselten Christine Dümlein, Werner Lotze, Monika Helbing und Susanne Albrecht ebenso in die DDR wie Sigrid Sternebeck, Baptist Ralf Friedrich, Silke Maier-Witt und Ekkehard von Seckendorff-Gudent. 1982 folgte ihnen Henning Beer und 1983 auch Inge Viett. Nach allen wurde seinerzeit gesucht. In der alten Bundesrepublik mit großformatigen Fahndungsplakaten der Polizei und weltweit per Interpol.

Derweil lief in einem Forsthaus im heutigen Land Brandenburg die „Umschulung" der Terroristen zu DDR-Bürgern. Intensiv und wochenlang machte man sie dort vertraut mit Alltag, Sprache und Lebensgewohnheiten im real existierenden Sozialismus. Außerdem verpasste man ihnen neue Identitäten, die sie auswendig lernen mussten. Sie erhielten samt und sonders gefälschte Schul- und Ausbildungszeugnisse sowie Geburts- und Heiratsurkunden. Danach bekamen sie in verschiedenen Städten der DDR Wohnungen und Arbeitsplätze. Sorglos in Ruhe leben konnten sie trotzdem nicht. Einige von ihnen wurden selbst in der DDR erkannt und mussten deswegen ihre neue Identität abermals wechseln. Silke Maier-Witt zum Beispiel passierte das. Sie lebte als Angelika Gerlach in Erfurt, als ihre Tarnung Mitte der 80er bedrohlich wackelte. Die Stasi erfuhr davon, gab ihr den neuen Namen Sylvia Beyer, sorgte für eine kosmetische Operation und siedelte sie um ins mecklenburgische Neubrandenburg. Dort wurde sie letztlich auch verhaftet, wie alle anderen neun „nach drüben" gegangenen Ex-RAF-Mitglieder im Juni 1990.

Bleibt abschließend noch zu erklären, was die DDR-Führung und das MfS davon hatten, sich auf diese ganze Sache einzulassen. Natürlich waren die Terrorismus-Aussteiger für sie Informationsquellen. Vor allem jedoch sah man der Stasi-Unterlagenbehörde zufolge in der Roten-Armee-Fraktion eine Gefahr, die sich auch gegen das SED-Regime hätte richten können. Und mit den früheren Mitgliedern hätte man ein Faustpfand gehabt, heißt es, falls der aktive Teil der Terrorgruppe tatsächlich gegen die DDR vorgegangen wäre. Klingt einleuchtend, doch wirklich schlüssig ist das nicht. Vor allem aus zwei Gründen. In jenen Jahren hechelten Honecker & Co. regelrecht nach außenpolitischem Renommee. Von daher stellte es schon ein gehöriges Risiko dar, zeitgleich und im eigenen Land international gesuchte Terroristen zu verstecken.

Wäre dies aufgeflogen, hätte das die diplomatischen Bemühungen Ost-Berlins um Anerkennung wohl stark geschädigt. Was außerdem nicht so ganz zu der Erläuterung der Stasi-Unterlagenbehörde passt: Das klandestine Verhältnis zwischen der Roten-Armee-Fraktion und der DDR war zwar relativ eng, aber in einigen Punkten auch durchaus distanziert. Doch nach allem, was bekannt ist, hatte die RAF nie auch nur ansatzweise geplant, den einstigen Arbeiter- und Bauernstaat, seine Spitzenvertreter oder Institutionen zu attackieren.

Kapitel 58

Herbert Fuchs rauchte wie ein Schlot. Eine Kippe nach der nächsten. Drei Stück schon. In gerade mal einer Viertelstunde. Der Generalmajor a. D. stand unter Stress. Aber nach wie vor redete er um den heißen Brei herum. Mike reichte es. „Jetzt komm' endlich zur Sache, Herbert, und erzähl' mir davon", polterte Bertholdt. Er war stinkig. Durchaus zu recht. Sein Vorgänger hatte ihm nämlich etwas verschwiegen bei der Übergabe der Amtsgeschäfte. Mike war sich deswegen vorhin im Gespräch mit der Kanzlerin wie ein dummer Schuljunge vorgekommen. Weil er als Chef von Matzwitz hatte zugeben müssen, absolut keine Ahnung davon zu haben, dass es für den Regierungs-Sonderkomplex einen Notfallplan gab. „Was glaubst du, wie peinlich das für mich war!", schimpfte Mike. Die Kanzlerin war über seine Unkenntnis verwundert gewesen, bohrte allerdings nicht weiter nach. Stattdessen erklärte sie ihm, Fuchs wüsste Bescheid und er, Mike, solle sich schnellstens bei ihm schlau machen. Er hatte daraufhin sofort bei Fuchs angerufen und ihn gebeten, trotz der abendlichen Stunde noch zu ihm ins Stabsgebäude zu kommen.

„Los, nun pack' endlich aus! Wieso hast du mir nichts davon gesagt?", herrschte Mike ihn an. Nun wurde auch Herbert etwas lauter. „Ich habe immer gehofft, dass dieser Mist-Plan nie gebraucht werden würde. Es gibt ihn nur, weil ich mal richtig Scheiße gebaut habe. Und das hat mich meine ganze Dienstzeit über verfolgt. Immer wieder hat man mich damit erpresst. Glaubst du allen Ernstes, ich habe diesen Chefposten hier gewollt? Du kannst dir gar nicht vorstellen, wie mich das angewidert hat, diesem verkommenen Politiker-Pack den Rücken freizuhalten. Aber ich musste das machen! Mir blieb nichts anderes übrig! Die hatten mich in der

Hand. Weil ich vor langer Zeit einen dicken Fehler gemacht habe. Als angehender Offizier habe ich damals eine Mörderin ausgebildet. Aus Liebe und Dummheit. Jetzt weißt du, warum ich meinen Mund gehalten habe." Bertholdt war sprachlos. Er brauchte ein paar Augenblicke, um sich wieder zu sammeln. Dann sagte er: „Das ist heftig, Herbert! Aber wie hängt das alles zusammen? Das habe ich nicht ganz verstanden." Fuchs qualmte bereits seine nächste Zigarette. Langsam blies er den Rauch zur Decke. Mike hatte zwar längst ein Fenster seines Dienstzimmers geöffnet, aber das half bloß wenig. Durch die anderen Kippen vorher war die Luft zum Schneiden dick. Irgendwie passend. Wie Nebel der Vergangenheit. Dazu der entrückte Blick von Herbert Fuchs. In Gedanken kramte der pensionierte General in seinen Erinnerungen. Als er damit fertig war, begann er zu reden wie ein Wasserfall. Etwas, das sich lange aufgestaut hatte, strömte jetzt nur so aus ihm heraus.

„Marion hieß sie. Marion Grassner. Das war nicht ihr echter Name. Aber das wusste ich nicht. Ich war Fahnenjunker drüben in der Schill-Kaserne in Lütjenburg. Die ist längst dicht. Inzwischen hat sich auf dem Gelände vieles verändert. Aber es lässt sich immer noch erkennen, dass dort mal 'ne Kaserne stand. Jedenfalls sollte ich damals in Kürze zum Fähnrich befördert werden. Im Herbst 1980 ist das gewesen. Da sind wir uns zum ersten Mal begegnet. In Behrensdorf, im 'Schröder'. Seinerzeit die beste Disco in der ganzen Gegend hier. Meine Kumpel und ich, wir haben da unzählige Wochenenden verbracht. Wenn wir dienstfrei hatten, sind wir wirklich jeden Freitag und Sonnabend nach Behrensdorf gefahren. Natürlich, weil wir Mädchen aufreißen wollten. Waren ja jede Menge da. Glaub' mir, ist echt 'ne wilde Zeit gewesen. Bis ich in dem Laden eines Abends Marion sah. Auf einen Schlag sind mir alle anderen egal gewesen. Ich hatte nur noch für sie Augen. Die Frau war aber auch allererste Sahne. Ich war hin und weg, hab' mich Hals über Kopf in sie verliebt. Wie ein Kranker hab' ich zu ihr rüber gestarrt. Stundenlang. Das hat sie selbstverständlich gemerkt.

War ja auch nicht zu übersehen, so irre, wie ich mich verhielt. Dann geschah etwas, was ich nicht mal zu träumen gewagt hätte: Sie kam zu mir und sprach mich an. Ich konnte nur stottern und stammeln wie ein Blöder und bin knallrot geworden. Marion hat mich trotzdem nicht ausgelacht. Das sei aber süß, wie verlegen, unsicher und schüchtern ich sei, sagte sie. Nicht so einer mit großer Klappe und dummen Sprüchen. Sie hätte mich auch schon eine ganze Weile beobachtet, gestand sie mir. Ich würde ihr nämlich ganz gut gefallen. Das hat mir sehr geschmeichelt, ist ja klar. Ich fing mich wieder. Danach kamen wir ziemlich schnell ins Quatschen. Je mehr wir uns voneinander erzählten, desto seelenverwandter fühlten wir uns. Das ging noch dazu blitzschnell. Das war irgendwie magisch. Mir kam es zumindest so vor. Außerdem störte es Marion überhaupt nicht, dass ich Berufs-Offizier werden wollte. Im Gegenteil. Soldaten seien noch echte Kerle, hätten Anstand, seien korrekt und verlässlich, schwärmte sie. Du musst dazu wissen, dass man damals noch für viele Mädchen und Frauen der letzte Arsch war, sobald sie mitkriegten, du bist beim Bund. Marions Reaktion dagegen ließ mich innerlich jubeln. Ich hätte die ganze Welt umarmen können. Vor allem, als sich unser erster Abend dem Ende zuneigte. Das war schon in den frühen Morgenstunden. Da spielte der Discjockey im 'Schröder' zum Schluss immer 'n paar Schieber, wie wir die nannten. Langsame Stücke. Zum Schmusen, manchmal auch zum Fummeln. Hab' ich bei Marion aber nicht gemacht. Weil ich das bloß nicht kaputt machen wollte, was sich da zwischen uns gerade anbahnte. Als „Follow you Follow me" von Genesis lief, da hab' ich sie bloß ganz leicht an mich gedrückt. Es war fast völlig dunkel auf der Tanzfläche. Nur die Sterne der Spiegelkugel drehten sich langsam um uns herum. Und mir sind auf einmal Tränen runtergelaufen. Einfach so, vor lauter Glück."

Herbert Fuchs hielt inne. Und Mike Bertholdt war immer noch mächtig erstaunt. Darüber, in welchem Tonfall sein Vorgänger gerade geredet hatte. Leise, sanft und zärtlich. Hätte er ihm nie und nimmer zugetraut, so nüchtern, klar und laut er sonst immer sprach. Doch der ergraute Mann im Ruhestand war nun mal innerlich stark aufgewühlt. Sein verklärter Gesichtsausdruck sprach Bände. Vor seinem geistigen Auge zogen die Bilder von damals vorbei. Danach griff Fuchs zu einem Glas Wasser, das Mike ihm inzwischen eingeschenkt hatte, und beschimpfte sich selbst: „Ich dämlicher Trottel hab' nichts gemerkt, gar nichts. Weil meine Hormone da jeden Tag Party gefeiert haben. Ich Vollidiot war für sie bloß Mittel zum Zweck. Von wegen Liebe! Pah! Alles nur geschauspielert von ihr! Von Anfang an. Und ich Hirni bin voll darauf reingefallen! Nicht das kleinste Warnzeichen hab' ich registriert. Sie war zum Beispiel älter als ich. Und sie wohne in Hamburg, sei Philosophie-Studentin im dritten Semester, hat sie gesagt. Doch meinst du, ich hätte mir auch nur mal eine Sekunde 'n Kopf darüber gemacht, weshalb sich so 'ne hammermäßige Frau mit 'nem uniformierten Land-Ei wie mir abgibt? Und was ich mir selbst heute noch vorwerfe: Warum ist mir nicht gleich aufgefallen, dass sie sich so für Waffen interessierte? Weißt du, wir kannten uns gerade rund eine Woche, als mein Verband bekanntgab, er werde für Zivilisten aus Lütjenburg und Umgebung ein Gästeschießen veranstalten. Ich hatte ihr davon erzählt, wirklich nur beiläufig. Sie war jedoch sofort Feuer und Flamme. Ob ich es denn einrichten könnte, dass auch sie da mitschieße, wollte sie gleich wissen. Müsste ich mich zwar erst bei meinem Chef erkundigen, aber dürfte eigentlich kein Problem sein, antwortete ich ihr. Ist es auch tatsächlich nicht gewesen. Marion war mit dabei. Und sie traf nicht schlecht. Richtig gut sogar. Mann, bin ich stolz gewesen! Meine Freundin, so 'ne prima Schützin! Wieder keine Alarmglocken bei mir. Auch nicht, als sie mich noch am selben Abend fragte, ob ich ihr beibringen könnte, wie man noch besser schießt. Hab' ich ihr dann auch gezeigt, ich Hornochse."

Mike Bertholdt war all die Zeit über still geblieben. Allerdings hatte er Fuchs hoch aufmerksam zugehört. Jetzt unterbrach er ihn: „Wo hast du das denn gemacht? In der Kaserne oder auf dem

Schießstand wird's ja bestimmt nicht gewesen sein. Und was für 'ne Waffe hattest du? Woher stammte die überhaupt?" Der pensionierte Generalmajor erzählte es ihm: „Von meinem Vater. Schon lange vor seinem Tod hatte er sie bei uns aufm Hof unterm Stalldach versteckt. Die stammte noch aus Kriegszeiten. Ebenso die gefüllten Magazine daneben. Zwanzig Stück. Mein alter Herr hatte vorher alles eingeölt und konserviert. Jahre später hab' ich die Sachen rein zufällig gefunden. Ich nahm mir 'n Tag frei, bin nach Hause gefahren und hab' die Pistole und die Magazine hierhergeholt. Ist übrigens 'ne Walther P38 gewesen, falls dir das was sagt."

Das tat es sehr wohl. Mike kannte die Historie dieses Waffentyps. Ein sogenannter Rückstoßlader. Die halbautomatische Walther P38 war in der Wehrmacht die Standard-Ordonnanzpistole. Ihr Name ging zurück auf die Firma, die sie einst entwickelt hatte: die Carl Walther GmbH aus Zella-Mehlis nahe Suhl im Thüringer Wald. Das Magazin der Pistole, das man von unten in das Griffstück einführen musste, fasste acht Patronen vom Kaliber 9 mm Parabellum. Bis zum Ende des Nazi-Regimes wurde die Waffe mehr als eine Million mal hergestellt. Doch nicht etwa wegen dieser Details war Mike das Modell geläufig, sondern aus einem anderen Grund: Die P38 war sozusagen die Mutter der späteren Bundeswehr-Standardpistole. Die wurde zwar erst ab 1957 produziert, aber in nur unwesentlich abgeänderter Form. Sie erhielt die Bezeichnung P1 und ist jahrzehntelang in der Truppe im Einsatz gewesen.

„Na ja, und geübt hab' ich mit ihr dann in dem großen Waldstück gleich hinterm Hessenstein. Da, wo dieser schöne, alte Aussichtsturm steht. Kennst du ja vielleicht", fuhr Herbert fort. „Wir hatten meist leere Cola-Dosen oder Suppenbüchsen mitgenommen. Auf die hat Marion dann geschossen. Aber immer nur kurz. Paar Minuten bloß. Danach sind wir immer schnell wieder raus ausm Wald. Damit uns bloß keiner erwischt. Ist auch nie passiert. Dabei war die Knallerei ganz schön laut. Aber kann auch sein, dass die

Leute, die's gehört haben, sich gar nicht weiter darum scherten. Dachten vielleicht, es wären Jäger, die da rumballern. Außerdem: Welcher Laie kann vom Klang her schon einen Gewehr- von einem Pistolenschuss unterscheiden? Und so oft ist es ja auch gar nicht gewesen, dass ich da mit ihr trainiert hab'. Vier oder fünf Mal, höchstens. Marion hat nämlich wirklich schnell kapiert, wie's ging. In kürzester Zeit konnte sie fast genauso gut treffen wie ich. Und dann – zack – war sie auf einmal weg."

Mike horchte auf. „Wie weg? Einfach so?", fragte er. „Ja", sagte Herbert. „Wir sind vom Schießen zurückgefahren, kurz nach Lütjenburg rein. Ich hab' nur schnell was einkauft. Und als ich wieder zum Auto kam, war Marion nicht mehr da. Erst dachte ich, okay, vielleicht will sie sich auch bloß irgendwo was holen. Also hab' ich gewartet. Da blieb ich noch ruhig. Dann fing ich an, immer öfter auf die Uhr zu schauen. Als gut 'ne halbe Stunde rum war, hatte ich 'n stark mulmiges Gefühl. Deswegen kam mir plötzlich auch die Idee, guck' mal in den Kofferraum, ob die Walther noch drin liegt. Ich wie ein geölter Blitz nach hinten, Deckel auf und – Schock: Die war auch weg! Genau wie alle restlichen Magazine. Ich wühlte alles durch, was sonst noch im Kofferraum war, aber nix. Da hat's mich echt gerissen. Ich begann zu zittern wie Espenlaub. Zudem schossen mir wieder und wieder dieselben drei Fragen durch den Kopf. Wo ist sie? Warum fehlt die Waffe? Was ist hier passiert? Ich war wie paralysiert. Irgendwann bin ich dann mit dem Wagen zurück in die Kaserne. Keine Ahnung, wie ich das geschafft hab'. Ich weiß auch nicht mehr, wie ich die Tage danach überstanden habe. Ich war total fertig. Ich bin zwar im Dienst gewesen, hab' aber null Erinnerung daran. Ich muss da rumgegeistert sein wie 'n Zombie. Lebend und doch irgendwie tot. Ist ja auch so gewesen. Ich fühlte mich wie abgestorben. Mir war alles egal. Ich hatte zu absolut nichts mehr Lust, nicht mal zum Onanieren. Ich hatte null Appetit, hab' kaum noch was gegessen. Ich verpisste mich, wann immer es ging. Und schlafen konnte ich bloß noch, wenn ich mich vorher ordentlich zugesoffen hatte. Außerdem musste ich ständig an Marion denken. Dazu kam Angst. Immer mehr. Völlig zu Recht, wie sich dann ja auch gezeigt hat. Knapp 14 Tage später."

Erneut pausierte Fuchs. Nochmals änderte sich die Mimik des Generals a. D. Seine Gesichtszüge verhärteten sich. „Mann, was hab' ich Schiss gehabt, als die mich einkassierten! War aber auch echt brutal. Als ob ich, der kleine Fahnenjunker, damals der Staatsfeind Nr. 1 gewesen wäre. Haben mir 'ne Falle gestellt. Im Büro von meinem Kompanie-Chef. Der hatte mich über das GeZi, unser Geschäftszimmer, zu sich befohlen. Ich hin zu ihm, Männchen gebaut, also gemeldet. In dem Moment griffen die zu. Zwei Typen. Bundeskriminalamt. Hatten schon hinter der Bürotür auf mich gelauert. Der Eine hielt 'ne Pistole im Anschlag, der Andere drehte mir gleich den Arm um. So doll, dass ich laut geschrien hab'. Dann hat er mich runter aufn Boden gedrückt, sich auf meinen Rücken gekniet, 'n Paar Handschellen rausgeholt und mich gefesselt. Danach zogen sie mich hoch und dann kam's: Ich sei vorläufig festgenommen, sagten sie mir. Wegen Verdachts der Beihilfe zum Mord und Unterstützung einer terroristischen Vereinigung. Ich fiel aus allen Wolken. Natürlich wollte ich sofort dagegen protestieren. Ging aber nicht. Die hielten mir den Mund zu. Ich wurde rausgeschleppt. Vor der Kompanie stand bereits ein VW-Bus. Ziviles Modell. Ganz unauffällig. So 'n Transporter ohne Fenster. Die mit mir hinten rein und ab ging 's."

Fuchs hatte sich in einen regelrechten Redefluss hineingesteigert. Es schien nach wie vor so, als ob tief aus seinem Inneren etwas mit aller Macht hinausdrängte. Rauchen allerdings musste trotzdem sein. Der hochrangige Offizier im Ruhestand klappte kurz sein Zippo-Feuerzeug auf. Einmal mehr ertönte dieses typisch blecherne Klacken, gefolgt von dem Ratschen des Zünd-Rädchens, schon brannte eine weitere Kippe. Nicht mal zehn Sekunden hatte das gedauert, und Fuchs machte weiter: „Wir waren vielleicht 'ne Stunde unterwegs gewesen, als der Bus anhielt. Übrigens mitten in einer Halle. Ich wusste nicht wo, und es sagte mir auch keiner. Die Typen nahmen mich in die Mitte. Ich trug immer noch die Handschellen. Erst ging es durch ein Gewirr fensterloser Gänge, dann führten sie mich über mehrere Gitter-Treppen hinab in so 'ne Art Vernehmungsraum. Da warteten bereits vier andere Leute. An mehreren Tischen saßen eine Frau und drei Männer. Aber – halt dich fest – nicht vom BKA. Die waren von unserer Bundeswehr-CIA, vom Militärischen Abschirmdienst. Sagten sie jedenfalls. Kannst dir vielleicht denken, dass ich da ganz schön blöd geguckt hab'. Aber kam noch besser. Die waren voll im Bilde über Marion und mich. Haben sie mir auch gleich klargemacht. Ich kann dir beim besten Willen nicht sagen, wieso, aber die wussten alles, wirklich alles. Vom ersten Treffen bis zu ihrem plötzlichen Verschwinden. Selbst Fotos hatten die von uns. Ganze Stapel. Dazu bergeweise anderes Material. Und mit all dem haben sie mir Vollpfosten dann die Augen geöffnet."

Fuchs unterbrach sich kurz. Er atmete tief ein und hörbar schwer wieder aus. Ganz so wie es manche Menschen tun, wenn sie von irgendetwas sehr enttäuscht sind. Das war er selbst nach all den zurückliegenden Jahrzehnten offenbar immer noch. „Rein gar nichts von dem, was Marion mir erzählt hatte, stimmte. Sie hieß nicht so, kam nicht aus Hamburg, war auch keine Studentin. Ihre Lieblingsmusik, ihre Hobbys und so weiter, alles erstunken und erlogen. Ja sogar ihre Haarfarbe ist falsch gewesen. Genauso wie ihre Gefühle für mich. Und Sex hatte ihr nur als Mittel zum Zweck gedient. Sie war 'ne Terroristin und gehörte zur Kommando-Ebene der Roten-Armee-Fraktion. Bloß ein paar Tage, nachdem sie damals in Lütjenburg Hals über Kopf verschwunden war, hatte sie in Hessen bei einer Entführung mitgemacht. Und dabei mit der Walther P38, die sie mir geklaut hatte, einen Polizisten getötet. Das war der Grund dafür, weshalb sie mir Beihilfe zum Mord vorwarfen und Unterstützung einer terroristischen Vereinigung. Deswegen verhörten die mich wirklich Tag und Nacht. Ich wurde von denen nach allen Regeln der Kunst richtig durch die Mangel gedreht. Druck ohne Ende. Mit Anbrüllen, Psycho-Spielchen, Drohungen und Schlafentzug. Ich wusste echt nicht mehr, ob ich Männchen oder Weibchen bin. Zwischendurch haben sie mir außerdem gesagt, sie hätten mein Zimmer in der Kaserne auf den Kopf gestellt. Und mein Auto komplett auseinandergenommen. Aber letzten Endes sahen sie dann doch ein, was ich ihnen schon die ganze Zeit über erklärt hatte: dass ich Voll-Depp aus lauter Liebe zu Marion einfach bloß total blind gewesen bin. Nur änderte das ja nichts daran, dass ich ihr beigebracht hatte, wie man gut schießt, und dass sie überdies meine Pistole besaß. Genau daraus haben sie mir 'n Strick gedreht. Sie boten mir einen Deal an. Erschöpft und fertig wie ich war, hab' ich den leider angenommen, ich Riesen-Idiot. Das war nämlich der zweite große Fehler in meinem Leben. Aber ich ..."

Mike Bertholdt ging abrupt dazwischen. Er hatte gerade auf seine Uhr geschaut und sich erschrocken. Während all der Schilderungen seines Amts-Vorgängers hatte er völlig die Zeit vergessen. Und überhaupt nicht mehr daran gedacht, seinen Vize Robert Gerbald in Bäuers Haus in Regensburg anzurufen. Dabei musste er ihm unverzüglich mitteilen, was die Kanzlerin angeordnet hatte: nämlich die „Rattlesnakes" so schnell es irgend geht auf Eis zu legen. Egal wie. Für ein paar Tage. Bis nach der Landtagswahl in Bayern. Mike wählte Gerbald an. Ihr Telefonat, natürlich wie üblich mit Kryptoverschlüsselung, dauerte eine Weile. Gleich danach wandte er sich wieder Fuchs zu: „So, jetzt aber Tacheles, Herbert!" Er erinnerte ihn somit daran, weshalb sie schon seit mehr als einer Stunde beisammensaßen. „Was hat es mit diesem Notfall-Plan auf sich? Raus mit der Sprache!", forderte Mike. Und Fuchs folgte seiner Aufforderung. Was der Generalmajor a. D. daraufhin über sich und den Plan preisgab, ließ Mike den Mund offen stehen vor lauter Erstaunen.

Kapitel 59

Das Gespräch mit seinem Chef war kaum beendet, schon schritt Robert Gerbald zur Tat. „Bitte alle sofort bei mir sammeln", rief er. Gerbald war zwar noch recht jung, aber trotzdem ordneten sich ihm alle unter. Er zählte mal gerade erst 30 Jahre, gleichwohl verfügte der sympathische Thüringer bereits über viel Erfahrung und eine sehr beachtliche Vita: Bau-Ingenieur, zudem Informatiker. Beide Studiengänge mit wahrlich exzellenten Abschlüssen. Überdies auch noch promoviert. Dennoch kein verkopfter Akademiker, sondern alltagsfest und bodenständig. Vorher Soldat in der Bundeswehr-Paradetruppe, dem Wachbataillon. Auffallend auch seine äußere Erscheinung: Seine dunklen Haare raspelkurz, dazu gepflegter Drei-Tage-Bart, mittelgroß, erkennbar trainiert. Von der Art und Physiognomie her, meinten manche, ähnele er ein bisschen Keanu Reeves in jüngeren Jahren; dem kanadischen Leinwand-Star aus solch international erfolgreichen Blockbustern wie den John-Wick- oder auch den Matrix-Filmen. Und weit gebracht hatte er es ebenfalls schon. Bis zum Leitenden Regierungsdirektor sowie Vize-Chef des Regierungs-Sonderkomplexes Matzwitz/Todendorf. Vor allem aber führte er gerade das Kommando in Regensburg. Deswegen hörte auch jeder auf ihn. In ihrem improvisierten Lagezentrum, eingerichtet im riesigen Wohnzimmer des Hauses von Matthias Bäuer, kamen sie alle schnell beisammen: Karim Afarid und Markus-Maria Roth, die beiden Leibwächter des bisherigen Bundeswirtschaftsministers, ferner der sechs Mann starke Spezialtrupp, bestehend aus Hannes, Marc und David sowie Alkan, Lukas und Timur. Nadja Kohlitz war ebenfalls wieder im Haus, zurückgekehrt aus der Uni-Klinik, in die sie den Krankentransport mit Bäuer begleitet hatte. Und der Zehnte in der Runde an jenem inzwischen sehr späten Montagabend, es ging auf Mitternacht zu, war Gerbald.

„Für all die, die es vielleicht noch nicht mitgekriegt haben", eröffnete er die Lagebesprechung, „Herrn Minister Bäuer ist etwas sehr Schlimmes passiert. Er hat zwei schwere Schlaganfälle gehabt, möglicherweise in Folge seines starken Kokain-Konsums. Formell ist er zwar noch Minister, aber er wird das Amt nach Stand der Dinge wahrscheinlich nie wieder ausüben können. Darüber ist auch bereits die Kanzlerin informiert, von Herrn General Bertholdt. Ich hab' eben mit ihm gesprochen. Er hat mir eine neue Weisung der Kanzlerin mitgeteilt. Die bedeutet, unser Einsatz hier vor Ort ist trotz des Ausfalls von Herrn Bäuer nicht vorbei. Wir sollen die „Rattlesnakes", also die Drogen-Lieferanten und Erpresser des Herrn Ministers, festsetzen. Und zwar zum Schutz der Landtagswahl nächsten Sonntag hier in Bayern. Erstens lautet dazu der Befehl des Generals, wir sollen das so schnell wie möglich tun. Zweitens haben wir dafür bis auf tödlichen Waffeneinsatz völlig freie Hand. Drittens sollen wir sie nur bis nach der Wahl auf Eis legen, also bloß für ein paar Tage. Und Viertens, aber das ist ja ohnehin fast selbstverständlich, hat die ganze Operation undercover zu laufen." Gerbald sah in die Runde und betrachtete jedes einzelne Gesicht, während er weitersprach: „Ich weiß sehr wohl, das war ein langer und ereignisreicher Tag heute. Sie sind sicher recht müde. Die meisten von ihnen sind ja auch schon seit vorgestern nicht mehr richtig zum Schlafen gekommen. Aber uns sitzt gewaltig die Zeit im Nacken.

Deshalb müssen wir jetzt erst noch gemeinsam überlegen, wie wir den Befehl in die Tat umsetzen können, bevor wir uns alle ein paar Stunden aufs Ohr hauen. Ich bitte um Vorschläge!"

Sie diskutierten über einige Ansätze und Ideen. Zum Beispiel darüber, ob es für die Auftragserfüllung irgendwie vorteilhaft sein könnte, dass der gesamte „Rattlesnakes MC" lediglich neun Mitglieder zählte. Doch was immer man auch erörterte, alles blieb nur vage. Bis einmal mehr Markus-Maria Roth etwas beisteuerte. Der Personenschützer, nicht zur Bundeswehr gehörend, sondern zum BKA, sagte: „Vielleicht kann uns ja mein bester Freund helfen. Ist 'n Ex-Kollege. Oben in Hamburg. Der ist da beim Landeskriminalamt. Vor paar Monaten hat er sich aus familiären Gründen dahin versetzen lassen. Kümmert sich um V-Leute", so Roth. Jeder seiner Zuhörer wusste sogleich Bescheid, was er damit meinte: Informanten meist aus zwielichtigem Milieu, die aus unterschiedlichen Motiven verdeckt mit der Polizei oder Geheimdiensten kooperierten. „Wir sind regelmäßig in Kontakt", fuhr Roth fort. „Und neulich hat er mir was erzählt, das könnte für uns ganz nützlich sein." Roth legte ihnen dar, worum es sich gehandelt hatte. Die Gruppe war davon schnell angetan. Die Operation hatte nun eine Grundlage. Darauf aufbauend entwickelten sie Stück für Stück die Details für ihr geplantes Vorgehen. Ein V-Mann sollte ihnen dabei als Lockvogel dienen. Zudem würde es auf den Ehrenkodex unter Rockern ankommen. Ferner auch auf die engen Kontakte der „Rattlesnakes" zu anderen Chaptern, sprich Motorradclubs, die ebenfalls giftige oder gefährliche Tiere hielten, nach denen sie sich benannt hatten. Dazu zählten unter anderem der „Spider MC", der „Cobra MC" sowie der „Scorpions MC".

Was Gerbald mit seinen Leuten austüftelte, um die „Rattlesnakes" aus dem Verkehr zu ziehen, war riskant. Wegen einiger wichtiger Punkte, die unbedingt klappen mussten. Das aber lag nicht in ihrer Hand. Letztlich konnten sie nur hoffen, dass alles funktionieren würde. Doch für eine bessere Vorbereitung fehlte schlicht und einfach die Zeit. Allerdings war es keineswegs das erste Mal, dass sie trotz gewisser Unwägbarkeiten handeln mussten. Dafür fehlte nurmehr das „Go" von Mike Bertholdt.

Kapitel 60

Doreen Huthmerlett war ganz und gar nicht bei der Sache. Ihr schwirrte der Kopf. Sie saß im Recherche-Ressort beim MAGAZIN und konnte sich absolut nicht auf ihre Arbeit konzentrieren. Vor ihr lag ein Auftrag aus der Online-Redaktion der Zeitschrift. Sie sollte demnach der Frage nachgehen, warum der in weiten Teilen rechtsextreme BDP, der Bund Deutscher Patrioten, mittlerweile auch im bürgerlichen Lager so stark Anklang fand. Hintergrund war die in nur wenigen Tagen bevorstehende Bayern-Wahl. Alle Umfrage-Institute prognostizierten nämlich ein sehr enges Rennen zwischen der bisher regierenden BVP, der Bayerischen Volkspartei unter Ministerpräsident Julius Roeder, und eben dem BDP. Doch darum vermochte sich Doreen Huthmerlett gerade überhaupt nicht zu kümmern. Sie hatte an diesem späten Dienstagvormittag mehr als genug mit sich selbst zu tun.

Am Morgen, auf dem Weg ins Büro, ist sie nämlich noch kurz bei ihrer Gynäkologin gewesen. Sollte nicht lang dauern. Ging eigentlich bloß um eine vermeintliche Kleinigkeit. War's aber nicht. Die Ärztin eröffnete ihr ohne viel Umschweife, sie sei schwanger. Mit dieser Tatsache musste sie sich jetzt erstmal anfreunden. Nicht, dass sie partout kein Baby gewollt hätte. Aber regelrecht darauf angelegt hatte sie es auch nicht. Doch nun war es so. Und eigentlich passte ja alles prima. Mit 27 war sie noch im besten Alter für Nachwuchs. Um ihren Job musste sie sich keine Sorgen machen wegen der Schwangerschaft. Auch finanziell sah es gut aus. Außerdem wollte ihr Freund, Wissenschaftler an der Uni Hamburg, immer schon Kinder. Und in ihrer, beider Wohnung gab's dafür durchaus Platz. Für sie als Paar allerdings würde es nun in einigen Monaten vorbei sein mit dem bisher so leichten und unbeschwerten Leben.

Mal eben schnell dies oder das tun, spontan da oder dort hinreisen, das würde nicht mehr gehen. Vieles würde sich radikal ändern durch das Kind. In erster Linie natürlich ihr Alltag. Dazu diese riesige Verantwortung für solch einen kleinen Menschen. Kann ich das? Will ich das? Bin ich bereit dafür? Schaffen wir das auch? Was, wenn nicht? Diese und viele andere Fragen beschäftigten Doreen gerade.

Plötzlich wurde sie aus ihren Gedanken gerissen. Das Telefon auf ihrem Schreibtisch klingelte. Sie hob ab und nannte ihren Namen. „Hallo, Frau Huthmerlett! Guten Tag!", tönte es aus dem Hörer, „Hartmann hier." Blitzschnell verdrängte Doreen ihre Grübeleien. Sofort war ihr klar, wer dran war: Doktor Wilfried Hartmann, promovierter Jurist. Inzwischen Pensionär, davor ehemals hoher Beamter. Leiter einer Prüfabteilung im Bundesrechnungshof. Ferner seit vielen Jahren MAGAZIN-Informant. Doreen hatte ihn kürzlich kontaktet. Grund war die ominöse Summe von fast einer Milliarde D-Mark, die sie und ihre beiden Kollegen Jenny und Ben bei der Überprüfung alter Bundeshaushalte entdeckt hatten. Sie erhoffte sich von Hartmann nähere Aufschlüsse darüber, wofür das ganze Geld damals verwendet wurde. Und er enttäuschte sie auch nicht. „Sie erinnern sich ja bestimmt daran, wie wir verblieben waren", begann er. „Ich wollte mich wegen Ihrer Sache bei meinem alten Studienfreund erkundigen, dem Ex-Referenten vom Bundesfinanzminister. Das hab' ich auch gemacht. Der hat sich jetzt zurückgemeldet. Mich hat's beinahe umgehauen, was der mir erzählt hat. Das ist wirklich sensationell. Halten Sie sich fest, Frau Huthmerlett. Also, ...". Wilfried Hartmann schilderte ihr ausführlich, was er erfahren hatte. Natürlich müsste all das noch intensiv gegengeprüft werden. Aber selbst wenn sich davon auch nur die Hälfte bewahrheiten sollte, wäre es immer noch ein Riesen-Scoop, eine echte Hammer-Geschichte. Doreen blieb sprichwörtlich die Spucke weg. Sie und ebenso Hartmann konnten freilich nicht ahnen, dass sie im Begriff waren, auf eine gewaltige Lüge hereinzufallen:

auf den Notfall-Plan für Matzwitz/Todendorf.

Mike Bertholdt hatte ihn in Aktion setzen lassen. In der zurückliegenden Nacht. Die würde er wohl Zeit seines restlichen Lebens nicht vergessen, so außergewöhnlich war sie. Weil er seinem Vize Robert Gerbald die Freigabe erteilte für eine heimliche Operation, die sich ein Thriller-Autor kaum besser hätte ausdenken können. Und weil ihm sein Vorgänger, Herbert Fuchs, nahezu Irrwitziges offenbart hatte, was den Schutz der absoluten Geheimhaltung von Matzwitz betraf. Es hing damit zusammen, dass er einst in eine folgenschwere Venus-Falle getappt war. Von abgrundtief falscher Liebe total verblendet, hatte Fuchs im Herbst 1980 als damals blutjunger Offizier einer RAF-Terroristin beigebracht, wie man schießt. Sie lernte schnell und verschwand. Seine Pistole sowie einige gefüllte Magazine ließ sie auch mitgehen. Kurz darauf hatte sie mit der Waffe in Hessen einen Polizisten getötet. Fahnder des BKA kamen ihm seinerzeit schnell auf die Schliche. Als mutmaßlichen Komplizen nahmen sie ihn fest. Seltsamerweise wurde er dann aber an ein Team des MAD, des Militärischen Abschirmdienstes, überstellt. So zumindest hatte man es Fuchs nach dessen Angaben gesagt. An einem unbekannten Ort und in knallharten Verhören quetschten sie ihn tagelang aus. Allerdings mit nur magerem Ergebnis. Dass es sich bei ihm um einen RAF-Unterstützer handelte, dafür fanden die MAD-Leute nicht den geringsten Beweis. Es gab auch keinen. Denn er hatte sich einfach bloß verführen lassen. Im festen Glauben, Marion Grassner, die Frau, von der er nicht wusste, wer sie wirklich war, würde ihn ehrlich lieben. Das Schießtraining aber und die Sache mit der Pistole blieben Fakt. Und damit erpressten sie Fuchs. Sichtlich zerknirscht hatte er gerade davon erzählen wollen, kam aber nicht dazu. Mike hatte ihn unterbrochen, weil ihm plötzlich siedend heiß eingefallen war, dass ja auch noch ein anderes Problem bewältigt werden musste – jenes in Regensburg mit den „Rattlesnakes".

Herbert Fuchs hatte derweil gewartet. Weit nach Mitternacht

zeigte die Uhr, als er ansetzte, weiter auszupacken. Das fiel ihm äußerst schwer. Der Mann, der auf seinen Schulterklappen zuletzt zwei goldene Sterne getragen hatte, guckte Mike nicht an. Er schaute die ganze Zeit vor sich auf den Boden, so sehr schämte er sich. Mike hörte ihm still zu. Dabei wurde ihm erschreckend klar, wieso Fuchs bisweilen so scharfen Hass gegen sich selbst hegte und zu hartem Zynismus neigte. „In Wahrheit bin ich gar kein so toller Offizier gewesen", beichtete ihm Fuchs. „Alle meine Beurteilungen, Lehrgangs-Zeugnisse und so weiter, die sind zwar echt, aber die stimmen hinten und vorne nicht. Alles geschönt. Von allein hätte ich es niemals bis zum General gebracht. Dass ich das geworden bin, das war der Judas-Lohn für mich, Mike. Weil ich damals auf diesen Deal mit dem MAD eingegangen bin. Ich war wirklich fix und fertig nach den Verhören. Das war's, dachte ich, die werfen mich achtkantig raus aus der Bundeswehr. Und danach geht's gleich paar Jahre ab in den Knast. Wegen meiner Pistole, die Marion ja hatte, und weil ich mit ihr vorher doch Schießen geübt hab'. Ich war völlig am Ende. Mir ging's absolut scheiße. Da kamen sie auf einmal damit um die Ecke, ich sei ja noch jung und hätte zwar einen schweren Fehler gemacht, aber den könnte ich ja ausbügeln. Es müsse nicht sein, dass der ganze Mist vor Gericht komme und ich verknackt würde. Da gäbe es auch noch 'ne andere Möglichkeit. Tja, damit hatten sie mich. Ich hab' zugestimmt. Dazu musst du wissen, die vom MAD hatten damals echt befürchtet, unter jungen Soldaten, wie ich einer war, könnten welche drunter sein, die tatsächlich mit der RAF sympathisieren. Eigentlich kaum zu glauben, war aber so. Fast schon 'n Treppenwitz der Geschichte: Heutzutage durchfilzen sie die Truppe nach rechten Terror-Trotteln und zu jener Zeit nach linken Idioten. Na ja, ich hab' mitgemacht. Ich wurde zu 'ner ganz miesen Ratte. Ich hab' Kameraden bespitzelt. Viele Jahre lang. Nicht nur in Lütjenburg sondern überall, wo sie mich später noch hin versetzten. Hier in Deutschland ebenso wie im Ausland. Im normalen Dienst, auf Lehrgängen oder auch während meiner Generalstabs-Ausbildung an der Führungsakademie und selbst danach noch. Ich hab' denen Berichte geliefert, ich hab' mich mit ihnen auch immer wieder getroffen, ich hab' angeschwärzt und gepetzt. Ich war 'ne verräterische Drecksau, 'ne widerwärtige MAD-Info-Nutte."

Mike überlegte nachzuhaken, wie er das alles wohl hatte mit seinem Gewissen vereinbaren können, tat es aber nicht. Denn es war bereits tiefste Nacht. Ihn interessierte nur noch eines. Das wollte er nun endlich erfahren. „Herbert, komm' bitte auf den Punkt! Was hat es mit diesem Notfallplan auf sich?", bedrängte er ihn. „Wirst du gleich hören", erhielt er zur Antwort. „Die haben auch kräftig meine Karriere angeschoben, die ganzen Jahre über. Ich bin zwar nicht blöd gewesen, aber die hellste Kerze auf der Offiziers-Torte war ich auch nicht gerade. Trotzdem erhielt ich immer viel bessere Beurteilungen und Lehrgangsnoten, als ich sie eigentlich verdient hatte. Weil die dafür gesorgt haben. Die haben mich schnell hoch aufsteigen lassen. Du weißt ja, für Beförderungen gibt's Mindest-Wartezeiten. Normalerweise. Bei mir galten die nur selten. Weil ich denen mit meiner Vergangenheit nie mehr vom Haken gehen konnte, haben die mich Schritt für Schritt ganz gezielt immer weiter aufgebaut. Weil sie 'n Blöden gebraucht haben. Einen, von dem sie genau wussten, dass er immer schön die Fresse halten wird. Egal, was man dem auch aufs Auge drückt. Wie diesen verdammten Chefposten hier in Matzwitz. Glaub' mir, ich hab' den wirklich nicht gewollt. Für kein Geld der Welt. Scheiß' was auf die Riesen-Kohle, die wir hier kriegen. Aber mir blieb ja nichts anderes übrig. Ich musste den Posten antreten. Als Nachfolger für von Kummerberg, von dem ich dir neulich erzählt hab'. Vor allem aber passte ich mit meiner RAF-Geschichte allerbest zu dem Notfall-Plan für Matzwitz."

Fuchs machte es spannend. Er ließ immer noch nicht die Katze aus dem Sack. Erst zündete er sich eine weitere Kippe an. Dann fragte er Mike: „Kannst du dich daran erinnern, dass im Frühsommer 1990 in der Noch-DDR zehn ehemalige Terroristinnen und Terroristen der Rote-Armee-Fraktion verhaftet worden sind? Darunter übrigens auch meine Marion, wie ich das Aas immer noch nenne. Die hatten da schon seit Anfang der 80er gelebt." Bertholdt hatte das nicht gleich auf dem Schirm. War ja auch schon ziemlich lange her. Er musste erst etwas nachdenken, bevor er nickte. „Genau darauf basiert der Notfall-Plan. Dass sich eben diese Schwer-Kriminellen da im Osten verkriechen konnten. Mit Erlaubnis der Staatsführung. Musst du dir mal vorstellen, die haben die damals extra geschult fürn Alltag im Arbeiter- und Bauernparadies. Selbst neue Identitäten haben sie denen verpasst. Echt irre. War aber so. Tja, und an dem Punkt setzt der Notfall-Plan an. Mit der hübschen Ergänzung, dass das 'ne abgekartete Sache gewesen sei zwischen Bonn und Ost-Berlin. Man könnte auch sagen, so 'ne Art stillschweigende Übereinkunft: Ihr haltet uns diese Terroristen vom Hals, ihr passt immer schön auf die auf, und außerdem sorgt ihr dafür, dass darüber nie ein Sterbenswörtchen bekannt wird. Im Gegenzug lassen wir uns das ordentlich was kosten. Natürlich in Form harter Devisen, keine Frage. Die braucht ihr doch so dringend, so hundsmiserabel schlecht wie eure Planwirtschaft läuft. Rund eine Milliarde kriegt ihr. Wir zahlen sogar per Vorkasse. Das ist der Kerninhalt des Plans", sagte Fuchs und fügte hinzu: „Also, 'ne halb wahre und 'ne halb erfundene Geschichte. Oder wie es bei uns im Bundeswehr-Deutsch heißt: Material zur strategischen Kommunikation zwecks verhaltenswirksamer Einflussnahme auf mediale und öffentliche Wahrnehmung."

Der Generalmajor a. D. nahm erneut einen tiefen Zug, bevor er fortfuhr: „Der ganze Plan hat nur einen einzigen Sinn und Zweck: Vertuschung. Wie ich dir ja erzählt hab', als du hier angefangen hast, wurde Matzwitz gegen Ende der 70er gebaut. Helmut Schmidt, der Kanzler damals, hatte das in die Wege geleitet. Nach dem fürchterlichen Terrorjahr '77. Wie du dir denken kannst, ist die Sache extrem teuer gewesen. Insgesamt fast eine Milliarde D-Mark. Heimlich abgezwackt aus der Bundeskasse, über drei Jahre hinweg: '77, '78 und '79. Musste in den Bundeshaushalten selbstverständlich verschleiert werden. Ist auch passiert. Weil von dem Projekt hier ja nur möglichst wenige was wissen sollten. Trotzdem wäre das beinahe mal rausgekommen. Durch den Bundesrechnungshof. Die sind ganz dicht davor gewesen. Da hat nicht mehr viel gefehlt. Aber der Schmidt, der konnte das noch abbiegen. Dafür hat er eigens den Walter Scheel in Marsch gesetzt, den Bundespräsidenten zu der Zeit. Der war ja wie Schmidt früher auch mal Oberleutnant. Und der hatte es dann mal gerade so eben geschafft, den Rechnungshof noch zu stoppen. Seitdem jedoch ist klar gewesen, allein der Schutz, dass die Zahlen verschleiert sind, reicht nicht mehr. In all den Jahren danach wurde stets befürchtet, dass irgendwann wieder mal jemand auf die Spur des Geldes kommen könnte. Also darauf, dass die Milliarde für Matzwitz draufgegangen ist."

Fuchs legte abermals eine kurze Pause ein. Gleich anschließend sprach er wieder über die Zeit, als die DDR unterging: „Na, und dann kam die Wende. Die RAF-Leute drüben flogen auf, und das war quasi die lang ersehnte Gelegenheit, daraufhin den Notfall-Plan zu entwickeln. Haben die auch gleich gemacht." Erneut brannte Mike eine Frage auf den Nägeln. Diesmal unterdrückte er sie nicht: „Wer waren die denn?" Mike erntete zunächst nur ein Schulterzucken. „Also, genau weiß ich das auch nicht", erwiderte Fuchs. „Es gibt da bloß was vom Hörensagen. Danach sollen das damals mehrere hohe PSV-Offiziere gemacht haben. Im Harz, in Clausthal-Zellerfeld. Auf Sonderbefehl des Verteidigungsministeriums. Extra ausgesucht sowie doppelt und dreifach überprüft. Vorher mussten die angeblich auch erst den Schwur von Matzwitz ablegen. Und als sie fertig waren, sollen die noch mal fix befördert sein, hieß es, um dann sofort in den Ruhestand versetzt zu werden, inklusive fetter Sonder-Prämien."

Jüngeren Soldaten sagt das Kürzel PSV in der Regel nichts

mehr. Mike dagegen, als schon älterer Truppenangehöriger, wusste mit diesen drei Buchstaben sehr wohl noch etwas anzufangen. Sie standen ehemals für 'Psychologische Verteidigung'. Mit dieser Thematik befassten sich in der Bundeswehr einst zwei Bataillone. Beides ziemlich spezielle Verbände, teils immer noch geheimnisumwittert. Ihre Hauptaufgabe bestand darin, die Lage und Entwicklung in den Ländern Osteuropas zu beobachten, vornehmlich in der Sowjetunion sowie in der DDR. Schwerpunkte dabei waren natürlich die Geschehnisse in den jeweiligen Armeen. Doch auch all das, was sich politisch und gesellschaftlich so tat, wurde aufmerksam verfolgt, registriert und ausgewertet. Mit so gewonnenen, ausgewählten Informationen hätten beide Bataillone dann im Fall des Falles versuchen sollen, auf gegnerische Soldaten und auf die Bevölkerung einzuwirken. Und zwar mithilfe von Flugblättern sowie mobilen Lautsprechern, vor allem jedoch durch Rundfunk-Sendungen. Einer dieser PSV-Verbände hatte seinen Standort recht dicht an der innerdeutschen Grenze. Nämlich tatsächlich in Clausthal-Zellerfeld im Oberharz. Der andere hingegen war weit im Westen der alten Bundesrepublik beheimatet, in einer betagten Kaserne am Rhein. Dieses und auch das andere Bataillon sind längst passé. Aber aus jener Zeit hat etwas überlebt: der auch heutzutage noch aktuelle Bundeswehr-Sender „Radio Andernach".

Mike hielt es durchaus für möglich, dass hochrangige PSV-Offiziere einst den Notfall-Plan ausbaldowert hatten. Nach der stundenlangen Vorrede von Herbert wollte er ihn nun endlich auch sehen. „Du hast ihn mir ja nicht übergeben, als ich hier deinen Posten übernommen habe. Wo ist der Plan denn?", wollte er von ihm wissen. Fuchs antwortete ihm: „Bei mir zu Hause, im Tresor." Beide machten sich auf den Weg dorthin. In rabenschwarzer Nacht. Mittlerweile ging es bereits auf drei Uhr früh zu. Vom Stabsgebäude aus marschierten sie die stockdunkle Dorfstraße entlang zum Bauernhof von Fuchs. Der übergab ihm aus seinem Tresor einen schmalen Ordner. Nicht mal 40 Seiten befanden sich darin. Mike las sie sich gleich durch. Und staunte mächtig. Darüber, wie simpel der Inhalt war. Doch historisch passte dabei alles. Es hätte tatsächlich so passiert sein können. Durchaus auch an den Orten, die darin genannt wurden. Sie existierten zwar nicht mehr, aber einst hatte es sie wirklich gegeben. Das galt ebenso für die Hauptpersonen in dem Plan, die praktischerweise inzwischen verstorben waren. Besonderer Clou jedoch war etwas anderes. Nämlich die Quelle, um im Krisenfall all diese und noch weitere Informationen verdeckt, aber dennoch glaubhaft auszuspielen. Und somit Medien und Öffentlichkeit zu täuschen.

Mike nahm den Ordner an sich, quittierte bei Herbert dafür, ging allein zurück ins Stabsgebäude und setzte den Plan sogleich in Kraft. Jedoch mit kräftigen Gewissens-Bissen. Dabei war sein seelischer Mülleimer nach den Ereignissen der zurückliegenden Tage ohnehin bereits recht voll. Wird Zeit, dass ich den leer mache, ging es ihm durch den Kopf. Er wünschte sich, mal mit jemandem intensiv über alles, was ihn momentan so sehr belastete, reden zu können. Wobei Bertholdt sich selbst dabei erwischte, dass er an eine ganz bestimmte Person dachte. Und das keineswegs nur rein dienstlich. Er sah Nadja Kohlitz vor seinem geistigen Auge. Irgendwie hatte sie es fertiggebracht, in ihm eine Saite anzuschlagen, die wunderbar warm klang und ihm richtig guttat. Nadja Kohlitz allerdings befand sich noch im Einsatz in Regensburg. Sie würde frühestens im Lauf des neuen Tages wieder da sein. Vorerst musste er also allein mit dem klarkommen, was ihn so bedrückte. Und Mike trug in jener Nacht schwer an dem, was er entschieden hatte. Und zwar an seiner Zustimmung für das riskante Vorhaben gegen die „Rattlesnakes", und zudem hatte er nun auch noch den Notfall-Plan anrollen lassen. Der innere Konflikt darüber setzte ihm ordentlich zu. Er spürte immer stärker, wie sich in ihm der Zwiespalt zwischen Loyalität und Kadavergehorsam mehr und mehr vergrößerte. Vor allem, weil er gerade zum Helfershelfer dafür geworden war, dass ein Stück jüngerer deutscher Zeitgeschichte gefälscht werden sollte. Durch nichts anderes als eine gewaltige Lüge.

Und der Nährboden dafür war sehr günstig. Klammheimliche Terroristen-Verwahrung gegen eine gleichfalls klammheimliche DM-Milliarde – das hörte sich ganz und gar nicht unglaubhaft an. Denn zu Zeiten der deutschen Teilung sind zwischen Bonn und Ost-Berlin diverse seltsame Geschäfte gelaufen. Mit Müll zum Beispiel. Aus dem Westen landeten dabei riesige Mengen Dreck, darunter auch giftige Abfälle, auf Ost-Deponien. Die Umwelt war dem SED-Staat dabei ebenso egal wie die Gesundheit seiner Bürger. Der Müll des Klassenfeindes brachte den roten Machthabern schließlich Hunderte von Millionen in die Kasse. Und noch erheblich lukrativer war für Honecker & Co. der deutsch-deutsche Menschenhandel. Während der 40 Jahre ihres Bestehens hatte die DDR weit mehr als 30.000 Männer und Frauen, die bei ihr aus politischen Gründen inhaftiert waren, an die Bundesrepublik verkauft. Für insgesamt sage und schreibe fast 3,5 Milliarden D-Mark. Überdies existierten noch ein paar andere Handelsbeziehungen der besonderen Art. Gewaltige Schlagzeilen machte dabei ein Deal, der im Sommer 1983 publik wurde.

Kapitel 61

Die DDR, Ende der 70er-, Anfang der 80er-Jahre: Sie leidet. Es geht ihr schlecht. Richtig schlecht. Sie ist finanziell sehr stark angeschlagen. Schuld daran ist die Staatsführung. Genauer ihr über lange Zeit hinweg ökonomisch katastrophaler Kurs. Darüber ist man im inneren Zirkel der Macht auch sehr wohl im Bilde. Aber es ist zu spät, das Steuer jetzt noch rumzureißen. Das geht nicht mehr. Dafür steckt die Karre einfach schon viel zu tief im Dreck. Daher eskaliert die Situation zusehends. Ost-Berlin gerät in eine hoch kritische Lage. Es droht die Zahlungsunfähigkeit. Die Deutsche Demokratische Republik, die sich im sozialistischen Lager als wirtschaftlicher Musterknabe sieht, sie ist kaum mehr fähig, ihre internationalen Schulden zu begleichen. Der Bankrott, so scheint es, steht bereits vor der Tür. Zumal auch klar ist, dass der „Große Bruder", die Sowjetunion, nicht Retter aus der Not sein wird. Die UdSSR hat mit ihren eigenen Problemen zu kämpfen. Inmitten dieser schweren Krise lässt das SED-Regime daher vorfühlen, wenn auch bloß inoffiziell, ob die Bundesrepublik helfen könnte. Die Reaktion ist positiv. Es erwächst ein Plan, der sich im Kern um eine Bank in Zürich dreht. Aber daraus wird nichts. Denn in Bonn neigt sich die Kanzlerschaft von Helmut Schmidt dem Ende zu. Kurzum: Im Herbst 1982 herrscht eine tief trübe Perspektive für die DDR. Da spielt ihr unerwartet plötzlich etwas in die Hände: der Regierungswechsel in Westdeutschland. Es ist Mitte September, als die von Schmidt angeführte sozialliberale Koalition zerbricht. Grund ist ein Streit über Wirtschafts- und Sozialpolitik. Die FDP läuft über zur CDU. Und durch ein konstruktives Misstrauens-Votum, bis heute übrigens das einzig erfolgreiche in der Geschichte des Bundestages, wird Anfang Oktober 1982 Helmut Kohl neuer Kanzler.

Nur wenige Tage darauf, eben in jenem Oktober, geschieht etwas, was das Blatt doch noch zugunsten des Arbeiter- und Bauernstaates wenden wird. Es kommt zur ersten Tuchfühlung eines ungewöhnlichen Trios. Aus drei Männern besteht es. Einer davon heißt Josef März. Ein bayerischer Großunternehmer. Schwerreich. Mit Bier, Molkerei-Produkten und Fleischverarbeitung hat er Millionen gemacht. März gehört zudem zur CSU. Zu jener Zeit Bayerns alleinige Regierungspartei. Und mit dem Machthaber seines Bundeslandes ist er auf Du und Du. Bereits seit Jahren unterhält er auch Geschäfts-Beziehungen mit der DDR. Dabei geht es um beträchtlichen Viehhandel. Von daher hat Josef März gute Verbindung zu dem anderen Mann aus dem Trio: Alexander Schalck-Golodkowski. Staatssekretär im Ministerium für Außenhandel der DDR. Mitglied der Wirtschafts-Kommission beim Politbüro im Zentralkomitee der SED. Außerdem Oberst der Stasi, mithin hochrangiger Offizier des Ost-Geheimdienstes. Seine Hauptaufgabe: Die Leitung der „KoKo", Kürzel für „Kommerzielle Koordinierung". Ein spezieller Bereich des Außenhandelsministeriums, zuständig für Sondergeschäfte, auch und vor allem mit dem kapitalistischen Ausland. Alexander Schalck-Golodkowski ist oberster Devisen-Beschaffer der DDR. Bleibt noch der Dritte im Bunde: Franz Josef Strauß. Bayerisches Polit-Alpha-Tier. Ministerpräsident mit Allmachts-Aura. Legende schon zu Lebzeiten. Optisch bullig, intellektuell und rhetorisch beachtlich. CSU-Vorsitzender. Lange schon. Scharf gegen links und den Ostblock. Vor dem Amt des Regierungschefs in Bayern geraume Zeit in Bonn. In unterschiedlichen Ressorts mehrfach Bundesminister. 1980 gemeinsamer CDU/ CSU-Kanzlerkandidat. Bei der Wahl jedoch scheitert er gegen SPD-Amtsinhaber Schmidt. Daraufhin Rückzug nach München. Dennoch bleibt er in der Politik Westdeutschlands eine der bekanntesten Figuren. Oft aber polarisierend, wegen äußerst konservativer Positionen und einiger Skandale.

Dieser Franz Josef Strauß, Medien-Titulierung „Kommunisten-Fresser", ausgerechnet er bewahrt das sozialistische Deutschland davor, finanziell abzusaufen. Der DDR steht das Wasser bis zum Hals, und er wirft ihr den Rettungsring zu. Warum er das tut, ob er oder andere davon irgendwie profitieren, und wenn ja, wie, diese Fragen klären sich bis in alle Ewigkeit nie ganz umfänglich auf. Fakt hingegen ist: Strauß bereitet dem SED-Regime den Weg für gleich zwei riesengroße Kredite. Spiritus rector, lenkender Geist, treibende Kraft dabei ist er. So man denn bereit ist, seinen Worten zu glauben. „Ich möchte mit allem Nachdruck darauf hinweisen, dass die Einfädelung, wenn man sich so ausdrücken will, von mir stammt", sagt er später in einem Interview. Zudem setzt er unter anderem hinzu: „Ich habe die ganze Angelegenheit vermittelt."

Und die nimmt ihren Lauf eben im Herbst 1982. Klammheimlich, wie sicher nicht weiter verwundert, sowie kurz nach dem Machtwechsel in Bonn. Strauß-Freund Josef März, der millionenschwere Unternehmer, fungiert dabei als Kontaktmann zum obersten DDR-Devisenbeschaffer Alexander Schalck-Golodkowski. Der notiert in einem erhalten gebliebenen Vermerk über ein Gespräch ihm: „März informierte am 28. Oktober 1982, dass er zur Bereitstellung eines größeren Kredites über 300 bis 500 Millionen DM bereits Gespräche mit Strauß hatte." Allerdings macht März im Auftrag des bayerischen Regierungschefs auch deutlich, dass der Deal nicht zustande kommen wird, falls es von Ost-Berlin keine Gegenleistungen gibt. Langwierige Sondierungen beginnen. März bleibt derweil weiter Unterhändler. Die Öffentlichkeit hat nach wie vor keine Ahnung von all dem. Strauß weiht in der Zwischenzeit den neuen Kanzler Helmut Kohl in die Sache ein. Der hat „keine Einwände", wie März kurz vor Weihnachten 1982 Ost-Berlin wissen lässt. Doch Kohl stellt Bedingungen. Daraufhin verkomplizieren sich die Verhandlungen.

Strauß ist für eine „kleine Denkpause, damit man die begonnenen Gespräche in Ruhe erfolgreich abschließen kann." Hintergrund dazu ist auch der Wahlkampf für die Anfang März 1983 geplante Neuwahl des Bundestages. Die christliberale Koalition siegt.

Bald danach nehmen die zuvor auf Eis gelegten Sondierungen wieder Fahrt auf. Mittlerweile jedoch geht es um erheblich mehr als 300 bis 500 Millionen D-Mark, die anfangs erwähnte Kreditsumme. Außerdem ist da noch ein weiteres Problem. Inzwischen hat die DDR zwar indirekt erkennen lassen, dass humanitäre Zugeständnisse möglich wären. Doch offiziell muss das unter der Decke bleiben. Auch bei aller Devisen-Not soll offenbar keinesfalls der Eindruck entstehen, man lasse sich vom Klassenfeind kaufen. Die Verhandlungen machen trotzdem Fortschritte. Anfang Mai 1983 treffen sich Strauß und Schalck-Golodkowski erstmals direkt, in Oberbayern auf dem privaten Gut Spöck von Josef März. Sie verstehen sich auf Anhieb. Es entwickelt sich eine Art Männerfreundschaft. Und am 29. Juni schließlich platzt die Bombe.

Die Deutsche Demokratische Republik bekommt einen Kredit in Höhe von einer Milliarde D-Mark. Die Bundesrepublik bürgt dafür. Abgewickelt wird das Ganze über ein Banken-Konsortium unter Federführung der Bayerischen Landesbank. Rund ein Jahr darauf, im Juli 1984, folgt ein weiterer Kredit über 950 Millionen D-Mark. Der Staats-Bankrott der DDR ist somit abgewendet. Im Gegenzug werden Familien-Zusammenführungen und Ausreisen erleichtert. Die vormals oft schikanösen Kontrollen an den Grenzübergängen lassen spürbar nach. Auch der Geld-Zwangsumtausch für West-Einreisende in den SED-Staat ändert sich ein bisschen. Er entfällt für Kinder und Jugendliche bis zum Alter von 14 Jahren. Größter Erfolg aber ist für Strauß etwas anderes. Nämlich dass entlang der innerdeutschen Grenze die vielen mörderischen Selbstschuss-Anlagen vom Typ SM-70 abgebaut werden. Nach der Wende jedoch stellt sich heraus, es war gar kein so toller Verhandlungserfolg. Denn das Aus für die Selbstschuss-Anlagen ist seitens der DDR schon vor dem Milliarden-Deal beschlossene Sache gewesen.

Kapitel 62

Die Tränen trauten sich nicht heraus. Aber erkennen ließen sie sich bereits. Sie füllten schon die Augen des bisherigen Bodyguards. Immer stärker glitzerte ihr wässriger Schimmer. Bloß fließen mochten sie nicht. Irgendetwas schien sie noch aufzuhalten. Eine letzte Barriere. Aber die würde wohl nicht mehr lange halten. Das Gesicht verriet es. Genauer die erschütternde Mimik darauf. Sie spiegelte deutlich wider, dass sich gerade fürchterliche Seelenqualen vollzogen. Als ob im Kopf ein gewaltiges Urzeit-Gewitter das Ende aller Tage ankündigte. Kein Licht mehr, nur noch laut tosende, beängstigende Dunkelheit. Ganz, ganz schwarze Gedanken schossen böse hin und her. Ebenso wie gestern und vorgestern. Doch diesmal sehr viel schlimmer. Ein abscheulicher Mix. Immer schärfer und schneller sich wiederholende Selbstvorwürfe, gepaart mit bodenloser Verzweiflung sowie dem Gefühl völliger Hilflosigkeit und sterbendem Lebensmut.

„Mo" Beuk war sich nicht sicher, ob er richtig gehört hatte. Deshalb fragte er nach: „Nur der Klarheit halber: Sonntagabend soll das hier über die Bühne gehen? Die Info habt ihr reingekriegt?" Sein Gesprächspartner bestätigte es ihm. Beuck allerdings reichte das nicht. „Sorry, aber das ist echt wichtig. Ich muss das genau wissen", sagte er in den Telefonhörer. „Sonntagabend, trotz der Bayern-Wahl? Ist das korrekt so?" Abermals wurde ihm das bejaht. Vom diensthabenden Schichtleiter der OPZ, der Operationszentrale. Er hatte über das interne Netz in Matzwitz bei „Mo" im Stabsgebäude angerufen. Wegen einer Vormeldung aus Berlin. Sie war mit „Eilt!" gekennzeichnet und bloß wenige Minuten zuvor an diesem frühen Mittwochnachmittag in der OPZ eingetroffen. Und sie betraf halt in erster Linie Beuck. Weil er nun mal auf dem S 4-Posten saß und somit Chef der Logistik war. Aufgrund der Vormeldung wusste er nun, wann sich Bettina von Draburg wieder ihrer total kranken Passion hingeben wollte. Als Termin dafür hatte sie jetzt also den Sonntagabend bestimmt. Dann sollte es im nachgebauten Kolosseum zum Aufeinandertreffen von Mann und Bär kommen. Organisatorisch hatte „Mo" mit seinen Leuten schon alles bis ins kleinste Detail vorbereitet. Das Tier würde aus Rumänien herangeschafft werden, der Kämpfer aus Moldawien. Bereits in Kürze, schon im Lauf der nächsten Nacht, könnten sie in Matzwitz eintreffen. Beuck musste die Sache bloß noch per Code-Wort ins Rollen bringen. Dafür brauchte er aber noch grünes Licht von Mike Bertholdt. Er informierte ihn über die Vormeldung und ließ sich von ihm die Freigabe erteilen. Die Aktion Kolosseum nahm ihren Lauf.

Gleich anschließend verließ „Mo" sein Dienstzimmer. Über den Flur im Stabsgebäude ging er ein paar Schritte zu einem anderen Büro. Die Tür stand offen. „Gut, dass du da bist, Sophie", sagte Beuck. Seine Kollegin, gerade in einer Akte lesend, schaute auf. „Na, was liegt an?", fragte Sophie Kohlitz, die Teilbereichsleiterin für Personal und Einsatzplanung. „Der Termin für den Kampf ist da", erhielt sie zur Antwort. Auch Kohlitz musste darüber ins Bild gesetzt werden, was Sonntagabend bevorstand. Wegen Grigori, dem jungen Bären-Kämpfer. 500.000 Euro winkten ihm, sofern der Moldawier den Abend überlebte. Allzu groß war seine Chance zwar nicht, aber es gab zumindest eine. Der 19-Jährige sollte dem Tier, wie man es ihm versprochen hatte, nicht völlig wehrlos gegenübertreten. Für die zwei Minuten, die er überstehen müsste, würde er ein KM 2000 erhalten, ein Bundeswehr-Kampfmesser. Vorher wollte man Grigori auch noch beibringen, es wirkungsvoll einzusetzen. Trotz der Kürze der Zeit sollte er zudem lernen, Ruhe zu bewahren und das Tier nicht zu reizen. Bei einem Angriff jedoch müsste er gezielt handeln. Er sollte den Bären aber möglichst nicht frontal attackieren. Sonst käme er dem Maul zu nahe, ebenso den Tatzen und scharfen Krallen. Besser wäre es, das Tier schnell von hinten anzugehen, um das Messer tief in den Hals oder ins Genick zu rammen. All dies sollte der Moldawier zuvor noch trainieren. Deshalb hatte „Mo" Sophie aufgesucht. Weil es als Personal-Chefin ihr oblag, den Ausbilder für Grigori zu stellen. Sie hatte dafür schon jemanden ausgewählt: Einen Hauptbootsmann vom Kommando Spezialkräfte Marine, kurz auch KSM genannt, der dienstältesten Sondereinheit in der gesamten Bundeswehr. Und, wie manche meinen, auch die beste.

Es war immer noch dasselbe Gesicht. Nur anders. Friedvoll jetzt. Ohne mitleidserregende Mimik. Still und entspannt. Ähnlich einer Maske. Fast schon surreal. Wären da nicht die Tränen gewesen. Inzwischen hatten sie die letzte Schranke überwunden. Langsam, aber stetig quollen sie nun hervor. Seit einer ganzen Weile schon. In kleinen, feuchten Bahnen tropften sie die Wangen herab. Und die Augen, denen sie entstammten, beherrschte ein eigentümlicher Blick. Starr und nach innen gekehrt. Dem Kopfkino folgend, das gerade ablief. Kein schöner Film. Denn die Regie führten abgrundtiefe Traurigkeit, unendliche Wehmut und endgültiger Abschied. Bild für Bild und Szene für Szene zogen die Stationen eines Lebens vorüber. Zum letzten Mal. Weil dieses Leben gleich vorbei sein würde. Der Entschluss stand fest. Gefasst vorhin schon, während des Gewitters tiefschwarzer Gedanken. So endete der Film mit dem Gefühl kalten Metalls im Mund. Danach wurde es dunkel. Für immer.

Rund eine dreiviertel Stunde zuvor, am stahlblauen Sommerhimmel über Todendorf: Von Süden kommend, aus Richtung Eutin, näherte sich ein Helikopter. Erst hing er weit hinten am Horizont, so klein wie ein Insekt. Das typische Hubschrauber-Knattern jedoch dröhnte ihm schon voraus. Schnell flog die Maschine heran und wurde größer. Ein NH 90. Einer der beiden Helikopter, die fest zum Regierungs-Sonderkomplex gehörten. Er kehrte gerade aus Regensburg zurück. Sehr früh am Morgen hatte er spezielles Material dorthin gebracht. Auf Anforderung von Robert Gerbald. Für die verdeckte Operation gegen die „Rattlesnakes". Der NH 90 drosselte seine Geschwindigkeit und setzte zum Sinkflug an. Wenige Augenblicke später landete er auf der Platte, der Betonfläche vor dem Hangar des Regierungs-Sonderkomplexes. Gleich danach verstummten die beiden Turbinen. Der Rotor dagegen drehte sich, wie üblich, noch ein paar Sekunden weiter, bis auch er stillstand. „Danke fürs Mitnehmen, Jungs! Tschüss!", sagte Nadja Kohlitz in ihr Headset-Mikrofon, während sie derweil ihren Sitzgurt öffnete. „Jou, gern geschehen!" und „Keine Ursache, bis demnächst mal wieder", erwiderten von vorn die Piloten, beide ebenfalls via Headsets, die in ihren Helmen eingebaut waren.

Für Nadja Kohlitz, die Psychologin der Truppe in Matzwitz, hatte es in Regensburg nichts mehr zu tun gegeben. Matthias Bäuer war bloß noch ein hilfloses Wrack nach seinen Schlaganfällen und nun abgeschirmt in einer Privatklinik. Und das Einkassieren der Rocker, der „Rattlesnakes", ging sie fachlich nichts an. Daher hatte sie die Gelegenheit genutzt, an Bord des NH 90 gen Norden zurückzufliegen. Sie verließ die Maschine, und ein Wagen der Fahrbereitschaft brachte sie von Todendorf hinüber nach Matzwitz zum Stabsgebäude. Dort schaute Nadja zunächst kurz bei ihrer Schwester Sophie rein, bevor sie ihr eigenes Büro aufsuchte. Sie stellte den Rucksack mit dem Gepäck ab, den sie nach Regensburg mitgenommen hatte, und schaltete ihren Rechner ein. Eilig überflog sie die zwischenzeitlich aufgelaufenen Mails. Nadja Kohlitz wartete schon länger auf die Zusage für eine Fortbildung in Sachsen. Nun endlich war sie da. Kann ich gleich dem Chef sagen, muss ja sowieso zu ihm hin, dachte sie sich. Der nächste Weg führte sie zum Dienstzimmer von Mike Bertholdt. Kaum, dass sie es betrat, tappste mit freudig wedelndem Schwanz auch schon ein Kuschel-Koloss auf sie zu: „Heini", Bertholds tierischer Adjutant auf vier Pfoten. Er drückte sich an Nadja und ließ sich von ihr erstmal kraulen. „Tja, Hund müsste man sein", scherzte Mike. Es klang zwar ironisch, aber die Worte verdeckten, was sich wirklich in ihm abspielte. Er war ungemein froh, sie wiederzusehen. Und nicht nur das. Bertholdt fühlte noch weit mehr. Ihr ging es sehr ähnlich. Sie allerdings redete darüber ebenso wenig wie er. So selbstbewusst und eloquent sie beide sonst auch stets waren, sie schafften es schlicht nicht, ihre Herzen sprechen zu lassen. Zwei Menschen, die ihre gegenseitige Anziehung deutlich spürten, doch nicht zueinander fanden.

Beide flüchteten aus der Situation, indem sie auf die dienstliche Ebene wechselten. Obwohl Zivilistin, meldete Nadja sich bei Mike offiziell vom Einsatz zurück. Gehört sich einfach so beim Militär, fand sie. Bertholdt stellte noch einige Nachfragen zu dem, was in Regensburg passiert war, bevor Nadja die Gelegenheit bekam, ihn über ihre baldige Fortbildung in Sachsen zu informieren. Die hing mit ihrem Tarn-Job als Huf-Orthopädin zusammen. „Wie lange wird die denn dauern?", wollte er von ihr wissen. „Voraussichtlich ein Jahr. Anfang August gehts los", sagte Nadja. Ihre Worte versetzten Mike innerlich einen Stich. Deswegen kam er aus seiner emotionalen Deckung ein bisschen heraus: „Ich will Sie natürlich nicht davon abhalten, Frau Kohlitz", fing er an, „aber das ist schade. Sie werden uns hier fehlen. Ganz persönlich möchte ich Ihnen außerdem sagen, dass ...". Weiter kam Mike nicht.

Ohne Anklopfen ging die Tür zu seinem Dienstzimmer auf. Christian Burchardt eilte herein, der Chef-Mediziner in Matzwitz. Er sparte sich jede Entschuldigung und Vorrede. Der Oberstarzt kam gleich auf den Punkt: „Wir haben 'nen Toten. Niklas Köhler. Er hat sich erschossen. Bei mir im SanZentrum." Sowohl Mike als auch Nadja wussten gleich, von wem die Rede war: dem bisherigen Leibwächter Bettina von Draburgs. Jenem Mann, den die Ministerin für Gesundheit und Soziales neulich so unvorstellbar grausam misshandelt und dabei schrecklich entstellt hatte. Erschüttert fuhr Mike sich mit einer Hand übers Gesicht. „Verdammte Scheiße", entfuhr es ihm. Dann fragte er: „Wie ist das denn geschehen? Woher hatte er die Waffe?" Das konnte Burchardt ihm schnell erklären. Köhler hatte sich demnach mit seiner eigenen Dienstpistole umgebracht. Als Bodyguard führte er sie stets bei sich. Das war auch der Fall, als von Draburg ihn in die Falle gelockt hatte, zum vermeintlichen Sex-Spiel. Nachdem er danach schwerst verletzt im OP behandelt wurde, kam er anschließend im Krankenrevier des SanZentrums auf ein Einzelzimmer. Dorthin brachte man auch seine persönlichen Sachen. Und dabei war einfach niemandem in den Sinn gekommen, aus Köhlers Klamotten die Waffe herauszufischen.

Stille im Raum. Unausgesprochen bewegte derweil alle drei jene Frage, die sich in solchen Fällen häufig stellt: warum? Wieso hat Niklas Köhler den Freitod gewählt? Der Hauptfeldwebel hatte keinen Abschiedsbrief hinterlassen. Doch auch ohne letzte Zeilen von ihm kamen sie alle drei zum selben Schluss. Ebenfalls ohne dass sie darüber noch groß reden mussten. Es war zwar ein Tod von eigener Hand, aber er ging für sie eindeutig auf das Konto von Bettina von Draburg. Erschüttert schaute Mike zu Boden. Im Kopf spulten seine Gedanken ein paar Wochen zurück. Zu einer Trauerfeier für einen guten Freund, auf der er gewesen war. Kurz bevor man dessen Sarg zu Grabe trug, wurde ein Song gespielt, bei dem Mike geheult hatte wie ein Schlosshund. Das Lied war so tieftraurig und zugleich wunderschön wie kein anderes, das er bis dahin bei Beerdigungen gehört hatte. Das Meisterwerk eines Briten. „Tell me there's a heaven", komponiert und gesungen von Chris Rea.

Kapitel 63

Kurzer Zeitsprung zurück. Regensburg an jenem Mittwoch, frühmorgens: „Anlasser. Brauche stärkste Ausführung. Sehr dringend. Ruf' dich um acht Uhr an. Kalli". Das war alles. Mehr stand nicht in der Text-Nachricht. Mit einem Bing-Ton war sie gerade auf dem Smartphone eingegangen. Der Apparat gehörte Bernd Graumann. Der Boss der „Rattlesnakes" wusste sofort Bescheid. Irgendwo in Norddeutschland stand richtig fetter Ärger bevor. Wahrscheinlich in Hamburg. Vielleicht aber auch außerhalb der Hansestadt. Womöglich würde es dabei blutig werden. Er und seine Rocker sollten als Zusatztruppe kommen. Bewaffnet. Und das so schnell es irgend geht. Näheres würde er um neun Uhr erfahren. Eben von Kalli. All dies konnte Graumann aus den wenigen harmlos klingenden Worten herauslesen. Es handelte sich nämlich um einen Code. Simpel, aber ungemein wirkungsvoll, um eventuelle Elektronik-Schnüffler von Polizei, Verfassungsschutz oder wem auch immer im Dunkeln tappen zu lassen. Der Code war eine Art doppeldeutige Geheimsprache. Und zwar unter Rockerclubs, die ebenso wie die „Rattlesnakes" giftige oder gefährliche Tiere hielten und sich nach ihnen benannt hatten. Der Sinn und Zweck bestand darin, ohne aufzufallen, schnell untereinander kommunizieren zu können. Zum Beispiel, wenn man Hilfe brauchte bei größeren illegalen Geschäften. Oder falls es um Unterstützung in Notfällen ging. Die Clubs, in Wahrheit nichts anderes als üble Verbrecherbanden, sahen sich selbst als Bruderschaft mit klaren Regeln. Eine davon lautete, dass man auf Biegen und Brechen zusammenhielt und sich vorbehaltlos beistand, wenn das verlangt wurde. Genau darauf lief sie hinaus, die Nachricht: „Anlasser. Brauche stärkste Ausführung. Sehr dringend. Ruf' dich um acht Uhr an. Kalli".

Statt „Anlasser" hätte da beispielsweise auch „Auspuff", „Antriebswelle" oder jedes andere Motorradteil gestanden haben können, das mit dem ersten Buchstaben des Alphabets anfängt. Denn wichtig war nur das A. Nach dem Code der Rocker bedeutete es in diesem Fall Alarm und Angriff. Dass dafür Waffen nötig sein würden, ergab sich von selbst. „Brauche stärkste Ausführung" besagte, kommt her mit allen Leuten, die ihr habt. „Sehr dringend" ließ sich mit unverzüglich übersetzen. Und „Ruf' dich um acht Uhr an. Kalli", hieß für Bernd Graumann, er würde tatsächlich angerufen werden. Von Kalli, dem „President" des „Cobra MC" aus Hamburg. Aber nicht um acht, sondern erst um neun Uhr. Die eine Stunde, die bei solchen Zeitangaben stets draufgerechnet werden musste, war neben dem Code eine zusätzliche Vorsichts-Maßnahme. Jeder der Beteiligten kannte sie. Denn alle hatten sich von Anfang an darauf verständigt. Eine weitere Absicherung war, dass derartige Gespräche nicht über normale, sondern immer nur über sogenannte Vorrats-Handys geführt wurden. In jedem Club gab es eins davon. Billige Prepaid-Handys. Noch original verpackt. Im wahrsten Wortsinn auf Vorrat liegend. Bislang nie benutzt. Also mit jungfräulichen Nummern. Außer den Rockern kannte sie keiner. Mithin konnte sie auch niemand abhören. Etwas lästig war bloß, dass ziemlich oft neue Geräte gekauft werden mussten. Denn sie wurden stets zerstört und weggeworfen, sobald man sie auch nur ein einziges Mal verwendet hatte.

Pünktlich um neun Uhr summte Graumanns Vorrats-Handy. „Servus Kalli!", meldete sich der 52-Jährige Oberpfälzer. „Moin Bernd!", kam aus Hamburg zurück. Man kannte sich. Ganz gut sogar. Von gegenseitigen Besuchen beider Clubs, wie sie in der Szene üblich waren. Und von den wüsten Partys, die dabei ebenfalls stets gefeiert wurden. Meist auch mit prima Koks. Im Gegensatz zu den „Rattlesnakes", die ihren Stoff aus Italien bezogen, war der „Cobra MC" in punkto Kokain erheblich besser im Geschäft. Aber kein Wunder, saß er doch direkt am deutschen Haupt-Ankunftsort der Droge, dem Hamburger Hafen. Nicht, dass die Rocker den Markt beherrscht hätten. Da gab es in der Elb-Metropole noch viel schlimmere Kaliber. Trotzdem hatte es der „Cobra MC" geschafft, sich als größerer Lieferant zu etablieren. Mittlerweile vertickte man von dem weißen Pulver pro Jahr bis zu dreieinhalb Zentner. An Zwischenhändler in Hamburg sowie im gesamten norddeutschen Raum, hauptsächlich jedoch nach Skandinavien. Von dort aber drohe nun allergrößte Gefahr, erklärte Karl-Heinz Jensen. So nämlich lautete der echte Name von Kalli, dem hochgewachsenen, glatzköpfigen „President" des „Cobra-MC".

„Die heißen 'Odin Riders'. Echt brutale Typen", erzählte er. Graumann waren sie unbekannt: „Noch nie gehört". Jensen klärte ihn auf. „Ging mir bis vor zwei Wochen genauso. Hab' mich aber schlau gemacht. Das hat mit ihrem ollen Wikinger-Gedöns zu tun", sagte Kalli. Anschließend gab er Graumann kurz wieder, was er im Internet über Odin gelesen und gesehen hatte. Dass der früher mal, in der nordischen Mythologie, als Göttervater galt sowie als Gott des Krieges, des Heldentodes, der Magie und der Weisheit. Dass er zudem auch Wotan genannt wird, sein rechtes Auge verloren hat und in frei erfundenen Abbildungen meist als älterer, dennoch kraftvoller Mann dargestellt wird, mit langen ergrauten Haaren und weißem Vollbart. Nach diesem kleinen Exkurs kam Kalli wieder auf die „Odin Riders" zurück: „Das sind Schweden. Da sind die 'ne richtig große Nummer. Haben alle anderen weggehauen. Ihr Clubhaus ist in Kungsbacka. Das ist 'n kleines Kaff bei Göteborg. Insgesamt sind die so um die vierzig Mann. Hammerharte Knaller. Zusammen sollen die an die 230 Jahre Knast aufm Buckel haben. Und ihre alten Herren, die waren angeblich sogar im skandinavischen Rockerkrieg mit dabei. Sagt dir ja sicher noch was." Und ob Graumann das was sagte. Der skandinavische Rockerkrieg war Legende. Er dauerte nicht ganz drei Jahre, von Anfang 1994 bis in den Frühherbst 1997. Unter anderem ging es dabei um die Kontrolle des skandinavischen Drogenmarktes. Auslöser waren kleine Streitigkeiten.

Doch der Konflikt eskalierte. Und er nahm Dimensionen der Gewalt an, die bis dahin keiner für möglich gehalten hatte. Maschinenpistolen zum Beispiel wurden eingesetzt, Autobomben und sogar Panzerfäuste. Bei den Kontrahenten handelte es sich in erster Linie um die „Hells Angels" sowie um die „Bandidos". Ebenfalls verwickelt in die Sache waren aber auch der „Outlaws MC" und ein paar kleinere Unterstützer-Clubs. Zu den Hauptschauplätzen der oft blutigen Attacken wurden neben Malmö und Helsingborg in Schweden die drei skandinavischen Hauptstädte Helsinki, Oslo und Kopenhagen. Am Ende waren elf Menschen getötet und fast 100 weitere verletzt worden, einige davon schwer. Außerdem hatte es 74 Mordversuche gegeben.

„Und was hast du jetzt für'n Problem mit diesen 'Odin Riders'?", wollte „Rattlesnake"-Boss Graumann von Kalli wissen. Der antwortete ihm: „Die wollen unser Skandinavien-Geschäft übernehmen. In Zukunft sollen alle Lieferungen an sie gehen. Sei ja schließlich ihr Gebiet, meinte ihr Presi. Der hat mir auch 'n Angebot gemacht, der Typ. Ist aber scheiße. Und nachverhandeln will er nicht. Deswegen werd' ich nein sagen. Wird ihm bestimmt nicht gefallen, wenn ich das tue heute Nacht. Da werden wir uns gegenüberstehen. Und darum brauch' ich euch", sagte „Cobra"-Kalli alias Karl-Heinz Jensen. Seinen Rocker-Kollegen aus Hamburg zu unterstützen, passte Bernd Graumann gar nicht in den Kram. Eigentlich wollte er die nächste Erpressung von Matthias Bäuer vorbereiten. Dass das nach dessen Schlaganfällen nicht mehr ging, wusste Graumann natürlich nicht. Vor allem aber schrieben ihm die Regeln ihrer Rocker-Bruderschaft nun mal vor, dass er mit seinen Leuten Beistand leisten musste. Und zwar mit allen. Bloß so viele waren sie gar nicht. Insgesamt nur neun Männer. Der „Cobra MC" zählte etwa um die zwanzig, wie Graumann wusste. Machte rund dreißig. Die jedoch würden nicht reichen, sollten die „Odin Riders" tatsächlich mit ihrer ganzen Armee anrücken. Das hielt er Kalli auch vor. „Keine Bange", erwiderte der. „Ich hab' schon mit den

'Spiders' und den 'Scorpions' telefoniert. Die werden auch da sein. Außerdem ihre Supporter, die 'Alligators' und die 'Wolves'. Aber ob die nötig sein werden, da gucken wir vorher noch", sagte Jensen. „Was heißt das?", fragte Graumann. „Na ja, wir schauen mal, wie viele von diesen 'Odin Riders' hier so eintrudeln. Die kommen mit der Fähre, mit der Stena Line, aus Göteborg. Die müsste jetzt um 09 Uhr 15 gleich in Kiel festmachen, so wie immer. Hab' da 'nen Späher hingeschickt. Der meldet sich in 'n paar Minuten. Deswegen müssen wir jetzt auch aufhören", erklärte Kalli, fügte aber noch hinzu: „Die Verabredung mit denen und ihrem Presi, die ist übrigens um Mitternacht. Bisschen außerhalb von Kiel, aufm Parkplatz am Rastorfer Kreuz. Ist auch 'n bekannter Biker-Treff. Musst du einfach mal googeln. Ist ganz leicht zu finden. Spätestens um 23 Uhr solltet ihr da sein. Dann haben wir noch Zeit, uns vorzubereiten. Für den Fall, dass die Ärger machen. Ich weiß, ist 'n langer Ritt von Regensburg da hin. Könnt ihr aber locker schaffen, wenn ihr bald losfahrt." Bernd Graumann sagte bloß noch „Geht klar, wir kommen" und beendete das Gespräch.

Sofort danach trommelte er seine „Rattlesnakes" zusammen. Innerhalb von knapp einer Stunde versammelten sich alle reisefertig und bewaffnet vor dem Clubhaus. Fast 800 Kilometer lagen vor den neun Männern. Schon per Auto eine gewaltige Strecke. Erst recht für Motorradfahrer. Aber sie waren nun mal Rocker. Standard-Maschinen bei ihnen waren jedoch keine Harleys. Die „Rattlesnakes" fuhren ausschließlich schwere Bikes der britischen Marke Triumph. Auch nur solche vom Typ Rocket III und bloß aus der ersten Baureihe. Gemeinsam ging es zum Tanken und danach auf die Autobahn gen Norden. Mit Graumann an der Spitze des donnernden Pulks.

Kapitel 64

Glasklar tönte es aus dem Funkgerät: „Alle neun sind jetzt unterwegs." Die Stimme gehörte Hannes, dem Korvettenkapitän. Neben ihm im Auto saß David, ein junger Oberleutnant aus dem Spezialtrupp, mit dem er gemeinsam nach Regensburg gekommen war. Sie trugen beide ihre privaten Klamotten. Ihr Opel sah ebenfalls ganz alltäglich aus. Ein ziviler Dienstwagen der Bundeswehr, vor Ort ausgeliehen aus der Bajuwaren-Kaserne. „Okay, ihr wisst ja, was ihr zu tun habt", quittierte Robert Gerbald den Funkspruch. Als Chef der Operation und Vize-Kommandeur des Regierungs-Sonderkomplexes hatte er Hannes und David befohlen, die Abfahrt der „Rattlesnakes" zu beobachten. Natürlich völlig unauffällig. Außerdem sollten sie schauen, ob sich die Rocker tatsächlich komplett auf den langen Weg nach Schleswig-Holstein machten. Dorthin würden die beiden Offiziere sie nun die ganzen Stunden über sicherheitshalber verfolgen. Außer Sichtweite, mit großem Abstand. Möglich machte das ein Peilsender, den sie an einem der Motorräder versteckt angebracht hatten. Das kleine Gerät war mit in einer der Material-Kisten, die zuvor der NH 90 aus Matzwitz extra nach Regensburg geflogen hatte. Ebenso wie der mobile Empfänger, installiert auf einem speziellen Note-Book, den Hannes und David in ihrem Wagen bei sich führten. Er zeigte ihnen fortlaufend das Signal an und leitete es via Satellit sowie verschlüsselt auch gleich weiter: nach Matzwitz, in die unterirdische OPZ.

Der erste Teil des Plans von Robert Gerbald war somit aufgegangen. Er hatte es hingekriegt, sämtliche „Rattlesnakes" aus ihrem Bau zu locken. Der zweite Teil, in der bevorstehenden Nacht, würde ungleich schwerer werden. Aber der Anfang war gemacht. Die entscheidende Rolle dabei hatte Markus-Maria Roth gespielt,

BKA-Personenschützer von Matthias Bäuer, dem bisherigen Bundesminister für Wirtschaft. Für Gerbald und dessen Spezialkommando sind Roths informelle Kontakte sprichwörtlich Gold wert gewesen. Nun jedoch neigte sich ihr Einsatz in Regensburg seinem Ende zu. Für Roth. Weil er halt nicht zum Personal von Matzwitz gehörte. Und ihm während der zurückliegenden Tage selbstverständlich auch absolut nichts verraten worden war über die ultrageheime Anlage oben im Norden. Deswegen würde er auf dem nächsten Schauplatz, auf dem Parkplatz am Rastorfer Kreuz bei Kiel, nicht mehr mit dabei sein. Es hieß Abschied nehmen. Das geschah in Bäuers Wohnzimmer, das seit Sonntag als improvisiertes Lagezentrum gedient hatte. Nachdem sie ihre Sachen und Kisten abmarschbereit gepackt hatten, trafen sich dort alle im Haus verbliebenen Männer zum letzten Mal. Sie reichten Roth die Hand und klopften sich gegenseitig kurz auf die Schulter. Dann ergriff Gerbald das Wort: „Vorweg das Formelle, Herr Roth. Wir kennen uns nicht. Wir haben nie zusammengearbeitet. Und schon gar nicht hier." Bei diesen knappen Sätzen, obgleich durchaus ernst gemeint, ließ Gerbald deutlich ein verschwörerisches Schmunzeln erkennen. Der BKA-Beamte verstand es auf Anhieb. „Nun zu dem, was ich Ihnen außerdem sagen möchte. Ich bin Ihnen wirklich sehr dankbar für das, was Sie für uns getan haben. Ohne Ihre Unterstützung hätten wir jetzt ein echt großes Problem. Vor allem die Idee mit Ihrem Freund beim Landeskriminalamt in Hamburg, die war richtig toll."

Roths bester Freund führte nämlich V-Leute. Im einschlägigen Jargon der Unterwelt Spitzel, Verräter oder Ratten genannt. Zumeist Männer, mitunter aber auch Frauen, die ihr jeweiliges Milieu verpfeifen. Indem sie der Polizei, dem Verfassungsschutz oder anderen Behörden wie der Zollfahndung mitteilen, was bei ihnen in der Szene so läuft oder gerade geplant wird. Das tun sie aus unterschiedlichen Gründen, doch immer verdeckt. Fliegen sie auf und kriegt man sie in die Finger, geht es ihnen meistens schlecht.

Die Strafen können ziemlich drakonisch und schmerzvoll sein. Manchmal, wenn auch selten, bis hin zum Tod. Ein solcher V-Mann war Karl-Heinz Jensen. Als „President" des „Cobra MC" und zugleich LKA-Informant ritt er auf Messers Schneide. Aber Kalli blieb nichts anderes übrig. Denn der Freund von Roth hatte ihn ganz fest an der Angel. Weil durch spezielle Fahnder, Fachgebiet Computer-Kriminalität, herausgekommen war, dass Kalli einer zutiefst ekelhaften und absolut widerwärtigen Leidenschaft frönte: Kinderpornografie. Das Beweis-Material gegen ihn war derart umfangreich und wasserdicht, es hätte locker gereicht, um Jensen für viele Jahre hinter Gitter zu bringen. Dass Kalli dennoch auf freiem Fuß war, das lag nur an seinem Insiderwissen über den Kokain-Handel im Hamburger Hafen. Und den wertvollen Tipps, die er den Ermittlern lieferte.

Vor diesem Hintergrund hatte nicht viel dazu gehört, ihn zu dem Anruf bei Bernd Graumann zu bewegen. Wobei er den Oberrocker der „Rattlesnakes" nach Strich und Faden belogen hatte. Genauso, wie es ihm kurz vorher erklärt worden war. Vom LKA. Die lukrativen Drogen-Lieferungen des „Cobra MC" gen Skandinavien, die gab es zwar, aber beileibe nicht in der Menge. Das Geschäft war auch keineswegs bedroht. Der Chef der „Odin Riders" und seine Leute hatten nicht die Absicht, es zu übernehmen. Und die Fähre aus Göteborg war ohne sie an Bord in Kiel angekommen. Es stand auch kein Treffen mit ihnen spät in der Nacht am Rastorfer Kreuz bevor. Die „Odin Riders" existierten nämlich gar nicht. Pure Erfindung. Wie alles andere. Doch Graumann hatte den Köder geschluckt. Und nun fuhr er mit sämtlichen „Rattlesnakes" der Falle von Gerbald entgegen. Von der Oberpfalz an die Ostsee, ins vorübergehende Zwangs-Exil. Wovon er natürlich nicht den leisesten Schimmer hatte. Erst recht nicht davon, dass dies letztlich auf Geheiß der Bundeskanzlerin geschah.

Derweil brachte ein Kleinbus der Fahrbereitschaft aus der Bajuwaren-Kaserne Robert Gerbald mit seinem Trupp nach Regensburg-Oberhub. Dort, etwa eine Viertelstunde nördlich der Donau-Stadt, lag ein kleiner Flugplatz. Aus dem Bus heraus rief er Sophie Kohlitz in Matzwitz an, die Leiterin der S 3-Abteilung, zuständig für Einsatzplanung. „Hallo Sophie", begrüßte er sie, „wann kommt der Hubschrauber?" Damit meinte er den zweiten, fest in Matzwitz stationierten Helikopter. Er hatte ihn für die Rückverlegung angefordert. Kurze Pause. Unterdessen fragte Kohlitz in der OPZ nach. „Müsste in fünf Minuten bei euch landen", sagte sie. „Prima, wir sind auch gleich da", freute sich Gerbald. „Sophie, für heute Nacht brauch' ich 'n paar Kleinigkeiten", fuhr er fort. Während er sie aufzählte, notierte Kohlitz sie. Anschließend las sie ihm die Liste nochmals vor. „Kannst du das alles organisieren?", fragte er zum Schluss. „Moment", hörte er. Erneut folgte eine kurze Pause. Dabei erklang das Klappern einer Computer-Tastatur. „Haben wir fast alles da. Bis auf die Waffen und die Munition, die du haben willst." Doch beruhigend setzte Kohlitz hinterher: „Ist aber kein Problem. Kann ich dir fix besorgen. In zwei, drei Stunden sind die Sachen hier."

Kapitel 65

„Herr Franke macht sich gerade fertig. Ich bring' ihn dann hierher zu Ihnen. Kleinen Augenblick noch", sagte die Pflegerin freundlich. „Ja, danke", erwiderten Doreen Huthmerlett, die MAGAZIN-Rechercheurin, und Ulf Fischer fast gleichzeitig. Ihr Kollege, Redakteur im MAGAZIN-Ressort Deutschland 1, schaute der Pflegerin hinterher. Kaum war die Frau verschwunden, meinte er: „Na, auf den bin ich aber gespannt. Der ist ja schon uralt. Hoffentlich ist der noch klar im Kopf. Glaubst du, der hat für uns auch Belege?" Doreen reagierte nicht. Mit abwesendem Blick schaute sie von der sonnigen Terrasse, auf der die beiden saßen, zu den Segelbooten auf dem weiten Wasser vor ihr. Das Steinhuder Meer, etwas nordwestlich von Hannover. In Wahrheit nur ein See. Doch ein ziemlich großer, mit einer Fläche von nahezu dreißig Quadratkilometern.

Fischer wartete ein Weilchen. Aber es kam trotzdem nichts. „Was ist los mit dir?", hakte er deshalb nach. „Entschuldige, Ulf", sagte sie, „ich war in Gedanken." Seit gestern, seit Dienstagmorgen, passierte ihr das öfter. Seit sie wusste, dass in ihr ein Kind heranwuchs. Obendrein fühlte sie sich hundemüde. Was aber nicht an ihrer beginnenden Schwangerschaft lag. Dass sie so erschöpft war, hatte einen anderen Grund. Es handelte sich um denselben, der sie nun auf Walter Franke warten ließ, in einem teuren privaten Pflege- und Altersheim am Steinhuder Meer. Auch dass Ulf Fischer mit dabei war, hing mit diesem speziellen Grund zusammen: dem Anruf ihres Informanten Wilfried Hartmann.

Gestern Vormittag, am Dienstag, hatte er sich gemeldet. Doreen weilte gerade erst eine Viertelstunde im Büro, nach dem vorherigen Termin bei ihrer Gynäkologin, und grübelte über ihre Zukunft als Mutter nach. Doch sie schaltete schnell um auf die Gegenwart.

Als Hartmann ihr berichtete, was er von seinem Freund und Studienkollegen, dem einst persönlichen Referenten des Bundesfinanzministers, erfahren hatte. Und das klang ungeheuer spannend. Freilich nicht der Fakt, dass die frühere DDR bis zu ihrem Ende zehn Terroristen der Rote-Armee-Fraktion klammheimlich Unterschlupf gewährt und sie zudem auch ständig überwacht hatte. Das war ja schon seit Sommer 1990 bekannt. Was bislang hingegen niemand wusste, so Hartmann: In Wahrheit sei es dabei um einen enorm großen Devisen-Deal gegangen. In Höhe von fast einer Milliarde D-Mark. Diese gewaltige Summe habe Ost-Berlin in Hunderten Teilbeträgen kassiert, während der Jahre 1977, '78 und '79. Als Vorauszahlungen und stets in bar. Dafür habe der sogenannte Arbeiter- und Bauernstaat anschließend die RAF-Truppe aufgenommen. Und zudem auch garantiert, dass die Terroristen nicht wieder aktiv würden. Indem sie der DDR-Geheimdienst, die Stasi, angeblich allzeit unter Kontrolle hielt. Die alte Bundesrepublik, damals stark mitgenommen und in Teilen sehr verängstigt durch all die Anschläge, Morde und Entführungen der RAF, sie habe sich somit ein Stück innerer Sicherheit erkauft. Als Höhepunkt hieß es abschließend, es gebe jemanden mit Insider-Kenntnissen, der sogar reden würde. Mit diesen ganzen Informationen allerdings war Hartmann zum Handlanger dafür geworden, dass der Notfallplan von Matzwitz weiter seinen Lauf nehmen konnte. Er tat das freilich unwissentlich.

Ebenso wie Doreen Huthmerlett. Sie hatte sich alles aufgeschrieben während des Gesprächs. Unmittelbar danach rief sie im Hauptstadtbüro des MAGAZINS an sowie im Ressort Deutschland 1. Weil er von denen ja ursprünglich gekommen war, der anfangs so mühselige Auftrag zur Recherche in alten Bundeshaushalten. Die hielten sofort Rücksprache mit der Chefredaktion. Die wiederum entschied, dass Doreen umgehend weitere Verstärkung erhielt. Zu Ben, dem Praktikanten, und ihrer Kollegin Jenny gesellte sich so noch Ulf Fischer mit hinzu. Bei dem Quartett sorgte das, was Hartmann erzählt hatte, für hohes journalistisches Jagdfieber. So sehr trieb es die Vier an, dass sie während der zurückliegenden fast 27 Stunden kaum mal schliefen. Bloß kurze Nickerchen gönnten sie sich. Ansonsten nur Arbeit. Die drehte sich neben der Art, wie sich die DDR ihre Devisen beschafft hatte, vorrangig um die Rote-Armee-Fraktion. Zu der lagerte im Archiv des MAGAZINS massenhaft Material. Sie ließen es sich heraussuchen und teilten es untereinander auf, um schneller vorwärts zu kommen. Es galt zu prüfen, ob Hartmanns Informationen ins bislang bekannte Bild passten oder nicht. Sie analysierten die zahlreichen Ordner und Dateien und achteten dabei genauestens auf inhaltliche Zusammenhänge und Zeitabläufe. Ihre einzelnen Ergebnisse glichen sie mehrfach miteinander ab. Ohne dass sich allerdings auch nur der kleinste Hinweis auf den Deal fand, von dem Hartmann geredet hatte. Aber wie denn auch? Der ist ja bisher unbekannt, dachten sie. Alles andere jedoch passte. Vor allem zeitlich. Daher lautete ihr einstweiliger Schluss, es könnte wirklich so gewesen sein. Daraufhin wurden sie richtig heiß darauf, mit dem angeblichen Insider zu sprechen, der ihnen in Aussicht gestellt worden war. Deshalb hatten sich Doreen und Ulf an jenem Mittwoch auf den Weg ans Steinhuder Meer gemacht. Hin zu dem Pflege- und Altersheim, in dem der alte Franke seinen Lebensabend zubrachte. Die lügnerische Schlüsselfigur des Notfallplans zur Geheimhaltung von Matzwitz. Eine Rolle, die er von seinem verstorbenen Vater übernommen hatte. Gern sogar, denn der war zeitlebens sein strahlendes Vorbild gewesen.

    Doreen Huthmerlett und Ulf Fischer saßen nach wie vor auf der Terrasse des Heims, an einem Tisch unter einem großen Sonnenschirm. Ein paar Meter seitlich von ihnen öffnete sich eine gläserne Schiebetür. Gleich danach schob die Pflegerin, mit der sie vor zehn Minuten geredet hatten, einen Rollstuhl heran. Sie stellte ihn an den Tisch und zog sich wieder zurück. Walter Franke war da.

„Guten Tag! Schön, dass Sie hier sind", sagte er. Seine 83 Jahre sah man ihm deutlich an. Rein körperlich ging bei ihm so gut wie nichts mehr. Sein Kopf jedoch funktionierte noch ganz tadellos. Doreen beugte sich vor, gab ihm die Hand und erwiderte seine Begrüßung. Ulf Fischer tat es ihr gleich und setzte hinzu: „Danke, dass wir so schnell zu Ihnen kommen durften. Wir hatten ja erst heute früh angerufen." Der Greis im Rollstuhl vor ihm scherzte: „Ach, wissen Sie, in meinem Alter muss man Besuch schnell empfangen. Wer weiß, ob es mich morgen noch gibt." Kurz fuhr Franke ein trauriges Lächeln über das Gesicht. „Ich hab' Prostatakrebs. Endstadium. Da lässt sich nichts mehr machen", setzte er bedrückt hinterher, fasste sich aber gleich wieder. „Übrigens hatte ich gar nicht mehr damit gerechnet, dass mich noch jemals irgendwer nach dieser alten Geschichte fragen wird. Ist doch alles schon so lange her. Aber dann meldete sich letztes Wochenende dieser Herr bei mir. Aus dem Finanzministerium, glaub' ich." Franke hielt kurz inne und tat so, als grübele er nach dem Namen. „Also, so ganz genau hab' ich mir den nicht gemerkt. Na ja, jedenfalls hat der mir gesagt, das MAGAZIN wolle dazu was wissen. Da hab' ich nicht lange gezögert. Weil ich finde, es ist gut so, dass ich jetzt doch noch darüber reden kann. Ich möchte das nicht mit ins Grab nehmen. Lassen Sie uns anfangen", forderte der alte Mann Ulf und Doreen auf. Sie packten daraufhin ein Aufnahmegerät auf den Tisch, schalteten es ein, und der hochbetagte Mann fing an, ihnen gnadenlos etwas vorzuschwindeln. Dabei hielt er sich trotz seines Alters exakt an alle Einzelheiten, die im Notfallplan vorgegeben waren.

Walter Franke war von frühester Jugend an ein völlig überzeugter und seither strammer Sozialdemokrat. Heutzutage eine fast ausgestorbene Polit-Spezies. Zu finden vielleicht noch irgendwo in den allerhintersten Winkeln Nordrhein-Westfalens, der einstigen SPD-Hochburg. Die Partei ging ihm nahezu über alles. Darin ähnelte er sehr stark seinem Vater, dem aus Hannover stammenden Egon Franke. Der war ebenfalls recht alt geworden. Er starb mit 92. Sein einziger Sohn Walter hatte ihn stets bewundert. Dafür, dass er sich aus kleinsten Verhältnissen ganz nach oben emporgearbeitet hatte, bis in höchste politische Ämter. Der frühere Volksschüler und gelernte Tischler Egon Franke war ehemals nämlich Bundesminister für innerdeutsche Beziehungen. Ein spezielles Ressort. Denn es existierte nur aufgrund der deutschen Teilung. Nach der Einheit wurde es folgerichtig aufgelöst, Anfang 1991. Zuvor hatte es sich etwas über vier Jahrzehnte lang mit nahezu allem befasst, was in Bezug zur DDR stand. Der Dienstsitz dieses Ministeriums wechselte zwar öfter, blieb aber stets in der damaligen Bundeshauptstadt Bonn. Zuletzt in der Godesberger Allee 140. Das ist deshalb erwähnenswert, weil ganz in der Nähe auch die diplomatische Dependance des SED-Staates residierte. Die sogenannte Ständige Vertretung der DDR befand sich in derselben Straße, bloß etwa einen Kilometer entfernt. Das Pendant der alten Bundesrepublik in Ost-Berlin trug ebenfalls diese Bezeichnung. Nur hieß sie eben Ständige Vertretung der BRD. Aus ideologischen Gründen unterhielten Deutschland-West und -Ost nämlich keine gegenseitigen Botschaften. De facto allerdings waren es welche. Und die Repräsentanz der DDR in Bonn war dabei natürlich eine sehr wichtige Kontaktstelle für das dortige Ministerium für innerdeutsche Beziehungen. Das galt auch und gerade in jener Zeit der 70er Jahre, als es angeschoben durch Willy Brandt damit losging, dass sich beide deutschen Staaten politisch annäherten – und derweil Egon Franke das Ressort anführte. Das tat er auch unter dem Nachfolger Brandts als Kanzler, Helmut Schmidt. Der niedersächsische SPD-Mann Franke blieb bis zum Herbst 1982 auf dem Posten, insgesamt fast auf den Tag genau 13 Jahre. Unter allen zehn Männern und Frauen, die jemals an der Spitze dieses Ministeriums standen, die bei weitem längste Amtszeit.

Zu Beginn ihres Interviews mit Walter Franke stellten Doreen und Ulf die naheliegendste Frage. Zuerst wollten sie von ihm natürlich hören, wie er denn von dem Milliarden-Deal um die zehn RAF-Terroristen erfahren hatte. „Ich bin zufällig drauf gestoßen", antwortete der 83-Jährige. „Meine Mutter war schon tot. Mein Vater lebte allein. Aber irgendwann musste er ins Heim, so wie ich ja nun auch. Als ich danach sein Haus leerräumte, fand ich private Aufzeichnungen von ihm. Aus seiner Bonner Zeit. Wenn man so will Gedankenstützen. Die haben sich damals manche Spitzen-Politiker gemacht, um dann später, nach ihrer Amtszeit, Bücher zu schreiben. Ich blätterte die Papiere durch. Eigentlich nur, um zu gucken, ob sie auf den Müll konnten. Aber Sie kennen das vielleicht, wenn Sie schon mal Ordner oder Unterlagen entrümpelt haben. Man fängt an zu Lesen. Tja, so hab' ich das entdeckt und dann mit meinem Vater darüber gesprochen. Weil mich das sehr interessiert hat. Ich hab' das doch selber miterlebt, wieviel Angst und Schrecken es gab durch die Rote-Armee-Fraktion. Mein Vater als Bundesminister, meine Mutter und ich, wir wurden jahrelang rund um die Uhr von der Polizei geschützt. In Bonn damals und auch Zuhause, in Hannover."

Ulf Fischer erschien das plausibel. Daher bohrte er nicht weiter nach. Als Nächstes wollte er wissen, ob Franke ihm etwas dazu sagen könnte, wie und wann die Sache einst zustande gekommen war. „Das kann ich Ihnen genau sagen", erklärte der alte Mann. „Im Herbst '77 ist das gewesen. Nach der Entführung der 'Landshut', dem Mord an Schleyer und den Selbstmorden dieser Gangster da im Gefängnis in Stuttgart-Stammheim." Walter Franke stoppte plötzlich. Er schaute Doreen und Ulf an: „Sie sind ja noch so jung. Wissen Sie eigentlich überhaupt, worüber ich gerade rede?" Beide nickten. Der Höhepunkt der grausamen Gewalt damals. Die Kaperung einer mit Urlaubern vollbesetzten Boeing 737 der Lufthansa. Verübt von mit der RAF verbündeten Terroristen. Und zwar zwecks Freipressung von Gefangenen der Roten-Armee-Fraktion. Aber spektakulär und erfolgreich verhindert. Durch die GSG 9, seinerzeit eine Sondertruppe des Bundesgrenzschutzes, heutzutage zur Bundespolizei gehörend. Daraufhin die Hinrichtung von Hanns Martin Schleyer, des zuvor entführten Präsidenten der deutschen Arbeitgeberverbände. Und nahezu parallel dazu die Suizide der in Stuttgart inhaftierten Ex-RAF-Führungskader Gudrun Ensslin, Andreas Baader und Jan-Carl Raspe.

„Sie können sich gar nicht vorstellen", fuhr Franke fort, „was das für eine fürchterlich schlimme Zeit war. Und dazu diese bange Furcht, was wohl als Nächstes passieren würde. Wegen Baader, Ensslin und Raspe. Die Namen kannte damals wirklich jeder. Die berühmtesten Häftlinge in ganz Deutschland. Alle drei auf einmal tot. In ein und derselben Nacht. Noch dazu in einem Hochsicherheits-Gefängnis. Da vermuteten beileibe nicht nur linke Kreise, dass der Staat die umgebracht hätte. Wegen Schleyer. Aus dem Grund gingen alle davon aus, die RAF würde blutige Rache nehmen. Auch ich hab' damit gerechnet", sagte Walter Franke. Er saß in seinem Rollstuhl zwar im Schatten eines Sonnenschirms, aber die sommerliche Wärme auf der Terrasse des Alten- und Pflegeheims machte ihm dennoch zu schaffen. Schweißperlen standen ihm auf der Stirn. Er holte sich sein Taschentuch heraus, wischte sie ab, trank einen Schluck und erzählte weiter: „In jenen Tagen war es, als bei meinem Vater im Ministerium mal wieder Wolfgang Vogel hereinschaute. Können Sie mit diesem Namen was anfangen?" Diesmal schüttelten Doreen und Ulf verneinend ihre Köpfe. „Das ist der Star-Anwalt der DDR gewesen", erläuterte Franke ihnen. „Spezialist für heikle Angelegenheiten im deutsch-deutschen Verhältnis. Dazu gehörten zum Beispiel Freikäufe von Menschen, die in der DDR aus politischen Gründen in Haft waren. Damit hatte das Ministerium meines Vaters ja auch zu tun. Beruflich kannte er Vogel daher ganz gut. Genauso wie diesen zwielichtigen Alexander Schalck-Golodkowski. Der managte für den Osten so ziemlich alles, was denen harte Devisen einbrachte. Sprich Dollar und D-Mark. Vogel fragte meinen Vater, ob er mit ihm allein mal 'ne halbe Stunde am Rhein spazieren gehen könnte. Das haben sie auch gemacht, und dabei erzählte Vogel, er hätte ein Angebot von Schalck-Golodkowski zum Thema RAF, das den Kanzler interessieren dürfte."

Doreen fühlte sich an schlechte Agenten-Romane erinnert. Ihre Skepsis spiegelte sich auch in ihrer Mimik wieder. Das blieb von Walter Franke nicht unbemerkt: „Ich weiß, Frau Huthmerlett, das mag sich seltsam anhören aus heutiger Sicht. Aber solche informellen Gespräche unter vier Augen sind damals gar nicht so ungewöhnlich gewesen. Derartige Kontakte gab es reichlich. Jedenfalls meldete mein Vater die Sache sofort weiter ans Kanzleramt, also an Schmidt. Und danach ging das auch schon bald los mit den ersten Zahlungen. Bloß ein paar Wochen darauf, im Spätherbst '77." Dass Doreen dazu kritisch nachhakte, das drängte sich förmlich auf. „Woher wissen Sie eigentlich, wann das anfing mit den Zahlungen? Die liefen doch über das Finanzministerium, oder nicht?", wollte sie wissen. Die Antwort kam leicht herablassend. „Junge Frau, solche Angelegenheiten wurden stets auf ganz eigene Art geregelt. Natürlich hat das Finanzministerium das Geld bereitgestellt, aber nicht übergeben. Das hat mein Vater gemacht. Persönlich. Immer in bar und mit unauffälligen Koffern. Die hat er selbst in die Ständige Vertretung der DDR gebracht. Sehr, sehr oft. Bis zum Frühjahr '79." Das klang wie eine Räuberpistole. Doch wie das bisweilen so ist mit hemmungslosen Lügen: Je dreister und überzeugender sie vorgetragen werden, umso leichter glaubt man sie. Wobei in diesem Fall noch hinzukam, dass sie genau in den Kontext jener Zeit passte. Zudem waren alle, die einst angeblich mit dem Deal zu tun gehabt hatten, längst verstorben. Und Tote können Unwahrheiten nicht mehr geraderücken. Ulf und Doreen stellten Franke noch diverse weitere Fragen, bevor sich ihr Interview dem Ende näherte. Zum Schluss erkundigte sich Doreen, ob er ihnen wohl die privaten Aufzeichnungen seines Vaters überlassen könnte, die er anfangs erwähnte hatte. Nur vorübergehend, als Belege für die Recherche. „Hab' ich mir schon gedacht, dass Sie die brauchen", sagte Franke. „Ich hab' sie Ihnen bereits zurechtgelegt, oben in meinem Zimmer."

Auf der Rückfahrt nach Hamburg zum MAGAZIN konnte Doreen

nicht länger an sich halten und schaute die Papiere durch. Ihr fielen dabei mehrere etwas verblichene Listen auf, aus den Jahren von 1977 bis '79. Alle handgeschrieben von Egon Franke, seinerzeit Bundesminister für innerdeutsche Beziehungen. Sie betrachtete sich die Listen ein bisschen näher. Das reichte schon, um sie mächtig staunen zu lassen. Auf jeder einzelnen Seite stand nämlich dieselbe Überschrift. Doreen kannte die fünf Wörter allerbest: „Mehrausgaben wegen vorab unkalkulierbarer Zusatzaufwendungen". Die Gelder, die Egon Franke in der Ständigen Vertretung der DDR in Bonn abgeliefert hatte. So war es ja von seinem Sohn auch geschildert worden. Also stimmt es tatsächlich, was er uns erzählt hat, dachte Doreen. Überdies stellte sie mächtig verblüfft noch etwas fest. Die Menge und Gesamtsumme der aufgelisteten Positionen deckte sich haargenau mit dem, was sie zusammen mit Jenny und Ben aufwendig recherchiert hatte: 412 einzele Zahlungen über 981,4 Millionen D-Mark. Eine wahrlich meisterhafte Fälschung jener früheren PSV-Bundeswehr-Offiziere, die den Notfallplan zur Vertuschung der Baukosten von Matzwitz erstellt hatten.

Während Doreen den Unterlagen auf den Leim ging, blieb auch die Pflegerin Frankes nicht untätig. Um diese Funktion vorzuspielen, war die Soldatin bereits während der zurückliegenden Nachtstunden in das Heim am Steinhuder Meer gereist. Aus Richtung Norden kommend, per Hubschrauber. Er hatte die Frau bis zum Fliegerhorst Wunstorf gebracht, der Heimatbasis des Lufttransport-Geschwaders 62 sowie aller Airbus-A-400 M, über die die Bundeswehr verfügt. Von da aus bis zu dem Heim ist es anschließend nur noch ein Katzensprung gewesen. Ein Wagen des Geschwaders hatte die Soldatin dorthin gefahren. Nun war sie gerade fertig damit, sich den Interview-Mitschnitt anzuhören. Während des Gesprächs mit Ulf und Doreen hatte Franke nämlich ein Mini-Mikrofon inclusive Sender am Körper getragen. Die Frau holte aus ihrem Rucksack ein Satelliten-Telefon heraus. Sie schaltete es ein, aktivierte die Verschlüsselung und wählte eine bereits voreingestellte Nummer. Die Nachricht, die sie durchgab, war äußerst kurz. „Top", sagte die Soldatin nur.

Die, die sie hörten, atmeten trotzdem auf. Erleichterung in der OPZ, der Operationszentrale in Matzwitz. Auch der Chef dort, Brigadegeneral Mike Bertholdt, entspannte sich. Jedoch bloß ein wenig. Die Tarn-Story hatte die nächste Hürde genommen. Ob sie aber wirklich die Wahrheit vernebeln und somit ihren Zweck erfüllen würde, das war noch offen. Das ließ sich nun auch nicht weiter steuern. Abwarten hieß daher die Devise. Bis Freitagabend 18 Uhr. Zu jenem Zeitpunkt veröffentliche das MAGAZIN üblicherweise jeweils seine neue Online-Ausgabe. Und in traditioneller Papierform kam die Zeitschrift stets Sonnabendfrüh heraus. Erst dann gäbe es Klarheit über Erfolg oder aber Misserfolg dieses dreisten Täuschungs-Manövers. Je nachdem, wie das MAGAZIN als eines der führenden Leit-Medien über die Sache berichten würde. Bis dahin dauerte es allerdings noch zwei Tage. Aber nicht nur deshalb stand Bertholdt weiter unter Druck. Ihm setzte immer mehr zu, dass Sonntagabend der Kampf Mann gegen Bär bevorstand. Nur so zur Befriedigung einer schwer triebkranken Bundesministerin. Die aber bald EU-Kommissarin sein würde. Und mithin politisch hoch wichtig für die deutsche Kanzlerin. Deshalb mochte ihr die Regierungschefin den Kampf nicht versagen. Mike fand das abscheulich und widerlich. Doch ihm waren die Hände gebunden. Wie allen. Durch den fatalen Schwur von Matzwitz. Überdies beschäftigte ihn noch etwas anderes. Und das auch gerade recht intensiv: der laufende Einsatz seiner Leute gegen die „Rattlesnakes". Allmählich steuerte die verdeckte Operation nämlich auf ihren Höhepunkt zu.

Kapitel 66

Die Tankanzeige der Triumph Rocket von Bernd Graumann signalisierte, dass es wieder an der Zeit war, Sprit zu fassen. Der „President" der „Rattlesnakes", er fuhr an der Spitze der Motorrad-Gruppe, setzte den rechten Blinker. Gleich danach schwenkte er auf die Ausfahrt hinüber, drosselte sein Tempo und verließ die A 7. Ebenso die anderen acht Rocker hinter ihm. Langsam rollten sie mit ihren schweren Maschinen in Richtung der Zapfsäulen. Tankstopp am Autobahn-Rasthof Harburger Berge/Ost, kurz vor Hamburg. Anschließend, auf dem Parkplatz gleich nebenan, noch eine kurze Zigarettenpause. „Boah Leute, mir tut echt der Arsch weh", sagte Marcel, der Jüngste aus dem Biker-Tross. „Hallöchen Popöchen", scherzte daraufhin einer seiner Kumpel, gekünstelt schwul klingend. Die anderen lachten. Doch ihnen ging es auch nicht viel besser. Fast achteinhalb Stunden hatten sie jetzt schon auf ihren Maschinen gesessen. Aber bisher nur an die 650 Kilometer geschafft auf ihrer Tour nach Kiel. Wegen diverser Baustellen und Staus, vor allem auf der A 7. Am Vormittag hatten sie sich von Regensburg aus auf den Weg gemacht. Um notfalls auch mit ihren Waffen dem „Cobra MC" beizustehen, einem mit ihnen eng befreundeten Club. „Kalli", dessen „President", hatte sie darum gebeten. Schwedische Rocker, so „Kalli", seien darauf aus, ihm sein skandinavisches Kokain-Geschäft abzujagen. Deswegen würde es heute Nacht wahrscheinlich zum Showdown kommen. Dafür bräuchte er unbedingt zusätzliche Rückendeckung. Treffen wolle man sich rechtzeitig vorher an einer Stelle etwas außerhalb von Kiel. „Was meinst du, wie lange brauchen wir noch?", fragte Kai, der Vize-Chef der „Rattlesnakes", seinen Boss. „Hängt davon ab", antwortete Graumann, „wie flott wir durch den Elbtunnel kommen.

Und paar Kilometer dahinter ist nochmal 'ne größere Baustelle. Aber ich schätz' mal so etwa anderthalb bis zwei Stunden, dann müssten wir da sein."

Das vermuteten auch Hannes und David. Die beiden zivil gekleideten Offiziere hingen auf Befehl von Robert Gerbald schon seit Regensburg an den Rockern dran. Mit ihrem unauffälligen Wagen blieben sie dabei aber stets auf gehörigem Abstand. Trotzdem wussten sie immer, wo sich die „Rattlesnakes" gerade befanden. Dank des Signals, das ihnen ein kleiner Sender übermittelte. Er haftete versteckt an einer der Maschinen, die nun wieder losrollten. Graumann und seine Kumpane nahmen die letzte Etappe in Angriff. „Objekte verlassen den Rastplatz und fahren weiter", sagte Hannes in sein Headset-Mikrofon. Die OPZ in Matzwitz quittierte ihm kurz die Meldung und leitete sie gleich weiter an Gerbald.

Der junge Vize-Kommandeur befand sich bereits wieder in Schleswig-Holstein. Ebenso wie die Männer seines Spezialtrupps, mit denen er während der letzten Tage in Regensburg gewesen ist. Nach dem Ende ihres Einsatzes im Haus von Matthias Bäuer hatten sie die Stadt gen Norden verlassen. Ihr Ziel war ein kleiner Sport-Flugplatz in der Region. Dort hatte sie der zweite in Matzwitz stationierte Helikopter vor einigen Stunden abgeholt und zurückgebracht an die Ostseeküste. Wodurch sie die „Rattlesnakes" locker überholten, auf dem Luftweg. Aber Robert Gerbald brauchte die somit gewonnene Zeit auch. Und zwar für den entscheidenden Teil der Operation gegen die Rocker. Es ging nach wie vor darum, ohne Todesopfer Graumann und Konsorten vorübergehend aus dem Verkehr zu ziehen. Wegen der Koks-Geschichte um Bäuer. Bis nach der Bayern-Wahl. So hatte es die Kanzlerin angeordnet. Dafür war auch schon alles vorbereitet. Ganz genau so, wie von Robert zuvor noch von Regensburg aus bestellt. Bei Sophie Kohlitz, seiner Kollegin im Führungsstab des Regierungs-Sonderkomplexes. Zwischenzeitlich hatte sie ihm alles besorgt.

„Verstanden. Danke und Ende", bestätigte Gerbald per Funk die

Info aus der OPZ. Er wechselte die Frequenz, um mit den Soldaten in den Lkw und Transportern hinter ihm zu reden. „Okay, es geht los", sagte er. Motoren sprangen an, und gleich darauf setzte sich der Konvoi wieder in Bewegung. Unweit von Matzwitz, circa 20 Kilometer entfernt, hatte der Tross bereits auf Robert gewartet. Kurz vor einer Ortschaft namens Bellin, seitlich einer Bundesstraße, an einer Raststelle mit weitem Blick auf den Selenter See. Von dort aus fuhr sie nun ihrem Einsatz entgegen, die seltsam anmutende Kolonne. Alles in allem zwölf Fahrzeuge. Hinten drei zivile Lastwagen, alle mit geschlossenen Kastenaufbauten sowie Extra-Hebebühnen am Heck. Davor vier olivgrüne Sanitäts-Unimog der Bundeswehr. Vor denen wiederum vier vollbesetzte VW-Busse. Die aber in Weiß, da aus dem zivilen Fuhrpark der Truppe. Und an der Spitze ein Mercedes-Geländewagen. Allerdings in der Militärversion G 500. Das Führungsfahrzeug. Mit einem jungen Feldwebel als Fahrer und daneben Robert Gerbald. Mit etwas über 30 Soldaten war er unterwegs zum Rastorfer Kreuz.

Dort führt von Norden nach Süden die Landstraße zwischen den beiden Städten Schönberg und Preetz unter einer Brücke der B 202 hindurch. Die verläuft ihrerseits in Ost-West-Richtung von Oldenburg in Ostholstein bis nach Raisdorf bei Kiel. Per Auto liegt das Rastorfer Kreuz rund eine Viertelstunde östlich der schleswig-holsteinischen Landeshauptstadt. In sanft hügeliger Gegend, umgeben von kleinen Wäldern. Tagsüber, nach Maßstäben des nördlichsten Bundeslandes, durchaus ein relativ stark frequentierter Verkehrs-Knotenpunkt. Ebenso, gleich daneben, auch der Parkplatz von Fußballfeld-Größe. Genutzt wird er unter anderem von Berufspendlern. Doch auch regionale Busse halten dort, wofür es eigens ein hölzernes Wartehäuschen gibt. Am Rande des Parkplatzes steht zudem das „Rasthuus an 't Krüz", ein Imbiss-Lokal für Liebhaber von Schnitzeln, Bauernfrühstück, Currywurst und Pommes. In der warmen Jahreszeit, vor allem an Wochenenden, ein hoch beliebter Treffpunkt von Motorradfahrern. Abends und erst recht nachts jedoch eine nahezu menschenleere Ecke. Dann kommen nur noch sehr vereinzelt Autos vorbei, wenn überhaupt. Und bis zu den nächsten Häusern ist es auch ein ganzes Stück weg. Erst in über einem Kilometer Entfernung sind wieder welche zu finden. In Bredeneek, einem verschlafenen Dörfchen, und auf Gut Rastorf, dem Namensgeber des Straßenkreuzes.

Für sein Vorhaben hatte Robert den Parkplatz mit Bedacht ausgewählt. Dort gab es an den Rändern Büsche, Baumgruppen und Grasflächen. Die würden es seinen Leuten etwas leichter machen, sich zu verstecken. Ausschlaggebend für seine Entscheidung ist jedoch die abgeschiedene Lage gewesen. Ein bedeutsamer Punkt in Gerbalds Plan. Aus zwei Gründen. Sofern der Einsatz glatt lief, würde keiner etwas mitkriegen von der nächtlichen Aktion. Die sollte möglichst zügig über die Bühne gehen; innerhalb von zehn, höchstens fünfzehn Minuten. Und anschließend könnte er dann seine Gefangenen, die „Rattlesnakes", auch schnell in ihr vorübergehendes Exil schaffen. Matzwitz war ja nicht allzu weit weg. Dort sollten die Rocker die nächsten Tage verbringen. In Räumen des unterirdischen Großbunkers. Selbstverständlich ohne dass sie von der streng geheimen Regierungs-Sonderanlage auch nur das Geringste mitbekämen. Nun müsste nur noch alles reibungslos klappen. Sollte es aber nicht. Weil Pech nun mal ein unkalkulierbarer Faktor ist.

Rasch hintereinander bogen die Fahrzeuge auf den Parkplatz ein. Gleich danach hielt die Kolonne. Im rötlichen Licht der Abendsonne stiegen die Soldaten aus. Sofort kümmerten sie sich um ihre jeweilige Ausrüstung. Neben untypisch aussehenden Gewehren gehörten dazu unter anderem leichte Nachtsicht-Brillen. Und ferner auch Headsets mit Mikrofonen und Sendern, um während der Operation untereinander zu kommunizieren. Sicherheitshalber wurde das auch noch mal kurz getestet. Keiner der gut 30 Männer trug Uniform. Alle steckten in schwarzen Stretch-Kombis. Die würden ihnen helfen, später besser mit der Dunkelheit zu verschmelzen. Robert saß derweil noch in seinem Führungsfahrzeug. Über die OPZ ließ er sich abermals mit Hannes und David verbinden, seinen beiden Verfolgern der „Rattlesnakes". Wenige Augenblicke darauf hatte er die Information, die er haben wollte. Gerbald öffnete die Beifahrertür. Er ging zu den Soldaten und versammelte sie vor sich im Halbkreis. Die letzte Besprechung vor dem Einsatz begann.

„Vorweg nochmal das Wichtigste", sagte Robert. „Keine Toten! Und Feuer-Freigabe erst auf mein Kommando! Ich werde da auf dem Dach liegen, auf der Rückseite zwischen den beiden Schornsteinen. Von da oben hab' ich alles im Blick", erklärte er, wobei Gerbald kurz zu dem Satteldach des Imbiss-Lokals hinter ihm zeigte. „Zur aktuellen Lage", fuhr er fort: „Wie mir gerade bestätigt wurde, liegen wir gut in der Zeit. Ankunft unserer neun Zielobjekte hier ist danach in voraussichtlich einer Stunde. Zum Vorgehen: Das bleibt genau so, wie ich das vorhin während der Fahrt schon an alle durchgegeben habe. Pro Ziel-Person drei Mann. Die entsprechenden Teams sind ja bereits klar. Ihr wisst, was nach der Ablenkung zu tun ist: Der Erste schießt, der Zweite lähmt, der Dritte betäubt. Und denkt dran, dabei kommt's auf Tempo an", betonte Robert. Danach wandte er sich an die restlichen Soldaten: „Ihr bringt jetzt die Fahrzeuge von hier weg, damit sie keiner sieht. Dort hinten in Richtung der Bäume, die ich zeige. Da bleibt ihr auf den Wagen und hört weiter den Funk mit. Wenn ich mich melde, kommt ihr zunächst mit den San-Unimogs wieder raus." Kaum hatte Gerbald das gesagt, verschwanden die Kleinbusse und Lkw auch schon. Danach ebenso sein Mercedes-Geländewagen und die Transporter. Knirschend rollten sie davon. Über einen Sand- und Kiesweg, vom Kopfende des Parkplatzes aus, einige hundert Meter in ein Waldstück hinein.

Die neun Dreier-Teams, die die Rocker kaltstellen sollten, bezogen unterdessen ihre Stellungen. Natürlich hatten sie schon ihre Waffen dabei. Ein kleines, wirklich nicht alltägliches Arsenal. Es bestand aus Elektro-Schockern und Spritzen mit milchig-weißer Flüssigkeit, vor allem aber aus seltsamen Gewehren. Die hölzernen Schäfte sahen noch völlig normal aus. Wie bei einem alten Karabiner oder einer Jagdbüchse. Doch es fehlten die Läufe. An deren Stelle saßen ungewöhnliche Aufsätze. Rund, dunkel und vorne offen. Sie ähnelten schwarz lackierten Cola-Büchsen mit aufgeschnittenen Böden. Abschussbecher hießen sie unter Fachleuten. Und die Gewehre, auf denen sie montiert waren, stammten ursprünglich mal aus der Schweiz. Hergestellt von der Eidgenössischen Waffenfabrik Bern unter der Typen-Bezeichnung MZW 91. Diese drei Buchstaben standen als Kürzel für Mehrzweckwerfer. Mit derartigen Waffen lassen sich unter anderem spezielle Patronen mit Gummi-Schrot abfeuern. Das bringt in der Regel niemanden um. Aber wer die kleinen, sechskantigen Blöcke aus Hartgummi ungeschützt abkriegt, ist trotzdem erstmal außer Gefecht gesetzt. Weil sie meist sehr wuchtig auftreffen und zudem auch recht schmerzvoll sein können. Außerdem hatte Sophie Kohlitz auf Wunsch von Gerbald noch etwas Besonderes organisiert für die Dreier-Teams: sogenannte Ghillies. Spezielle Tarn-Kleidung. Zottelige Ponchos und Anzüge mit zahlreichen braunen und grünen Jute-Streifen. Insbesondere Scharfschützen verwenden sie, stecken häufig auch noch Gräser, Blätter und Zweige mit hinzu. Ghillies verwischen Konturen so prima, dass sie schon auf relativ kurze Distanz fast unsichtbar machen. Jedenfalls für ungeübte Augen. Das war auch in diesem Fall so. Wo die Teams auf dem Parkplatz-Gelände in ihren Stellungen lagen, ließ sich kaum mehr erkennen. Schon gar nicht in der zunehmenden Dämmerung. Die Falle für die „Rattlesnakes" war fertig.

Sie kamen von Westen her. So wie erwartet. Auf der B 202 aus Richtung Raisdorf und Kiel. Noch sah man sie nicht. Aber das tiefe Brummen ihrer schweren Motorräder kündigte sie schon an. Am Rastorfer Kreuz war es in der Stille des späten Sommerabends schon von Weitem gut zu hören. Das Geräusch wurde lauter, und wenige Momente später tauchten die Scheinwerfer der Maschinen auf. Neun Stück. Vollzählig. Alle da. Robert, flach auf dem Dach des Imbiss-Lokals liegend, hatte sie fix durchgezählt. Von seinem zentralen Beobachtungsposten aus ließ er die Rocker jetzt keine Sekunde mehr aus den Augen. „Flashbangs bereithalten" flüsterte Gerbald leise in das Mikrofon vor seinem Mund. „Flashbangs bereit" kam es aus einer der getarnten Stellungen per Kopfhörer zu ihm zurück.

Derweil fuhr von den „Rattlesnakes" einer nach dem anderen auf den Parkplatz rauf. Dicht an dicht stellten sie ihre Bikes ab. Die neun Männer waren sichtlich erleichtert, nach der sehr langen Tour endlich von ihren Böcken runter zu kommen. Sie nahmen ihre Helme ab und sammelten sich um ihren „President" Bernd Graumann. Der Oberrocker fing gerade an, sich darüber zu wundern, dass niemand da war. Nichts zu sehen von „Kalli", dem „Cobra"-Boss, der sie herbestellt hatte. Robert bemerkte den suchenden Blick Graumanns. Jetzt durfte nicht weiter gezögert werden. „Go", sagte er nur noch. Ein ohrenbetäubender Schlag donnerte über den Parkplatz. Laut wie ein Überschnall-Knall. Dazu ein extrem greller Lichtblitz. Unmittelbar darauf nochmal dasselbe. Die beiden Blend- und Schockgranten, die Flashbangs, hatten die Aktion eingeleitet. Und die „Rattlesnakes" paralysiert. Völlig geschockt standen sie da. Steif und starr. Sofort stürmten aus den getarnten Stellungen Soldaten hervor. Mit ihren MZW-Gewehren zielten sie auf die Beine der „Rattlesnakes". Alle Gummischrot-Ladungen trafen. Die Rocker schrien auf und stürzten zu Boden. Die zweite Welle der Soldaten eilte heran. Mit Elektro-Schockern. Um die neun Biker kurzzeitig wehrlos zu machen. Das war nötig für die dritte Gruppe. Sie sollte die Männer narkotisieren. Mit Propofol-Spritzen. Für den Transport nach Matzwitz. Genau dabei geschah es.

Kai, Graumanns Stellvertreter, gelang es vorher noch, seinen Revolver zu ziehen und zu schießen. Ein markerschütternder Schrei erklang. Nur Sekundenbruchteile danach wurde aber auch er überwältigt. Sämtliche „Rattlesnakes" waren betäubt und schliefen. Robert orderte aus dem Wald die Sanitäts-Unimog herbei. Die Rocker wurden auf Tragen gelegt, festgeschnallt und verladen. Türen klappten zu, und gleich darauf brachte man die bewusstlosen Biker in ihr vorbereitetes Untertage-Exil. Als nächste Fahrzeuge rollten die drei zivilen Lkw wieder heran. Mithilfe der starken Hebe-Bühnen an den Rückseiten kamen die Motorräder auf die Ladeflächen und wurden fest verzurrt. Die übrigen Soldaten kümmerten sich derweil darum, die Spuren des Einsatzes zu beseitigen.

Im Schein von Taschenlampen machten sie den Parkplatz so sauber, als ob nichts gewesen wäre. Dann verschwanden alle, zurück nach Matzwitz. Als Letzter Robert Gerbald. Er schaute auf seine Uhr. Elfeinhalb Minuten hatte die ganze Sache gedauert. Damit hätte er zufrieden sein können, war es aber nicht. Weil einer seiner Soldaten um sein Leben kämpfte. Wegen der vorhin abgefeuerten Revolver-Kugel.

Kapitel 67

Der Donnerstag in dem vermeintlich harmlos-idyllischen Dörfchen nahe der Ostseeküste begann wie an jedem Tag der Woche. Mit der üblichen Morgenlage um Punkt acht Uhr im Stabsgebäude. Dienst-Routine, die diesmal aber nicht so gewöhnlich wie sonst ablief. Nach den turbulenten Geschehnissen seit vorigem Wochenende saßen nämlich erstmals alle wieder gemeinsam am Konferenztisch: Brigadegeneral Mike Bertholdt und sein Vize Robert Gerbald sowie Nadja und Sophie Kohlitz, „Mo" Beuck und Christian Burchard, der Chef der medizinischen Abteilung. Außerdem war die Stimmung in ihrer Runde merklich angespannt und gedrückt zugleich. Unter anderem wegen des Selbstmordes von Niklas Köhler tags zuvor. Seinen Suizid nach der grässlichen Verstümmelung durch Bettina von Draburg hatten sie noch keineswegs abgehakt und vergessen. Aber das war nicht der alleinige Grund für die seltsame Atmosphäre. Hinzu kam, dass es aus Reihen ihrer Soldaten abermals eine schlechte Nachricht gab.

Sie betraf einen Offizier, wie Robert darlegte, als er über die vergangene Nacht am Rastorfer Kreuz berichtete. „Carsten Sudhoff, Oberleutnant", so Gerbald. „Der ist noch relativ frisch. Ist erst paar Wochen her, dass der zu uns kam. Von den Fallis aus Seedorf." Jeder von ihnen wusste sogleich Bescheid. Fallschirmjäger. Intern mitunter Fallis genannt. Typen spezieller Art. Vielfach mutige und zähe Kämpfer. Fachleute für brenzlige Situationen, die oft blindes Vertrauen erfordern. Daher steht bei ihnen Kameradschaft im positiven Sinn auch sehr hoch im Kurs. Einer ihrer Standorte in Deutschland ist das niedersächsische Seedorf, etwa auf halber Strecke zwischen Hamburg und Bremen. Der Verband dort hat innerhalb der Bundeswehr traurige Berühmtheit. Denn kein anderer hat über all die Jahre des Afghanistan-Einsatzes so fürchterlich bluten müssen wie dieser. Vor allem im April 2010, im sogenannten Karfreitags-Gefecht. Aus jenem Bataillon stammte auch Carsten Sudhoff, 28 Jahre alt, ledig, aber liiert und begeisterter Freizeit-Fußballer. Ein Hobby, das ihm für immer zunichtegemacht wurde. In der zurückliegenden Nacht. Durch den Schuss aus dem Revolver und die sehr schlimmen Folgen. Die zu erläutern, oblag natürlich nicht mehr Robert Gerbald, sondern Oberstarzt Christian Burchard: „Die Kugel war'n Dum-Dum-Geschoss. Ihr wisst ja, die sind wirklich ganz übel. Da lässt sich meist kaum noch was machen."

Dum-Dum ist schlicht der Name eines Ortes in Indien, unweit der Großstadt Kalkutta. Angeblich existierte dort zu Zeiten der britischen Kolonialmacht ein Waffenlager, anderen Quellen zufolge sogar eine Munitionsfabrik. Und da, so heißt es weiter, sei man erstmalig auf die Idee gekommen, Patronenspitzen kreuzförmig einzuschlitzen. Deswegen auch heute noch die Bezeichnung Dum-Dum-Geschoss. Die gefürchtete Eigenart solcher Munition ist die, dass sie äußerst schwere Verletzungen verursacht. Dringt sie in den Körper ein, verformt sich ihre eingekreuzte Spitze. Das Projektil platzt auf, geht rundum in die Breite und hängt an den Rändern etwas über. Rein optisch erinnerte ein derart deformiertes Geschoss offenbar mal jemanden an den Hut eines Pilzes. Jedenfalls spricht man bei diesem Vorgang auch vom Aufpilzen. Das passiert bei einem Treffer rasend schnell und führt dazu, dass Organe, Sehnen, Muskeln und Knochen förmlich zerfetzt werden. Eben dies war in der vorigen Nacht passiert.

„Ich bin froh, dass er überhaupt noch lebt", erklärte Christian Burchard weiter. „Der Schock und der Blutverlust während des Transports, bevor er bei mir auf den OP-Tisch kam, das hätte auch tödlich sein können. Sein linker Unterschenkel war nur noch 'ne breiige rote Masse. Alles völlig zerrissen und zertrümmert. Der war nicht mehr zu retten, beim besten Willen nicht. Ich musste ihn amputieren. Mir blieb nichts anderes übrig", bedauerte der Mediziner. Mike Bertholdt schlug die Augen nieder, schaute auf die Tischplatte vor sich und atmete erstmal tief durch. Dann wandte er sich an Nadja Kohlitz, die Truppen-Psychologin: „Kümmern Sie sich bitte um ihn. Nicht, dass es noch zu einem weiteren Suizid kommt." Gleich danach sprach Bertholdt wieder den Oberstarzt an: „Noch eine andere Frage, Herr Burchard. Sie und Ihre Stabsärzte haben doch unten im Bunker sicher schon die 'Rattlesnakes' untersucht. Mit welchen Ergebnissen?" Der Chef-Mediziner blickte kurz in einige Papiere, die vor ihm lagen: „Die sind alle wieder raus aus der Narkose. Und nach den Werten, die ich hier habe, geht's denen auch relativ gut. Natürlich hat das Gummi-Schrot Verletzungen verursacht. Starke Blutergüsse und schwere Prellungen. Zwar schmerzvoll, aber nicht bedrohlich", beendete Burchard seine Ausführungen.

Bertholdt war ein wenig erleichtert. Zumindest das hat geklappt, dachte er sich. Die Rocker lagen vorerst auf Eis. Ohne den leisesten Schimmer, wer sie angegriffen hatte und wo sie nun waren. Eine Sorge weniger für Mike. Dafür bereitete ihm etwas anderes mächtig Bauchschmerzen. Der Sonntagabend bevorstehende Kampf zwischen Mann und Bär. Er hätte viel darum gegeben, dieses absehbar grauenvolle Spektakel irgendwie verhindern zu können. Dass das nicht ging, lastete ihm schwer auf der Seele. Doch das ließ er sich nicht anmerken. Er fragte „Mo" Beuk, den Chef-Logistiker in seinem Führungsstab, nach dem aktuellen Stand der Vorbereitungen. „Also, das Miststück ... oh, entschuldigen Sie bitte. Das ist mir so rausgerutscht", unterbrach „Mo" sich selbst. Ein kurzes, böses Lächeln auf seinem Gesicht verriet jedoch, dass ihm das beileibe nicht versehentlich passiert war. Er setzte erneut an: „Ich wollte sagen, Frau Ministerin von Draburg hat sich für Sonntagmittag angekündigt. Der Bär hingegen ist schon da. Auch der Moldawier, der gegen ihn antreten wird. Beide sind vorige Nacht angekommen. In getrennten Maschinen, in Rendsburg-Hohn, beim

LTG 63", erläuterte Beuck, womit er das dort beheimatete Transport-Geschwader der Luftwaffe meinte. „Da haben wir sie dann auch gleich abgeholt. Der Bär ist schon unten im Kolosseum, in den Katakomben, im Raubtier-Zwinger. Und Grigori, also der Moldawier, der ist auch drüben in Todendorf. In seinem Zimmer im Gästeblock. Selbstverständlich unter Bewachung", schloss „Mo" seinen Vortrag.

„Nun denn", ergriff Mike Bertholdt wieder das Wort. „Ich möchte, dass es dem Mann hier bei uns so gut geht, wie das unter den gegebenen Umständen überhaupt nur möglich ist. Wenn er etwas haben möchte und wir ihm seinen Wunsch erfüllen können, dann tun wir das. Hab' ich mich klar ausgedrückt?" Alle in der Runde nickten nur. In dieser Sache dachten und fühlten sie ebenso wie ihr Kommandeur. Dazu bedurfte es keiner weiteren Worte. Während seiner wahrscheinlich letzten Stunden sollte es Grigori an nichts mangeln. Der arme Kerl stammte aus Tiraspol, der zweitgrößten Stadt Moldawiens mit nicht ganz 150.000 Einwohnern. Sie liegt im Osten des Landes, das korrekt Republik Moldau heißt. Ein unbedeutender Kleinstaat. Im weltweiten Vergleich nur im hinteren Drittel rangierend. Früher zur Sowjetunion gehörend, heutzutage eingequetscht zwischen Rumänien und der Ukraine. Grigori war aus der Gegend um Tiraspol noch nie rausgekommen. Zwar hatte er oft davon geträumt, sich mal die Welt anzuschauen, aber für einen wie ihn würde das wohl nie möglich werden. Der junge Mann hatte es von Anfang an nicht leicht gehabt. Mütterliche Liebe und Fürsorge kannte er nicht. Kaum geboren, landete er in einem Heim. Mit 15 warfen sie ihn dort raus. Er sei jetzt alt genug, sagten sie ihm, um allein über die Runden zu kommen. Nicht einfach mit nur wenig Schulbildung und ohne Beruf. Deswegen hatte er seitdem häufig geklaut sowie zahlreiche Einbrüche verübt und die Beute dann jeweils verhökert. Doch anschließend peinigte ihn jedes Mal sein schlechtes Gewissen. Ganz gewaltig sogar. Denn die Taten passten so gar nicht zu Grigoris einzigem Halt, seinem strengen Glauben. Auf den ließ er nichts kommen. Er war alles für ihn. Daher hörte er irgendwann damit auf, als Kleinkrimineller seinen Lebensunterhalt zu bestreiten. Er übernahm Gelegenheits-Jobs. Darunter wirklich viele ekelhafte Drecks-Arbeiten. Aber nun bot sich ihm die Chance auf eine bessere Zukunft. Vorausgesetzt, er würde in Matzwitz nicht sterben.

„Noch etwas", setzte Bertholdt hinterher. Dabei schaute er zu Sophie Kohlitz, der Schwester von Nadja. Ihr oblag unter anderem der Bereich Ausbildung. Deshalb hatte sie aus dem Kreis der Elite-Soldaten in Matzwitz jemanden ausgesucht, der den Moldawier noch schulen sollte. Darin, wie er gegen den Bären seine einzige Waffe, ein Kampfmesser, am effektivsten einsetzt. „Sorgen Sie dafür, dass schnellstens das Training für den Mann losgeht. Bis Sonntag ist ja leider nicht mehr viel Zeit." Das war auch Sophie klar. „Mo" hatte sie ja vorab informiert. Daher stand der Ausbilder auch schon bereit; ein erfahrener Hauptbootsmann vom Kommando Spezialkräfte der Marine. Mike Bertholdt bedrückte überdies noch ein weiteres Problem. Dabei belastete es ihn besonders, dass er nichts mehr tun konnte. Außer abzuwarten, ob das große Täuschungsmanöver zur Verschleierung der Baukosten von Matzwitz gelingen würde oder nicht.

Kapitel 68

Christoph von Lindenstein las konzentriert die ausgedruckten Seiten, die vor ihm auf dem Schreibtisch lagen. Er hätte sie eigentlich auch auf dem Monitor seines Rechners durchschauen können. Der grauhaarige Mittfünfziger zog es jedoch vor, das, was er gerade tat, nach alter Manier zu erledigen. Auf Papier. Deshalb die DIN-A4-Blätter. Sorgfältig prüfte er Zeile um Zeile. Währenddessen hielt er oft inne. Stets brummelte von Lindenstein dabei auch etwas vor sich hin. Eine kleine Macke von ihm. Mal ließ er zum Beispiel ein leises „Nein" hören, dann ein „Schlecht" oder auch „So nicht". Das passierte recht häufig. Und immer, wenn das geschah, wurde zugleich der Stift aktiv, den seine rechte Hand führte. An der einen Stelle strich er etwas durch, an der anderen formulierte er Wörter neu. Außerdem stellte er einige Absätze um, schrieb überdies Randbemerkungen und setzte Fragezeichen. Wer ihn so beobachtete, der hätte meinen können, Christoph von Lindenstein wäre ein Lehrer und würde Aufsätze korrigieren. Obschon es eine gewisse Ähnlichkeit gab, täuschte der Eindruck. Was der MAGAZIN-Chefredakteur da machte, heißt im journalistischen Fachjargon Redigieren. Das bedeutet kurz gesagt, dass Form, Inhalt und Stil von Texten nochmals unter die Lupe genommen werden, bevor man sie veröffentlicht. Nach diesen Kriterien prüfte er gerade zwei Beiträge. Beide handelten von ein und demselben Thema: Einer bisher unbekannten Milliarden-Zahlung. Von Bonn an Ost-Berlin. Von der alten Bundesrepublik an die damalige DDR. Der Preis für den Schutz vor RAF-Terroristen. Kaum hatte von Lindenstein seine letzte Korrektur gemacht, griff er zum Telefon.

Rückblende, nur ein paar Stunden zuvor an jenem Freitag: „Wir müssen bald abliefern. Brauchst du noch lange?", drängelte Doreen

Huthmerlett. „Keine Sorge", beschwichtigte sie ihr Kollege Ulf Fischer. Der MAGAZIN-Redakteur blickte kurz zur Uhr. Zehn nach Zehn. „Ist noch genug Zeit", meinte er, „das schaff' ich." Doreen zeigte sich beruhigt. „Okay", sagte sie nur und schwieg. Sie wollte Fischer, der bereits wieder auf seiner Computer-Tastatur tippte, nicht weiter stören. Das meiste hatte er schon erledigt. Sein erstes Stück, ein nachrichtlicher Text, war bereits fertig. Es sollte am Abend veröffentlicht werden. In der neuen Online-Ausgabe des MAGAZINS. Die gab es jeweils freitags ab 18 Uhr. Davor allerdings standen noch die Abnahme und die Freigabe durch den Chefredakteur. Das galt auch für den zweiten, deutlich längeren und stilistisch anderen Artikel. Der sollte morgen, am Sonnabend, erscheinen. Klassisch auf Papier, im MAGAZIN-Heft. An eben dieser Story feilte Fischer noch. Bis 11.30 Uhr musste er fertig werden. Dann hieß es für ihn wie für jeden MAGAZIN-Schreiber: Redaktions-Schluss, Abgabe aller Manuskripte. Die nächsten Schritte erforderten nämlich auch noch ihre Zeit: die Gegenkontrolle durch von Lindenstein, das Überarbeiten, das danach eventuell anfallen würde, die neuerliche Vorlage, dann schließlich die Produktions-Vorbereitung und manches mehr. Auch Doreen wusste um all diese Dinge. Deshalb hatte sie Ulf Fischer eben gefragt, ob er noch lange brauchen würde.

Seit gestern saß sie vorübergehend mit in seinem Büro. Er hatte sie darum gebeten. Denn niemand sonst kannte die gesamte Recherche so gut wie eben Doreen. Die 27-Jährige half ihm dabei, aus dem gewaltigen Berg an Akten, Dateien, Kopien und Notizen jeweils die Informationen herauszusuchen und aufzubereiten, die er für die Text-Passagen, an denen er schrieb, gerade benötigte. Gemeinsam hatten sie sich gestern Nachmittag ans Werk gemacht und bis spät abends gearbeitet. Und jetzt, am Freitag, waren sie früh morgens in die Redaktion zurückgekehrt, um den Artikel zu Ende zu bringen. Fischer verfasste die letzten Zeilen. Als er sie geschrieben hatte, erhob er sich von seinem Platz am Rechner und bot ihn Doreen an: „Komm', setz' dich. Lies dir das bitte mal durch. Sag' mir dann, ob es schlüssig und verständlich ist oder ob noch irgendwas fehlt." Nahezu eine Viertelstunde vertiefte sich Doreen in die Lektüre. Immerhin sollte die Geschichte im neuen Heft des MAGAZINS rund vier Seiten ausmachen. So viel Platz jedenfalls hatte der zuständige Planungs-CvD, der Chef vom Dienst, für die Story vorgegeben. Doreens Augen kamen zum letzten Absatz. Ulf blickte sie schon erwartungsvoll an. „Und?", fragte er. „Klasse, gefällt mir! Alles drin und echt gut zu lesen!", erhielt er zur Antwort. „Danke", sagte Fischer. Zufrieden lächelnd drückte er eine Taste seiner Rechner-Tastatur und schickte somit den Artikel sowie die Online-Meldung zur Abnahme auf den Computer des Chefredakteurs.

Knapp eineinhalb Stunden darauf verflüchtigte sich seine gute Laune. Das lag an Christoph von Lindenstein. Er war von den beiden Stücken nicht allzu sehr begeistert. Nachdem er sie redigiert hatte, rief er in Fischers Büro an und bat ihn sowie Doreen zu sich. Beide begaben sich sofort auf den Weg in die Chef-Etage. Die befand sich ganz oben im modernen MAGAZIN-Hochhaus inmitten der Hamburger Hafen-City. Der weite Blick durch die breite Glasfront im 15. Stockwerk hinab ab auf die alte Speicherstadt, die Elbe und die Schiffe war schlicht atemberaubend. Ulf und Doreen kamen jedoch nicht dazu, ihn zu genießen.

Von Lindenstein führte sie gleich an seinen Konferenztisch. Kaum hatten sie alle drei Platz genommen, eröffnete er auch schon das Gespräch. Überraschenderweise mit einem Lob: „Frau Huthmerlett, Herr Fischer, tolle Arbeit, die sie da geleistet haben. Die Recherche hat mich sehr beeindruckt." Ulf und Doreen waren irritiert, blieben jedoch reglos und dachten beide dasselbe: Da kommt doch bestimmt noch was hinterher. Sie behielten recht damit. Der MAGZIN-Chefredakteur erklärte nämlich: „Trotzdem können die Online-Meldung und der Artikel fürs Heft so, wie sie sie geschrieben haben, nicht veröffentlicht werden. Ich hab' beide Texte überarbeitet und gekürzt. Aber bevor wir darüber reden, schauen Sie sich meine Änderungen erstmal an", sagte von Lindenstein. Er beugte sich leicht vor, um Doreen und Ulf die redigierten Manuskripte zuzureichen. Stille Minuten verstrichen, während sie die Zeilen lasen. Derweil wurden ihre Gesichter länger und länger. Die Enttäuschung war ihnen deutlich anzusehen. Die Texte strotzten förmlich vor Korrekturen. Überdies waren sie nur mehr etwa halb so lang wie zuvor. Bloß wenige Stellen entsprachen noch den ursprünglichen Versionen.

Nach einer Weile ergriff von Lindenstein wieder das Wort: „Ich weiß natürlich, dass es ziemlich frustrierend ist, wenn man seine Beiträge so stark redigiert zurückerhält." Ulf konnte nicht länger an sich halten. „Na klar! Das ist so!", platzte es aus ihm heraus. „Ich versteh' auch nicht, wieso Sie das gemacht haben?", sagte er mit sanfter, aber hörbarer Empörung. Der MAGAZIN-Chefredakteur nahm ihm das nicht übel. „Nun, deshalb hab' ich Sie und Frau Huthmerlett ja zu mir gebeten", teilte er ihnen mit. „Um mit Ihnen darüber zu reden, warum das nötig gewesen ist. Und zwar unter anderem wegen der Recherche." Doreen horchte auf. Denn das betraf vor allem sie, ihre Kollegin Jenny und Ben, den Praktikanten. „Mit Verlaub", schaltete sie sich ein, „wir haben sämtliche Informationen intensiv überprüft. Und das nicht nur einmal. Orte, Namen, Abläufe, Handlungen, Zeiten und Hintergründe, da gibt es keinerlei Lücken. Und plausibel ist auch alles. Bis hin zu den Koffern mit den Bargeld-Summen, die damals so oft in die Ständige Vertretung der DDR in Bonn gebracht wurden. Jede einzelne Zahlung können wir nachweisen. Durch die persönlichen Listen, die Egon Franke seinerzeit wohl für seine späteren Memoiren angefertigt hatte. Außerdem stimmen die Beträge, die er darin vermerkt hat, auf Mark und Pfennig mit jenen Summen überein, die wir in den Haushalten ehemals nachgeordneter Bundesbehörden gefunden haben. Unter dieser ominösen Bezeichnung 'Mehrausgaben wegen vorab unkalkulierbarer Zusatz-Aufwendungen'. Und nicht zuletzt war's ja tatsächlich so, dass eben zu der Zeit damals zehn RAF-Terroristen in der DDR untertauchten, was dann Jahre später erst im Zuge der Wende aufflog."

Doreen wollte noch mehr darlegen, doch Christoph von Lindenstein bremste sie, indem er seine Hände erhob. „Alles wirklich ordentlich und sauber belegt, Frau Huthmerlett", attestierte er ihr. „Daran hab' ich auch gar nichts zu bemängeln. Im Gegenteil, und wie ich vorhin schon sagte: echt tolle Arbeit. Mich stört was anderes. Die Kausalität der Vorgänge ist nicht ganz klar. Mir fehlt der Cross-Check." Ein Fachbegriff aus dem Recherche-Journalismus. Inhaltlich ist er ein Stück weit vergleichbar mit dem, was Kriminalisten tun, wenn sie zum Beispiel ermitteln, ob ein Alibi stichhaltig ist oder nicht. Einen Cross-Check zu machen, bedeutet, die grundlegenden Informationen einer Geschichte besonders sorgfältig zu überprüfen. Mittels einer zweiten, bisweilen auch dritten Quelle, die entsprechend befragt wird. Sehr wichtig ist dabei, sie muss von der Erst-Quelle unabhängig sein. Denn erst wenn sich durch dieses Vorgehen eine Information bestätigt, gilt sie als gesichertes Faktum. Doreen und Ulf räumten ein, dass sie hier eine Schwachstelle hatten. Wie allerdings hätten sie den Cross-Check auch bewerkstelligen sollen? Alle Haupt-Protagonisten ihrer Story waren längst tot. Und Walter Franke, der hoch betagte Sohn des Ex-Bundesministers für innerdeutsche Beziehungen Egon Franke, er war nun mal keine zweite unabhängige Quelle.

Von Lindenstein hatte noch mehr einzuwenden. „Außerdem haben Sie selber eben erwähnt, Frau Huthmerlett", fuhr er fort, „wie lange es nun schon bekannt ist, dass die DDR den RAF-Terroristen Unterschlupf gewährt hat. Seit der Wende schon, seit über dreißig Jahren. Das ist Schnee von vorgestern. Vor allem für unsere jüngeren User und Leser. Die wollen ganz andere Themen haben. Überdies ist das einzig Neue an Ihrer Story dieses Kompensations-Geschäft: Eine Milliarde D-Mark an Devisen für Ost-Berlin und dafür im Gegenzug mehr innere Sicherheit im Westen. Bloß das ist ja noch länger her. Mehr als vierzig Jahre bereits. Auch ein ziemlich alter Hut. Und zu alledem: Die Rote-Armee-Fraktion gibt's gar nicht mehr. Somit stellt sich zwangsläufig auch die Frage: Wo ist da bei der ganzen Nummer eigentlich der Brückenschlag aus der Vergangenheit in die Gegenwart? Anders gesagt, welche Relevanz hat das heutzutage überhaupt noch? Sicher, so einige Politikwissenschaftler und Historiker, die wird das interessieren. Aber sonst wohl nur wenig andere. Aus diesen Gründen hab' ich Ihre Manuskripte so stark redigiert." Der MAGAZIN-Chefredakteur kam zum Ende ihres Treffens: „Ich hoffe, Sie können jetzt besser nachvollziehen, weshalb ich das getan hab'. Ändern Sie Ihre beiden Beiträge bitte noch so, wie ich das hier auf den Blättern vermerkt habe, und dann können die so raus." Missmutig verließen Ulf und Doreen die Chef-Etage. Nichts war mehr übrig von der journalistischen Euphorie, die sie während der langen und aufwendigen Recherche oft angetrieben hatte. Zurück in Fischers Büro, ging es gleich an den Rechner. Wortlos machten Ulf und Doreen sich daran, von Lindensteins Korrekturen in die Texte einzuarbeiten. Doch obwohl die sehr umfangreich waren, blieb somit weiter völlig unentdeckt, dass alles auf einem Riesen-Fake basierte. Nämlich auf dem raffinierten Plan, den einst in einer Kaserne im Oberharz damalige PSV-Offiziere ausgeklügelt hatten. Die dreiste Lüge zur Vertuschung der Baukosten von Matzwitz hatte funktioniert. Da störte es auch kaum, dass durch das Redigieren von Lindensteins die verschleiernde Wirkung nun leicht geschmälert war.

Denn sowohl die Meldung für die Online-Ausgabe als auch der Artikel für das neue Heft lasen sich jetzt anders. Erstmal viel kürzer. Die Meldung brachte es gerade noch auf drei Absätze sowie 26 Zeilen. Und der Artikel, der eigentlich rund vier Seiten lang sein sollte, umfasste nur mehr knapp zweieinhalb Seiten. Hinzu kam, dass der Inhalt schwächer als zuvor ausfiel. Das reichte von der fragenden Überschrift „Gekaufter Terrorschutz?" bis hin zum Kernpunkt der Geschichte. Da hieß es nun, „offenbar" knapp eine

Milliarde D-Mark „soll" die DDR einst für die Aufnahme der Terroristen „angeblich" kassiert haben. Ein windelweich formulierter Satz. Für journalistische Kenner ein klarer Hinweis auf Zweifelhaftigkeit. Trotzdem wurde die Sache so veröffentlicht. Zunächst am Freitagabend auf der MAGAZIN-Internetseite, gleich tags darauf, am Sonnabend, dann auch im neuen Heft. Wie meistens an Wochenenden, brachten einige Radio- und TV-Sender die MAGAZIN-Meldung in ihren Nachrichten. Überwiegend jedoch nur an hinterer Stelle. Auch ein paar Zeitungen, vor allem in Ostdeutschland, druckten die Info. Allerdings nicht auf den Titelseiten, sondern erst im Innenteil. Insgesamt schlug diese Story bloß kurz Wellen. Und auch nur kleine. Man nahm sie zwar zur Kenntnis, mehr aber auch nicht.

Dabei spielte jedoch eine Rolle mit, dass bundesweit an jenem Freitag und Sonnabend ein anderes Top-Thema vorherrschte: die unmittelbar bevorstehende Wahl in Bayern. Alle Umfragen der Meinungs-Forscher deuteten auf eine Abstimmung mit womöglich revolutionärem Ausgang hin. Im negativen Sinne. Aufgrund des BDP, dem weithin rechtsextremistischen Bund Deutscher Patrioten. Ihm wurden nämlich durchaus Sieg-Chancen eingeräumt. Der BVP, der Bayerischen Volkspartei von Ministerpräsident Julius Roeder, drohte der Abrutsch auf den zweiten Platz. Mithin schien eventuell real zu werden, was die Kanzlerin jüngst schon befürchtet hatte, während ihrer geheimen Video-Konferenz mit Matzwitz. Und zwar, dass erstmals seit den 30er Jahren wieder eine Nazi-Partei zur stärksten parlamentarische Kraft werden könnte. Noch dazu auf legalem Weg. Überdies im Landtag von Bayern. Der hat seinen Sitz bekanntlich in München. Eben jener Stadt, in der Hitlers Aufstieg begonnen hatte.

Kapitel 69

Der Stress der letzten Tage war an ihnen nicht spurlos vorübergegangen. Mike Bertholdt sah verbraucht aus, sein Vize Robert Gerbald ebenso. Doch Pause machen und sich erholen, war für sie gegenwärtig einfach nicht drin. Auch nicht an diesem Sonntag. Kurz nach acht zeigte die Uhr. In Bayern waren die Wahl-Lokale seit wenigen Minuten geöffnet. Und im Stabsgebäude von Matzwitz lief die Morgenlage. Mike als Chef hatte die Runde eröffnet und dann gleich an Robert übergeben. Ihm oblag als S 2-Abteilungsleiter auch das Medien-Monitoring. Konkret bedeutete das, mehrere Experten aus seinem Bereich beobachteten und analysierten jederzeit, was in Radio, Fernsehen, Presse oder Internet relevant sein könnte für den Regierungs-Sonderkomplex an der Ostsee. Das werteten sie dann aus und leiteten es an Gerbald weiter. Robert wiederum trug es in der Morgenlage vor, sofern es sich um eine bedeutsame Information handelte. Und die, über die er in diesem Moment sprach, war äußerst bedeutsam. „Unser Abwehrplan hat geklappt", erklärte er gerade, „das MAGAZIN hat ihn nicht durchschaut. Die Täuschung ist gelungen. Nach Stand der Dinge ist auch nicht mehr damit zu rechnen, dass jemals noch irgendein anderer Journalist versuchen wird herauszufinden, was tatsächlich hinter den Haushalts-Zahlen steckt. Vorher würde er in jedem auch nur halbwegs gut sortierten Archiv auf die MAGAZIN-Story stoßen. Die würde ihn immer und quasi automatisch in eine verkehrte Richtung leiten. Wenn man so will, also ein gelungenes Ablenkungs-Manöver mit Langzeit-Wirkung", beendete Robert seine Ausführungen.

Mike Bertholdt übernahm wieder die Regie. „Damit zu unserem Hauptthema heute", sagte er. Jedem im Raum war sofort klar, er redete nicht von der Bayern-Wahl, sondern vom Kampf mit dem

Bären. Nach Einbruch der Dunkelheit. Im nachgebauten Kolosseum, drüben in Todendorf. Aller Voraussicht nach ein sehr blutiges Gemetzel. Bloß um die pathologische Geilheit einer absoluten Hardcore-Sadistin zu befriedigen. Mike blickte zu Sophie Kohlitz: „Wie sieht's aus mit dem Trainingsstand von Grigori?", wollte er von ihr wissen. Bertholdt meinte damit den jungen Moldawier, der dem Raubtier gegenübertreten wollte.

Nur für zwei Minuten. Und lediglich mit einem Kampfmesser bewaffnet. Eine halbe Million Euro winkte dem 19-Jährigen dafür, sofern er das Aufeinandertreffen überlebte. Kohlitz war als S 3-Ressortchefin unter anderem auch zuständig für Ausbildung. In ihrem Auftrag hatte ein erfahrener Kommando-Soldat mit Grigori seit Donnerstag geübt, wie er das Messer einsetzen sollte.

„Natürlich ist die Zeit ziemlich knapp gewesen für ein anständiges Training", erläuterte Sophie auf Bertholdts Frage. „Aber nachdem, was mir von Hauptbootsmann Peters gemeldet wurde, hat er sich geschickt angestellt und ist gut vorbereitet", ergänzte sie. Mike nickte und dachte sich im Stillen, hoffentlich hilft das dem armen Kerl. Anschließend wandte er sich an „Mo" Beuck, den obersten Logistiker in Matzwitz. „Im Kolosseum ist so weit alles vorbereitet?", erkundigte sich Bertholdt bei ihm. „Jou" bekam er nur zu hören. Typisch „Mo". Ganz norddeutsch. Wieso viele Worte machen, wenn es auch kurz und knapp ging. Mike hakte nach: „Und wann ist mit Frau Ministerin von Draburg zu rechnen?" Darauf fiel die Antwort ein bisschen länger aus: „Laut Vormeldung der Wechsel-Station wird sie etwa gegen Mittag hier eintreffen."

So geschah es auch. Mike saß in seinem Dienstzimmer am Schreibtisch und bearbeitete liegengebliebene Akten. Nebenbei lief sein Radio. Die 12 Uhr-Nachrichten des Deutschlandfunks. Gleich zu Beginn ging es um die laufende Abstimmung in Bayern. Stichproben zufolge sei die Wahl-Beteiligung diesmal deutlich höher als zuletzt, so der Sprecher, und es zeichne sich ein Kopf-an-Kopf-Rennen ab. Ein paar Meldungen später summte Mikes Dienst-

Telefon. Die OPZ war dran. Sie meldete ihm die Ankunft Bettina von Draburgs. Für die Rheinländerin sollte es der letzte Besuch an der Ostsee werden. Sie stand nämlich kurz vor einem großen Karrieresprung. Inclusive Orts-Wechsel nach Brüssel. Dort würde die Spitzenpolitikerin der UCD, der Union Christlicher Demokraten, alsbald zur EU-Kommissarin aufsteigen. Ein enorm wichtiger und einflussreicher Posten. Die Kanzlerin wollte sich darum unbedingt ihre Gunst erhalten. Deshalb hatte sie auch nichts gegen den perversen Abschieds-Wunsch ihrer bisherigen Gesundheits- und Sozialministerin: einen Kampf Mann gegen Bär im Kolosseum von Matzwitz/Todendorf. Bis dahin dauerte es allerdings noch ein paar Stunden. Anfangs vertrieb sich von Draburg die Zeit in ihrer Luxus-Suite, vergleichbar mit solchen in Fünf-Sterne-Hotels.

Im Regierungs-Sonderkomplex gibt es insgesamt 18 Stück derartiger Suiten, ausschließlich für Kabinetts-Mitglieder. Weil das Wetter sehr prächtig war, spazierte sie am Nachmittag hinab zum Strand. Er gehörte mit zum absoluten Sperrgebiet der gesamten Anlage. Deswegen hatte sie ihn ganz für sich allein. Mehr als drei Kilometer feinster Sandstrand. Dazu die angenehme Wärme der Sonne, ab und an leichter Wind und das sanfte Rauschen der auslaufenden Wellen. All das bloß für eine einzige Person. Ein hoch exklusives Erlebnis. Das sah die 51-Jährige keineswegs so. Sie hielt es schlicht für eine Selbstverständlichkeit. Als ob ihr so etwas einfach zustünde.

Entsprechend arrogant behandelte sie auch das Service-Personal. Zwei Unteroffiziere waren dafür eingeteilt, die Düsseldorferin am Strand zu bedienen. Sie musste nur einen Arm heben, schon eilte einer von ihnen herbei, um die Bestellung aufzunehmen. Mal wollte sie einen Cocktail, dann gekühltes Obst, zwischendurch auch Kaviar auf Eis. Höflich und korrekt wie englische Butler servierten die Unteroffiziere ihr alles. Doch jedes Mal tat sie so, als wären die beiden jungen Männer für sie Luft. Kein „Danke" oder freundliches Lächeln, nichts. Und Bettina von Draburg genierte sich auch überhaupt nicht, dass sie als Bundesministerin völlig nackt war. Oder dass sie in Sichtweite der beiden Unteroffiziere heftig masturbierte. Dabei schaute sie sich auf ihrem Tablet-PC ungeheuer abscheuliche Videos an. Von Hinrichtungen sowie fürchterlich entstellten Brand- und Unfallopfern. Ihr krankes Vorspiel für den noch folgenden Höhepunkt dieses Sonntags. Das war für die Spitzen-Politikerin freilich nicht der Ausgang der Bayern-Wahl. Der interessierte sie ganz und gar nicht. Obwohl in München eine Sensation möglich schien. Das verhießen bereits die Prognosen der TV-Sender, die gleich nach Schließung der Wahllokale um 18.01 Uhr über die Bildschirme flimmerten. Demzufolge lagen der BDP und die BVP von Julius Roeder nahezu gleichauf. Nur ein einziger Prozentpunkt trennte den Bund Deutscher Patrioten von der Bayerischen Volkspartei. Wie sich zudem schon erkennen ließ, würde zwar keine der beiden Parteien die absolute Mehrheit erzielen, aber trotzdem herrschte knisternde Hochspannung. Vor allem unter den vielen internationalen Berichterstattern. Würden in Deutschland erstmals nach Ende der Nazi-Zeit Rechtsextreme tatsächlich wieder eine Wahl gewinnen? Diese Frage spitzte sich im Lauf des frühen Abends noch weiter zu. Durch die mittlerweile erstellten Hochrechnungen. Für BDP und BVP waren dabei die Zahlen exakt gleich. Letztlich würde es wohl auf die Stellen hinter den Kommas ankommen. Kein noch so guter Krimi hätte fesselnder sein können als die Auszählung der Bayern-Wahl.

Bettina von Draburg ließ das absolut kalt. Inzwischen vom Strand wieder zurückgekehrt in ihre Suite, bereitete sie sich auf den spätabendlichen Horror vor. Sie nahm ein wohliges Vollbad und widmete sich danach sehr ausgiebig ihrer Körperpflege mitsamt langem Schminken. Nachdem die Rheinländerin damit fertig war, zog sie die Tunika im altrömischen Stil an, die sie sich eigens für diesen Tag hatte anfertigen lassen. Für einen Batzen Geld bei einem Schneider in ihrer Heimatstadt Düsseldorf. Erfüllt von geiler Vorfreude auf den qualvollen Tod eines Menschen, legte sie anschließend die paar hundert Meter bis zum Kolosseum zu Fuß zurück. Die Dämmerung war schon deutlich fortgeschritten, als sie um kurz vor zehn ankam. Dort erwartete man die Ministerin bereits und führte sie ins Innere des Bauwerks. Darin ließ sich leicht die Orientierung verlieren, wegen eines wahren Gewirrs an Gängen und Treppen. An ihrem speziellen Platz angelangt, wurde sie auf ihren Wunsch hin allein gelassen. Wer das alles hätte sehen können, wäre sich vermutlich wie in einem Gladiatoren-Streifen Hollywoods vorgekommen. Das auf alt getrimmte Kolosseum mit der sandigen Arena im zuckenden Lichter-Schein zahlreicher Fackeln. Und auf dem Thron in der Kaiserloge, an einer der Längsseiten des Ovals, von Draburg als Imperatorin. Irre, aber real.

Auf den Zuschauer-Rängen herrschte übrigens gähnende Leere. Absolut niemand in Matzwitz und Todendorf wollte sich das absehbar grausige Spektakel freiwillig antun. Lediglich die waren da, die da sein mussten. Sechs Personen: Oberstarzt Christian Burchard und einer seiner Sanitäter. Ferner zwei Leute, die sich um den Bären in seinem Zwinger direkt unter der Arena kümmerten. Außerdem Hendrik Peters. So hieß der Hauptbootsmann vom Kommando Spezialkräfte Marine, der mit Grigori trainiert hatte und dem 19-Jährigen darüber zum Vertrauten geworden war. Und natürlich der Moldawier selbst. Der junge Mann stand bereits vor der schweren Eisentür, durch die er gleich zum Kampf gehen würde. Burchard wollte Grigori, der bloß russisch sprach, noch eine Giftpille zustecken. Mit Händen und Füßen machte er ihm klar, dass er nur auf sie draufbeißen müsste, dann wäre alles vorbei. Doch der Moldawier lehnte ab. Er kniete nieder, betete und schlug abschließend ein Kreuz. Danach stand er auf und wandte sich Peters zu. Der Marine-Soldat hatte es als seine Pflicht angesehen, bis zuletzt bei seinem Schützling zu bleiben. Sie reichten sich zum Abschied die Hand, und Peters musste ordentlich schlucken, als Grigori Punkt 22 Uhr mit einem Bundeswehr-Kampfmesser KM 2000 in die Arena hinaustrat.

Sofort startete auch die große Digital-Anzeige am oberen Kopfende des Kolosseums. Rückwärts zählten die Leucht-Ziffern 120 Sekunden runter. Sollte Grigori sie überleben, bekäme er eine halbe Million Euro. So war es vereinbart, und daran würde man sich auch halten. Doch für den Moldawier schienen es die letzten zwei Minuten auf Erden zu werden. Denn jetzt kam der Braunbär herein. Der Tod auf Tatzen. Über eine schräg nach oben führende Rampe trottete er näher. Wie angewurzelt blieb Grigori stehen. Sein Puls raste. Er zitterte. Immer stärker. Das Messer rutschte ihm aus der Hand. Nichts ging mehr. Keine Bewegung. Schock-Starre. Aus purer Angst. Er merkte auch gar nicht, dass er sich deswegen einnässte. Der Bär witterte das natürlich, reagierte aber nicht. Er war stark mit sich selbst beschäftigt. Weil ihn die ganze Szenerie total verwirrte. Er war in Freiheit aufgewachsen. In der Wildnis der Karpaten. Menschen kannte er nicht. Bedeuteten sie Gefahr oder waren sie leichte Beute? Der Bär hatte keine Ahnung. Vor allem irritierte ihn der Rauch der Fackeln, den er roch. Dazu auch noch das flackernde Licht. Feuer! Das mächtige Tier fürchtete sich. Brände hatte es schon öfter erlebt. Im Wald, nach Blitz-Schlägen. Kein Gedanke mehr an Angriff. Der Instinkt verlangte Flucht. Die jedoch war nicht möglich. Das blockierte den König der Wälder Osteuropas. Er tat nichts.

Mittlerweile war schon über eine Minute abgelaufen. Bettina von Draburg ärgerte das gewaltig. „Los, du Mistvieh, mach' hin", rief sie zu ihm herab. Der Bär horchte auf. Sein wuchtiger Kopf drehte sich zu ihr. Er machte zwei Schritte auf die Loge zu. Aus seiner Kehle ertönte ein tiefes Brummen. Als ob er sagen wollte: „Hallo! Geht's noch?". Die Politikerin in ihrem Wahn brüllte ihn erneut an: „Pack' ihn, du Scheiß-Bär!". Grigori konnte sich derweil immer noch nicht rühren. Starr vor Todesangst blickte er nur auf die Leucht-Ziffern der großen Digital-Anzeige. 27 Sekunden noch. Aus ihren Augenwinkeln heraus hatte das auch die Bundesministerin für Gesundheit und Soziales wahrgenommen. „Jetzt zerfetz' ihn endlich", schrie sie, wobei sich ihre geifernde Stimme regelrecht überschlug. Nun war der Bär völlig perplex. Sein Nerven-System reagierte darauf mit einer Übersprungs-Handlung. Da, wo er gerade stand, begann er plötzlich damit, von einem Bein aufs andere zu treten. Es wirkte, als würde er hin- und herschaukeln. Ähnlich wie ein Mensch, der unter Autismus leidet. Bis zum Schluss der zwei Minuten änderte sich das auch nicht mehr. Als sie vorüber waren, flog sogleich ein massiv geknüpftes Netz über das Raubtier. Und aus einer Tür am Rande der Arena rannte Hendrik Peters glücklich lachend auf Grigori zu. Sie fielen sich beide in die Arme. Aus lauter Erleichterung vollführten sie erstmal einen Freudentanz. Unterdessen wurde der Bär wieder in sein Verließ unter dem Kolosseum zurückgetrieben. Die zwei Soldaten, die für ihn zuständig waren, schoben den Sperr-Riegel vor das stählerne Tor, hinter dem er gefangen war, und beendeten ihren Dienst. Oberstarzt Christian Burchard und sein Sanitäter gingen ebenfalls davon, zusammen mit Peters und dem jungen Moldawier.

Bettina von Draburg hingegen saß immer noch im Kolosseum. Allerdings kümmerte das niemanden. Es war ja auch keiner mehr da. Die künftige EU-Kommissarin schäumte regelrecht vor Wut. Sie fühlte sich um ihr Vergnügen betrogen. Darüber kam sie einfach nicht hinweg. Weiter hell empört erhob sie sich, um ihre Loge zu verlassen. Aufgewühlt wie sie war, wählte die Rheinländerin im Inneren des Bauwerks jedoch einen falschen Treppenabgang. Er führte sie in die verwinkelten Katakomben hinunter. Die waren zudem nur spärlich erleuchtet. Laut und vulgär vor sich hin fluchend, marschierte sie durch die halbdunklen Gewölbe. Nach knapp einer Viertelstunde glaubte die Ministerin, endlich einen Ausgang gefunden zu haben. Mühsam rückte sie den schweren Sperr-Riegel zur Seite, der das stählerne Tor vor ihr sicherte. Anschließend öffnete sie es, indem sie auf die Klinke drückte. Blitzartig wurde ihr klar, dass sie das besser nicht getan hätte. Die letzte Erkenntnis im Leben Bettina von Draburgs. Bereits nach dem ersten Prankenhieb des Bären verlor sie das Bewusstsein. Ihr Body-Tracker allerdings funktionierte noch eine Weile. In der OPZ registrierte man auch die alarmierenden Daten, die er sendete, und schickte sofort einen Hilfstrupp los. Der jedoch konnte nichts mehr ausrichten. Die wenigen Minuten, die die Männer brauchten, bis sie vor Ort waren, hatten dem Bären gereicht, um die Politikerin zu zerfleischen. Die Todesfeststellung durch Christian Burchardt, den man schnell wieder herbeigerufen hatte, war quasi nur reine Formsache. Die Leiche sah sehr fürchterlich aus. Auseinandergerissen und angefressen. Doch als Militärmediziner konnte Burchardt mit dem Bild umgehen. Es erschütterte ihn bloß wenig. Und nach allem, was von Draburg durch ihren wahnsinnig brutalen Sadismus angerichtet hatte, empfand er auch kaum Mitleid. Stattdessen wunderte er sich über die grausame Ironie des Schicksals in diesem Fall: Die Düsseldorferin war Opfer jener Kreatur geworden, die zur Befriedigung ihrer völlig pervertierten Lust eigentlich jemand anderen hatte umbringen sollen.

Kapitel 70

In jener Nacht von Sonntag auf Montag ging es bereits auf fünf Uhr früh zu, als endlich das vorläufige amtliche Endergebnis der Wahl in Bayern feststand. Bevor der Landeswahlleiter vor die Kameras und Mikrofone trat, um es zu verkünden, hatte er die Zahlen extra noch dreimal gegenrechnen lassen. Sicherheitshalber. Derart knapp war das Resultat nämlich ausgefallen. Die Bayerische Volkspartei hatte gesiegt. Jedoch mit sage und schreibe lediglich 16 Stimmen Vorsprung auf den BDP, den Bund Deutscher Patrioten. Die Rechtsextremen wollten das natürlich keinesfalls akzeptieren. Aus ihren Reihen wurden sofort übelste Sprüche und Beschimpfungen laut. Im Zentrum dabei befanden sich der BDP-Landeschef sowie der Bundesvorsitzende. Beide polterten lauthals herum, sprachen von einer Verschwörung gegen den wahren Willen des deutschen Volkes. In Wahrheit seien sie die Gewinner. Das Kartell der Alt-Parteien habe die Auszählung manipuliert. Sie müsse wiederholt werden. Öffentlich und unter den Augen eigener sowie unabhängiger Beobachter. Dafür müsse jetzt in Bayern sowie überall in Deutschland demonstriert werden. Was an jenem Montag im späteren Tagesverlauf auch tatsächlich geschah. Die Proteste liefen mit erschreckend vielen Teilnehmern. Ob in Oldenburg, Braunschweig, Duisburg, Offenbach und Mannheim oder auch in Kassel, Hof, Koblenz, Augsburg, Hanau oder Pforzheim: an jedem Ort im Westen versammelten sich jeweils zwischen zehn- und zwölftausend Menschen. Im Osten zeigten noch erheblich mehr Demonstranten Flagge für den BDP. Weit über 14.000 in Rostock, Cottbus, Magdeburg, Erfurt und Chemnitz, mehr als 37.000 in Berlin und nahezu 60.000 in Dresden. Insbesondere in Sachsen sowie in Thüringen drohten teils sogar gewalttätige Unruhen und offene Aufstände.

Der radikale Nationalismus in Deutschland gierte wieder unverblümt und massenhaft nach der Machtübernahme.

Matzwitz hingegen hatte es nach Niklas Köhler mit der zweiten Leiche binnen weniger Tage zu tun. Noch am späten Abend war die Kanzlerin von Mike Bertholdt über den Tod von Draburgs informiert worden. Die Regierungs-Chefin reagierte zwar bestürzt, aber mehr aus politischen Gründen. Weil somit ihre EU-Statthalterin in spé, von der sie sich so viel Beeinflussungs-Möglichkeiten in Brüssel erhofft hatte, nicht mehr lebte. Sie wies Mike an, unter gar keinen Umständen irgendetwas nach außen dringen zu lassen. Ansonsten erklärte die Kanzlerin bloß noch, morgen, sprich am Montag, werde dazu eine Mitteilung des Bundespresseamtes veröffentlicht. Sie erschien am frühen Vormittag auf der Internetseite der Regierungsbehörde. Als Mike sie las, staunte er. Und zwar darüber, wie wahrheitsgemäß und zugleich doch nichtssagend die Pressemitteilung verfasst worden war. *„In tiefer Trauer teilt die Bundesregierung mit",* hieß es zu Beginn der Zeilen, *„dass die Bundesministerin für Gesundheit und Soziales, Frau Bettina von Draburg, überraschend verstorben ist. Während eines privaten Termins ist sie am späten Sonntagabend verunglückt. Sofort herbeigeeilte Helfer konnten nur noch ihren Tod feststellen. Wiederbelebungs-Maßnahmen sind nicht mehr möglich gewesen."* Gewissermaßen stimmte das ja alles. Bloß ergab sich daraus nicht, was und wo genau aus welchem Grund wirklich passiert war. Wie üblich in solchen Texten, wurde anschließend das Wirken der Verstorbenen gewürdigt. Dann folgte noch ein weiterer Absatz, der Mike verblüffte: *„Die Bundesregierung informiert ferner darüber, dass sich der Bundesminister für Wirtschaft, Herr Matthias Bäuer, einstweilen in einer Auszeit befindet. Die Gründe hierfür sind gesundheitlicher Art. Die Leitung des Bundesministeriums für Wirtschaft wird bis auf Weiteres vom Kanzleramtsminister, Herrn Dr. Sönke Schwarz, mit übernommen."* Abermals zutreffende Angaben, jedoch wiederum ohne die echten Details. Das Ende der Pressemitteilung bildete ein Appell: *„Aus*

Respekt vor der Familie von Frau Ministerin von Draburg sowie aus Achtung vor der Privatsphäre von Herrn Minister Bäuer wird darum gebeten, von direkten Anfragen abzusehen." Zwar versuchten einzelne Medienvertreter dennoch nähere Informationen zu gewinnen, vor allem jene der Boulevard-Magazine und -Blättchen, aber erfolglos. Alle anderen Journalisten beschäftigte an jenem Montag ein anderes Thema weit mehr: der sensationell knappe Ausgang der Wahl in Bayern mitsamt den bundesweiten Massen-Protesten. Was Bäuer und von Draburg widerfahren war, betrübte allerdings auch fast niemanden. Die Familie des Bundeswirtschaftsministers hatte sich schon vorher samt und sonders von ihm losgesagt. Wegen seines total verbogenen, absolut miesen Charakters. Und bei der nunmehr gewesenen Bundesministerin für Gesundheit und Soziales fehlten schlicht unmittelbare Hinterbliebene. Ihre Eltern waren bereits lange tot, Geschwister oder Kinder hatte sie nicht. Nur eine einzige Person trauerte um sie: Prof. Dr. Hans-Joachim von Draburg, ihr Ex-Mann, von dem sie sich erst kürzlich hatte scheiden lassen. Als er vom Tod der Liebe seines Lebens erfuhr, tat er etwas, was er nie zuvor gemacht hatte. Der stundenlang hemmungslos weinende und schluchzende Hochschul-Lehrer besoff sich, bis er umkippte.

Gleichfalls am frühen Vormittag kamen die „Rattlesnakes" wieder auf freien Fuß. Die vorübergehende Gefangenschaft an für sie unbekanntem Ort hatte die Rocker ungemein stark verunsichert und eingeschüchtert. Sie waren regelrecht handzahm geworden. Nachdem man sie über ihre bevorstehende Rückkehr in die Freiheit informiert hatte, ließen sie sich widerstandslos Fesseln anlegen und blickdichte Kapuzen überstülpen. Eine dreiviertel Stunde später fanden sich Bernd Graumann & Co., jetzt selbstverständlich ohne ihre Waffen, ganz genau dort wieder, wo sie von der Bildfläche verschwunden waren: auf dem Parkplatz am Rastorfer Kreuz, östlich von Kiel. Auch ihre Motorräder erhielten sie zurück. Man hatte es den „Rattlesnakes" zwar nicht extra gesagt, aber trotzdem war man sich in Matzwitz so gut wie sicher, dass die Rocker ihre Erlebnisse der vergangenen Tage nicht an die große Glocke hängen würden. Das hätte einfach zu sehr an ihrem üblen Ruf gekratzt. Doch selbst wenn von ihnen darüber geplaudert worden wäre, oder auch über den enormen Kokain-Konsum von Matthias Bäuer, wer würde das schon glauben? Außerdem spielte es nun nach der Bayern-Wahl keine Rolle mehr.

Kurz nach 15 Uhr trafen die zwei Kuriere wieder in Matzwitz ein, die am Morgen zusammen nach Berlin gefahren waren. Mike Bertholdt hatte die Offiziere losgeschickt, um direkt von Bundesfinanzminister Ole Schultz das Geld für Grigori abholen zu lassen. Eine halbe Million Euro in bar, wie vereinbart. In der kommenden Nacht sollte der junge Moldawier in seine Heimat zurückkehren. Auch den Bären würde man dann wieder dorthin bringen, wo er herstammte, nämlich in die Wälder Rumäniens. „Mo" Beuck, der Logistikchef, hatte schon alles organisiert. Ebenso wie zuvor die Anreisen würden die Rücktransporte kurz hintereinander mit zwei Flugzeugen erfolgen. Beides Transall-Maschinen der Luftwaffe vom LTG 63 aus Rendsburg-Hohn. Bis dahin dauerte es jedoch noch einige Stunden. Und in eben dieser Zeit machte Mike sich daran, Grigori die 500.000 Euro persönlich zu überbringen. Zwar war der 19-Jährige in der zurückliegenden Nacht körperlich unversehrt geblieben, aber seelisch bestanden da Zweifel. Die wollte Bertholdt selber klären, allerdings mit fachkundiger Unterstützung. Darum bat er Truppen-Psychologin Nadja Kohlitz, ihn zur Übergabe zu begleiten.

Reden konnte Nadja freilich nicht mit Grigori. Außer Russisch beherrschte er keine andere Sprache. Doch es gab ja auch andere Möglichkeiten, ihn zu analysieren. „Na ja, soweit ich das beurteilen kann, hat er die Sache noch nicht komplett wieder abgeschüttelt", erklärte Nadja, als sie damit fertig war, ihn sich näher anzuschauen. „Das wird ein Weilchen dauern, bis er das verarbeitet hat. Aber ein Trauma liegt nicht vor. Darum mach' ich mir um ihn auch keine Sorgen", sagte die 37-Jährige, bewusst das Wörtchen „ihn" betonend. Bertholdt hatte das natürlich gehört. So fragte er denn auch: „Um wen denn dann?". Nadja blickte ihn an, schwieg aber erst einmal. Innerlich focht sie nämlich gerade einen Kampf mit sich selbst aus. Ihr war immer noch nicht so recht klar, ob es sich nur um tiefe Sympathie handelte, die sie für Bertholdt empfand, oder um mehr. Sie grübelte jedoch nicht allzu lang darüber nach, sondern fasste sich ein Herz und antwortete: „Um dich, Mike! Deinetwegen mach' ich mir Sorgen. Du siehst echt fix und fertig aus." Dem General blieb die Spucke weg. Hoppla, dachte er. Was ist denn jetzt los? Wieso duzt sie mich? Und warum guckt sie so? Noch während er sich wunderte, schob Nadja hinterher: „Du musst wirklich mal raus aus dieser Tretmühle hier. Und bitte keine Widerrede. Ich bin promovierte Psychologin. Lass uns heute Abend zusammen gemütlich was essen gehen. Bei Fischer Kruse in Stakendorf, aufm Deich gleich an der Ostsee." Dieser Vorschlag verwirrte Mike noch mehr. Zugleich freute er sich aber auch. Denn schon seit Längerem war ihm Nadja Kohlitz alles andere als egal. „Okay", sagte er.

Gegen 19 Uhr fuhren sie mit seinem schwarzen Volvo C 70-Coupé von Matzwitz in Richtung Schönberg. Kurz vor der Stadt würden sie dann rechts abbiegen zum Stakendorfer Strand. Zu beiden Seiten entlang der Landstraße erstreckten sich im milden Abendlicht große Getreidefelder. Sie standen gut in Reife. Bald würde die Ernte beginnen. Mike und Nadja genossen den Blick über die weiten Gerste- und Roggen-Äcker. Aus den vorzüglichen Lautsprechern seines Wagens tönte derweil Musik. Mike hatte gewohnheitsgemäß eine CD mit alten Rock-Songs eingeschoben. Ein wuchtiges, balladenhaftes Stück aus den 80ern lief. „My Oh My" von Slade. Noddy Holder, damals der Frontmann der britischen Band, sang gerade „We all need someone to talk to". Stimmt, sagte sich Bertholdt. Wir alle brauchen jemanden zum Reden. Genau das werde ich nachher auch machen. Dieser ganze Mist muss endlich mal raus aus mir. Den trag' ich schon viel zu lange mit mir rum.

Nachdem sie gegessen hatten, setzte Mike seine Absicht in die Tat um. Nadja und er saßen etwas abseits der Fischbuden auf einer rustikalen Holzbank, jeweils mit einer Flasche Flensburger Pilsener vor sich auf dem Tisch. Fisch muss nun mal schwimmen. Der Abend war noch herrlich warm, und vom Wasser her strich ihnen ein angenehm leichter Wind über die Haut. Zunächst schauten sie noch andächtig dem roten Ball der Sonne dabei zu, wie er im Westen allmählich im Meer versank. Plötzlich sagte Mike: „Passt vielleicht gerade nicht so. Aber kann ich dich mal eben dienstlich sprechen?". Nadja stutzte erst, dann nickte sie. „Also, ich hab' wirklich 'n Problem mit meinem Job in Matzwitz. Wenn ich bloß vorher gewusst hätte, was da läuft. Mit meiner Auffassung vom Offiziersberuf passt das überhaupt nicht zusammen. Du glaubst gar nicht, wie stark mich das alles belastet, was bisher schon passiert ist. Dabei rede ich gar nicht mal von Bäuer oder von der von Draburg. Die sind doch letztlich selber daran schuld gewesen, was ihnen zugestoßen ist." Bertholdt griff zu seinem Bier und trank einen Schluck, bevor er weitersprach: „Ich bin hier erst 'n paar Wochen Chef, aber einer meiner Soldaten hat sich umgebracht und ein anderer ist zum Krüppel geworden. Du weißt, wen ich meine. Den jungen Oberleutnant von den Fallschirmjägern, dem Burchardt den Unterschenkel amputieren musste. Außerdem die Nummer mit den „Rattlesnakes". Ich mag solche Typen ganz und gar nicht. Aber was wir mit denen gemacht haben, das war Freiheitsberaubung. Nichts anderes. Und zu alledem noch diese Geschichte über die angebliche Milliarde für die DDR. Erstunken und erlogen! Das kotzt mich alles so an! Wirklich, ey! Und scheiß' was aufs Geld. Wenn ich könnte, würd' ich sofort die Brocken hinschmeißen. Aber geht ja nicht. Weil ich Trottel diesen verdammten Schwur geleistet hab'. Damit haben sie mich an den Eiern, für immer und ewig", fluchte Mike. „Du, ich kann dich verstehen. Das ist sicher echt hart für dich", sagte Nadja mitfühlend. Berthold empfand das aber gar nicht so. „Bitte komm' mir bloß nicht mit solchem Psychologen-Gewäsch." Sie versuchte es anders: „Hast schon recht. Ist alles nicht schön. Aber trotzdem sind wir immer noch die Guten!" Doch auch das stieß bei Mike auf Widerspruch: „Ach ja? Du hast dich doch genauso kaufen lassen wie ich. Wir hängen mit drin. Wir machen beide mit in diesem Scheiß-Spiel." Dies wiederum mochte Nadja nicht so stehen lassen. „Nee, nee, Mike! Das seh' ich differenzierter. Saubere Hände haben wir nicht. Ist leider so. Aber richtig Dreck am Stecken haben unsere Herren und Damen Minister und die Kanzlerin. Und das nicht zu knapp." In einer Mischung aus Sarkasmus und Zynismus entgegnete Mike: „Na toll! Wir decken die ja nur. Und passen auf wie die Schießhunde, dass bloß nie was ans Licht kommt."

Das konnte Nadja Kohlitz wahrlich nicht abstreiten. Daher pflichtete sie ihm bei: „Ja, stimmt. Doch stell' dir mal vor, über Matzwitz käme wirklich mal alles raus. Dann würden diese neuen Nazis und all das andere Gesocks endgültig Oberwasser kriegen. Dann aber Tschüss Demokratie!". Mike wurde ruhig und nachdenklich. „Hhm, wahrscheinlich ja", sagte er. „Aber dürfen wir uns deswegen von der Regierung so missbrauchen lassen? Und sind wir wirklich noch die Guten?" Bertholdts Blick wurde abwesend und wanderte hinaus auf die Ostsee. Er dachte an jenem wohligen Sommerabend bereits an den Herbst. Mitte Oktober stand die nächste Bundestagswahl bevor. Doch die Stimmung im Volk war jetzt schon aufgeheizt wie nie. Besorgt fragte sich Mike daher, was die Wahl wohl bringen würde? Und was Berlin ihm und seinen Leuten bis dahin noch alles abverlangt? Könnte es wirklich noch schlimmer kommen?

E N D E

Danksagung

2020/21 erging es mir wie so vielen anderen auch: Durch Corona platzten Aufträge weg, die Arbeit wurde weniger, die Zeit dafür mehr. Irgendwann war alles erledigt, was ich bis dahin so vor mir hergeschoben hatte. Was nun? Es wird nicht weiter verwundern, dass mir als Journalist in den Sinn kam, dann schreib' doch einfach mal wieder ein Buch. Und in diesem Zusammenhang geht der erste Dank an Brigitte und Herbert, deren Tochter und ihren Mann. Sie waren nämlich quasi die Geburtshelfer für die Idee, „Matzwitz" zu Papier zu bringen. Zur Welt kam sie nach dem Grillen an einem gemütlichen Sommer-Urlaubsabend in leicht alkoholisierter Runde. Und zwar genau dort, in diesem hübschen, kleinen Dörfchen, das es wirklich gibt. Gestatten Sie mir, Ihnen auch gleich zu empfehlen, diese Region zwischen Plön, Lütjenburg, Eutin und Schönberg mal zu besuchen, sofern sich dazu die Gelegenheit ergibt. Eine wirklich herrliche Gegend! Vor allem, wenn man ein Faible hat für die besonders liebreizende Natur nahe der Ostsee und den dortigen Menschenschlag. So ganz nebenbei lassen sich dann übrigens auch ein paar Schauplätze dieses Buches entdecken.

Der zweite Dank gebührt Ihnen, meinen Leserinnen und Lesern. Danke sehr, dass sie „Matzwitz" gekauft haben! Ich hoffe, dass Sie diese Geschichte mit ihren teils ausgedachten, teils aber auch wahren Kapiteln spannend fanden und sich bei der Lektüre nicht gelangweilt oder gar geärgert haben. Besonderer Dank geht überdies an den Verlag und all jene fleißigen Menschen, die dafür gesorgt haben, dass „Matzwitz" auf den Markt kommen konnte.

Bedanken muss ich mich auch bei allen, bei denen ich für meine Figuren einige Anleihen genommen habe. Schön, dass Ihr mir das gestattet habt! Sicher ist die eine oder andere Personen-Darstellung fiktiv überzeichnet und mithin weit jenseits der Realität. Seht es mir bitte nach.

Außerdem ein dickes Dankeschön an die vielen, vielen Soldatinnen und Soldaten der Bundeswehr, die ich in den zurückliegenden zwölf Jahren an verschiedensten Standorten in Deutschland kennenlernen durfte. So manches von dem, was ihr mir ermöglicht, gezeigt und erzählt habt, ist sehr hilfreich gewesen für dieses Buch. Ich wünsche Euch von Herzen, dass die Bedingungen besser werden, unter denen Ihr Dienst leistet, die politische Führung qualitativ vielleicht auch mal so professionell sein wird, wie Ihr es – bis auf wenige Ausnahmen – längst seid. Vor allem jedoch wünsche ich Euch weit mehr Respekt und Anerkennung seitens der Gesellschaft. Ihr habt Euch das redlich verdient! Schon längst!

Abschließend noch dies: Sachbücher zu schreiben, was ich früher getan habe, ist eine Sache, ein Roman zu verfassen eine ganz andere. Bei aller Befriedigung, die ich dabei empfand, war es bisweilen doch auch mühsam und anstrengend. Insbesondere brauchte es viel Zeit. Die hatte ich zwar, aber sie ging stark zu Lasten meiner Silke. Und das über so einige Monate hinweg. Dennoch hat sie nicht genörgelt, wirklich kein einziges Mal. Für ihr Verständnis, ihre Rücksichtnahme und ihre Geduld gebührt ihr daher vor allen anderen mein größter Dank.

Erfurt, im Spätsommer 2021

Abürzungen und Begriffe

UCD	Union Christlicher Demokraten, fiktive Abspaltung der CDU
BDP	Bund Deutscher Patrioten, fiktive rechte Partei, in weiten Teilen extremistisch
PSD	Partei Sozialer Demokraten, fiktive Abspaltung der SPD
BVP	Bayerische Volkspartei, fiktive Abspaltung der CSU
WGG	Wählergruppen-Gemeinschaft, fiktive bayerische Landespartei einst lokaler Wählergemeinschaften
RAF	Rote-Armee-Fraktion, einstige Terrorgruppe in der Bundesrepublik Deutschland
BKA	Bundeskriminalamt, Wiesbaden
Bw	Bundeswehr
GBK	Grenzbrigade Küste, ehemaliger Sonderverband zur Überwachung der DDR-Ostseeküste, Rostock
KSM	Kommando Spezialkräfte Marine der Bundeswehr, Eckernförde
KSK	Kommando Spezialkräfte der Bundeswehr, Calw
OPZ	Operationszentrale, mil. Führungs-Leitstand
QRF	Quick-Reaction-Force, Schnelle Eingreiftruppe
USG	Ultra-Streng-Geheim, fiktive Geheimhaltungsstufe
MAD	Militärischer Abschirmdienst, Geheimdienst der Bundeswehr, Köln

LTG	Lufttransport-Geschwader
EFK	Einsatz-Führungskommando der Bundeswehr, Geltow bei Potsdam
ZIB	Zentrum Informationsarbeit der Bundeswehr, Strausberg
FüAk	Führungsakademie der Bundeswehr, Hamburg
OSH	Offiziersschule des Heeres, Dresden
Radio Andernach	Truppen-Betreuungssender der Bundeswehr
Brigadegeneral	Unterster Generalsrang, ein goldener Stern
Generalmajor	Nächsthöherer Generalsrang, zwei o. a. Sterne
Oberst	Höchster Offiziersrang vor Beginn der Generale
Korvettenkapitän	Marine-Offiziersrang, entsprechend Major
Hauptfeldwebel	Gehobener Unteroffiziers-Rang mit Portepee
S 1	Führungs-Teilbereich ab Bataillons-Ebene, zuständig für Personal
S 2	Wie zuvor, jedoch zuständig für Sicherheit
S 3	Wie zuvor, jedoch zuständig für Ausbildung und Einsatzplanung
S 4	Wie zuvor, jedoch zuständig für Logistik
S 6	Wie zuvor, jedoch zuständig für Informationstechnik und Fernmeldewesen
DAS MAGAZIN	Fiktive journalistische Informations-Zeitschrift, Hamburg
Dienststelle „Marienthal"	Einst tatsächlich Führungsbunker der Bundesregierung im Ahrtal südlich von Bonn, mittlerweile zurückgebaut und in kleinem Restbereich Museums-Anlage
BRH	Bundesrechnungshof, Bonn

Im Buch erwähnte Musiktitel

Status Quo
„What you're proposing" / Autoren: Rossi, Frost / Label: Vertigo / Erstveröffentlichung: 1980

Iggy Pop
„Real Wild Child (Wild One)" / Autoren: Greenan, Owens, O'Keefe / Label: A&M / Erstv.: 1986

Gary Glitter
„Rock&Roll Part 1+2" / Autoren: Glitter, Leander / Label: Bell / Erstv.: 1972

Foreigner
„Urgent" / Autor: Jones / Label: Atlantic / Erstv.: 1981

AC/DC
„Moneytalks" / Autoren: A. Young, M. Young / Label: ATCO / Erstv.: 1990

James Blunt
„Bonfire Heart" / Autoren: Blunt, Tedder / Label: Atlantic / Erstv.: 2013

Rod Stewart
„Da' Ya' Think I'm Sexy?" / Autoren: Stewart, Appice / Label: Warner Bros. / Erstv.: 1978

Udo Lindenberg
„Reeperbahn" / Autoren: Lindenberg, Königstein, Lennon, McCartney / Label: Teldec Erstv.: 1978

Eagles
„Hotel California" / Autoren: Henley, Felder, Free / Label: Asylum Records / Erstv.: 1977

J. J. Cale
„Cocaine" / Autor: J. J. Cale / Label: Shelter Records / Erstv.: 1976

Metallica
„Whiskey In The Jar" / Autoren: Ir. Traditional / Label: Vertigo / Erstv.: 1998

Rio Reiser
„König von Deutschland" / Autor: Reiser / Label: CBS / Erstver.: 1986

Joan Jett
„Love Hurts" / Autor: Boudleaux Bryant / Label: Chrysalis / Erstv.: 1990

Gary Moore
„Friday On My Mind" / Autoren: Young, Vanda / Label: Virgin / Erstver.: 1987

Achim Reichel
„Fliegende Pferde" / Autor: Reichel / Label: WEA / Erstver.: 1989

Genesis
„Follow you, follow me" / Autoren: Rutherford, Banks, Collins / Label: Charisma / Erstv.: 1978

Chris Rea
„Tell me there 's a heaven" / Autor: Rea / Label: East West / Erstv.: 1990

Slade
„My Oh My" / Autoren: Holder, Lea / Label: RCA Erstv.: 1983

Frank Politz, Jahrgang 1963, war einst selber Soldat in einem speziellen Bataillon. Anschließend wurde er Radio-Journalist. Anfangs beim NDR, danach arbeitete er lange Zeit als Korrespondent und Studioleiter für den Deutschlandfunk, bevor er zum MDR wechselte. Überdies ist Politz auch erfahrener Medientrainer. Nach vorherigen Fachbüchern liegt jetzt mit „Matzwitz" sein erster Roman vor. Ein spannender Militär-Politthriller, der Fiktion geschickt mit jüngerer deutscher Zeitgeschichte verknüpft.

Schattenmächte
Operation Omgus

Haben die Alliierten tatsächlich gemeinsam mit ehemaligen Nazigrößen seit 1946 geplant, Deutschland künftig regieren zu können?

Wurden tatsächlich Politik, Verwaltung und Justiz durch die „Operation Omgus" so organisiert, dass Deutschland nichts anderes als eine Kolonie der Alliierten ist?

Gibt es ein durch ehemalige Nazis erstelltes Handbuch mithilfe dessen Politik, Verwaltung und Justiz gelenkt wird und wurden tatsächlich Bundestagswahlen manipuliert?

Enders, ein pensionierter Ermittler der Frankfurter Mordkommission und sein Freund Thomas Bruch wollen eigentlich nur die Umstände eines vermeintlichen Selbstmordes eines ehemaligen Mitarbeiters des Bundesinnenministeriums aufklären. Bei ihren Recherchen geraten sie allerdings in den Blick des Geheimdienstes, der alles unternimmt, um die geheimste Operation Deutschlands, die Operation Omgus, zu schützen.

Michael Menzel
Schattenmächte - Operation Omgus
ISBN 978-3-945068-48-9, Preis: 14,90 EUR (D)
auch als E-Book erhältlich
ISBN 978-3-945068-52-6, Preis: 9,90 EUR (D)

Zwei Särge für Schloss Reinhardsbrunn

Fürst Fondi fürchtet einen Giftanschlag auf sein Leben. Zur selben Zeit verschwindet sein Sohn Josef spurlos in den Harzer Bergen. In seiner Not wendet er sich Hilfe suchend an seinen alten Freund Cothenius in Berlin und flüchtet zu seinem Ordensbruder Herzog Ernst von Sachsen-Gotha-Altenburg.

Am Neujahrstag bricht Tobias von Wenzel in Berlin nach Schloss Reinhardsbrunn auf. Während dieser Reise begegnet ihm eine geheimnisvolle rothaarige Frau, in die er sich unsterblich verliebt. Er muss feststellen, dass diese Frau den Grund seiner Reise kennt. Weshalb sein Schlitten ab Erfurt zwei Särge transportiert, wird ihm klar, als er in Reinhardsbrunn ankommt. Er kann nur noch dem toten Fürsten Heinrich die Ehre erweisen. Für wen aber ist der andere Sarg bestimmt?

Erst nach dem zweiten Meuchelmord erwischt Tobias den gedungenen Mörder. Drei Jahre muss dieser auf seine Hinrichtung warten. Es wird die letzte öffentliche Hinrichtung in Weimar sein, die der Scharfrichter Wittrich durchzuführen hat.

Otto Kurt Dieter Hesse
Zwei Särge für Schloss Reinhardsbrunn
Die Kriminalfälle des Husaren Tobias von Wenzel
ISBN 978-3-945068-38-0, Preis: 19,90 EUR (D)

Mord in der Kadettenanstalt

Ein Ausbildungstag Ende Februar 1848 an der Berliner Kadettenanstalt neigt sich seinem Ende zu, als der Kadett Karl schreckensbleich in seine Stube stürzt. Entsetzt informiert er seine Kameraden von der Begegnung mit Soldaten des 1. Grenadier-Regiments, die auf dem Hetzhof der Kadettenanstalt ein Zeltlager aufgeschlagen haben.

Sie schleppen ein junges Mädchen in eines ihrer Zelte. Erschrocken erkennt Karl, dass es sich um seine Schwester Greta handelt. Fünf Kadetten haben keine Vorstellung, wie das junge Mädchen in das Zeltlager der Grenadiere geraten konnte.

Die Kadetten beschließen Greta zu befreien. Die Befreiung verläuft planmäßig, bis eine weitere Frauenleiche gefunden wird, Kadetten niedergeschlagen werden und zwei Folterknechte der Grenadiere erstochen im Mannschaftszelt R 24 liegen.

Leutnant Tobias von Wenzel, ausgestattet mit einer Ausnahmebewilligung des preußischen Kriegsministers, soll die Entführung der Bankierstochter Greta klären. Dass daraus die Aufklärung mehrerer Morde werden würde, konnte er nicht wissen. Die Spur führt in ein Nachtlokal in der Friedrichstraße und endet erst in der Kieler Hafenkneipe „Zur Zarin".

Otto Kurt Dieter Hesse
Mord in der Kadettenanstalt
Die Kriminalfälle des Husaren Tobias von Wenzel
Modernes Antiquariat, Preis: 10,00 EUR (D)